Key Account Management zwischen Implementation und Illusion

Wissenstransfer in Unternehmen und Umwelt

Genehmigte Dissertation

zur Erlangung des Grades eines Doctor rerum politicarum
im Fachbereich Gesellschafts- und Geschichtswissenschaften
an der Technischen Universität Darmstadt

Referenten:
Prof. Dr. Rudi Schmiede
Prof. Dr. Günter Bechtle

Vorgelegt von:
Hans-Günter Joost
Diplom Wirtschaftsingenieur
geboren in Wiesbaden

Tag der Einreichung: 24. Oktober 2007
Tag der mündlichen Prüfung: 13. März 2008

D 17

Darmstadt, 2008

Darmstädter Studien zu Arbeit, Technik und Gesellschaft

Schriftenreihe des Instituts für Soziologie
der Technischen Universität Darmstadt

herausgegeben von
Prof. Dr. Rudi Schmiede

Band 6

Hans-Günter Joost

**Key Account Management zwischen
Implementation und Illusion**

Wissenstransfer in Unternehmen und Umwelt

D 17 (Diss. TU Darmstadt)

Shaker Verlag
Aachen 2008

Bibliografische Information der Deutschen Nationalbibliothek
Die Deutsche Nationalbibliothek verzeichnet diese Publikation in der Deutschen
Nationalbibliografie; detaillierte bibliografische Daten sind im Internet über
http://dnb.d-nb.de abrufbar.

Zugl.: Darmstadt, Techn. Univ., Diss., 2008

ISBN 978-3-8322-7479-5
ISSN 1863-8643

Shaker Verlag GmbH • Postfach 101818 • 52018 Aachen
Telefon: 02407 / 95 96 - 0 • Telefax: 02407 / 95 96 - 9
Internet: www.shaker.de • E-Mail: info@shaker.de

Geleitwort

Hans-Günter Joost hat sich mit der vorliegenden Studie einer Thematik zugewandt, die in der Soziologie bislang überhaupt nicht behandelt worden ist: Der Schnittstelle zwischen Unternehmen (hier der IT-Wirtschaft) und ihren Großkunden, den Key Accounts. Was zunächst nach einem rein betriebswirtschaftlichen Thema aussieht, ist für die Soziologie deswegen interessant, weil mit diesen Key Accounts eine wichtige, wenn nicht die entscheidende Öffnung des oft relativ geschlossenen Systems Unternehmen zu seiner Umwelt bezeichnet ist (wie der Verfasser hervorhebt, werden sie durch die Faustregel beschrieben, dass mit ihnen i.d.r. höchstens 20% der Kunden, mindestens 80% des Umsatzes generiert werden). Darüber hinaus stellt das Key Account Management (KAM) in dieser Eigenschaft einer zentralen Schnittstelle zur Außenwelt eine – zumindest potentiell sehr bedeutsame – Schleuse für den Transfer von Wissen in beide Richtungen dar. Durch die Beteiligung an Kernprozessen des Kundenunternehmens einerseits, durch die Bündelung verschiedener interner fachlicher Funktionen andererseits kann bzw. könnte das Key Account Management bzw. das KAM-Team eine – wie der Autor es formuliert – „Wissensdrehscheibe" für die darin zusammengeführten unterschiedlichen Wissensbestände bilden. Sowohl organisations- als auch wissenssoziologisch haben wir es mithin mit einem äußerst interessanten Forschungsfeld zu tun.

Der Verfasser bringt neben den wissenschaftlichen Grundlagen die besondere Qualifikation jahrzehntelanger Berufserfahrung in diesem Bereich in die Untersuchung ein. Er hat erst selbst in mehreren namhaften IT-Firmen in entsprechenden Funktionen gearbeitet und dabei an der Weiterentwicklung und Implementierung des Konzepts mitgewirkt, dann als selbständiger Berater die Einführung und den Einsatz des Key Account Management vielfältig begleitet. Darin ist auch eine wichtige praktische Voraussetzung der hier vorliegenden Untersuchung zu sehen, denn nur auf dieser Erfahrungs- und Vertrauensbasis war der Zugang zu den untersuchten IT-Unternehmen (die alles, was in diesem Bereich in Deutschland „Rang und Namen" hat, umfasst) möglich. In einer Industrie, die von ausgeprägter Konkurrenz sowie außerordentlich hohem Zeitdruck gekennzeichnet ist, 39 mehrstündige Interviews mit wichtigen Funktionsträgern in 16 namhaften Unternehmen zu realisieren, dürfte für den in der wissenschaftlichen Forschung beschäftigten „Normalforscher" kaum möglich sein. Wegen der Unvertrautheit eines sozialwissenschaftlichen Leserpublikums mit der Thematik erscheint es sinnvoll, in diesem Vorwort kurz den Gang der Untersuchung zu beleuchten.

Joost stellt im ersten Teil seiner Arbeit in Kap. II das Konzept des Key Account Management detailliert dar. Da es einem soziologischen Leserpublikum kaum bekannt sein dürfte, erscheint dies gerechtfertigt. Interessant ist der Hinweis am Anfang, dass das Konzept – wenn auch früher unter dem anderen Begriff der Kundenplanung – schon Jahrzehnte alt ist. Gegenwärtig bleibt die Realisierung deutlich hinter seinen Möglichkeiten zurück. Der Verfasser stellt es in den Kontext organisatorischer Veränderungen wie Business Reengineering, Lean Organisation, Wissensmanagement und den gewachsenen Tempozwängen. Er macht dann die Unterschiede zum klassischen Vertrieb deutlich, die an der von ihm gewählten Definition von Belz sichtbar werden: „Key Account Management bedeutet, aktuell oder potenziell bedeutende Schlüsselkunden des Unternehmens systematisch zu analysieren, auszuwählen und zu bearbeiten sowie die dazu notwendige organisatorische Infrastruktur aufzubauen und zu optimieren." Insbesondere hebt er die unternehmensstrategische Komponente hervor, die das KAM auszeichnet. Der Key Account Manager selbst wird im Hinblick auf seine Aufgaben der Koordination sowie auf seine Kompetenzen als Generalist, der Team- und Führungsfähigkeit haben muss, beschrieben. Zur Zielkontrolle wird oft mit Zielvereinbarungen und dem Instrument der Balanced Scorecard gearbeitet. In Bezug auf das zugehörige KAM-Team wird deutlich, dass wechselseitiges Vertrauen – im Team gegen mögliche Interessenkonflikte wie gegenüber dem Kunden – eine zentrale Rolle für den Erfolg spielen. Auch nach außen hin muss der KAM eine Balance zwischen dem Eigeninteresse seines Unternehmens und der Kundenorientierung finden. Dazu ist ein langfristig angelegtes Beziehungsmanagement notwendig, das eng mit der Vertrauensbasis zusammenhängt. Dazu ist die Einbettung des KAM in die Unternehmensorganisation notwendig. Am Beispiel von DEC wird – mit eigenem Erfahrungshintergrund des Autors – demonstriert, wie KAM die Unternehmenspyramide umkehren kann. Die Darstellung möglicher unternehmensinterner Konflikte verdeutlicht, dass KAM der Initiative und Unterstützung der Unternehmensführung bedarf; sie muss ein Coaching-Verhältnis zum KAM entwickeln.

Kap. III behandelt das Verhältnis von KAM und Wissensmanagement. KAM kann, im Sinne von Willke, einen systemischen Relevanzfilter darstellen; im Hinblick auf den gerade im IT-Sektor steigenden Wissensbedarf gewinnt diese Funktion an Bedeutung. Joost arbeitet mit einem anspruchsvollen Wissensbegriff, wie er in der deutschen Soziologie vor allem von Willke und der Darmstädter kairos-Gruppe vertreten wird. Als relevante Informationen, die in die Unternehmensprozesse einzubinden sind, werden die mittel- und langfristigen Zielvorgaben und ihre Realisierung, die Geschäftigkeit des Kunden, Produktentwicklungen, eintretende Veränderungen, die Entwicklungs-strategien des Kunden sowie dessen Märkte und der Wettbewerb hervorgehoben. KAM ist, in dieser Dimension betrachtet, nach der Formulierung von Sidow ein „riesiges Informations-Beschaffungssystem", dass allerdings, soll es wirksam genutzt werden, der schon erwähnten Tätigkeit des KAM Teams als „Wissensdrehscheibe" auf der Grundlage eines unternehmensinternen Netzwerks bedarf.

In Kap. IV folgt die empirische Untersuchung der Umsetzung des KAM in der Praxis. Joost stellt einführend kurz die Form der Erhebung (leitfadengestützte persönliche Einzelinterviews mit differierenden Fragebögen für je Firma befragte zwei Key Account Manager und ihren jeweiligen Vorgesetzten, i.d.R. Vertriebsleiter oder Geschäftsführer) vor. Die Bedeutung des KAM für das Unternehmen wurde – nicht überraschend – durch die Vertriebsleiter geringer als durch die KA Manager selbst eingeschätzt. Die Differenzen zum Standardverkauf werden deutlich gesehen, gerade im Hinblick auf die Intensität und Kontinuität der Betreuung. Fast alle KA Manager haben vorher schon in anderen Funktionen gearbeitet und bringen entsprechende Erfahrungen mit. Eine gezielte Job-Rotation zur Weiterbildung fand sich allerdings in keinem der befragten Unternehmen institutionalisiert. Das Verhältnis von Vertrieb und KAM wird unterschiedlich intensiv (Übergabe vs. Begleitaktivität) gesehen. Auffällig ist jedoch, dass an der Account-Planung Marketing und Service ebenso wie die Entwicklung nur schwach beteiligt sind. Dies gilt noch verstärkt für die regelmäßigen Überarbeitungen des Account Plans und die Account Reviews. Entgegen dem dargelegten Konzept wurden zwei zentrale Elemente des KAM, nämlich der Wissenstransfer und die strategische Ausrichtung, bei der Einschätzung des Nutzens für das Unternehmen kaum angesprochen; bei der Einbeziehung des Kunden stand die Kundenbindung im Vordergrund. Die Organisation des KAM in Teamform dominiert, allerdings sind die Teams unterschiedlich günstig zusammengesetzt. Öfter wurde die Einschätzung vertreten, dass die Account Meetings häufig dem Tagesgeschäft nachgeordnet werden. Die Vorgesetzten der KAM Teams wechseln häufig (überwiegend alle 1-2 Jahre), was der notwendigen Kontinuität widerspricht. Zudem ist oft die Kontrollspanne der Vertriebsleiter so breit, dass sie sich kaum dem KAM angemessen widmen können. Entsprechend niedrig ist die Frequenz ihrer Kundenkontakte. Dieses Muster setzt sich auch in die Key Accounts fort: Dort liegt die Zahl der zu betreuenden Accounts i.d.R. so hoch, dass eine qualifizierte Betreuung schwer fällt; insbesondere die Generierung und Weitergabe von Wissen fällt dem oft zum Opfer. Eine besondere Frage galt der Rolle der Quartalsergebnisse: Deutliche Mehrheiten der KA Manager und noch ausgeprägter der Vertriebsleiter sehen ein Nichterreichen als ein Hindernis für das KAM an.

Joost widmet der Frage der Angemessenheit der Organisationsform (funktionale vs. prozessorientierte Organisation) für das KAM ein eigenes Unterkapitel. Während aus der Literatur deutlich wird, dass KAM nur funktionieren kann, wenn die Funktionen Prozessen gegenüber offen sind, wird in den Interviews deutlich, dass zwar die Zusammenarbeit mit dem Service i.d.R. gut ist, dagegen mit dem Marketing nicht. Die ausgeprägte funktionale Denkweise steht hier offensichtlich der Koordinationsfunktion des KAM entgegen. „Dieses Ergebnis lässt den Schluss zu, dass die Funktionen und Einheiten in den untersuchten Unternehmen zwar mit den Key Account Managern zusammenarbeiten, ..., sie sich aber letztendlich primär für ihre eigenen Ziele verantwortlich fühlen. Im Zweifelsfall werden also immer das funktionale Teilinteresse und die eigene Zielsetzung den Ausschlag vor dem Gesamtinteresse geben." Joost schätzt dieses Ergebnis als weitgehend für die gesamte IT-Industrie gültig ein; von einer Entgrenzung der funktionalen Barrieren sei kaum etwas zu erkennen. Diese Strukturen beeinträchtigen auch die viel gepriesene Kundenorientierung, die mehrheitlich als unzureichend eingeschätzt wird.

In Bezug auf das zentrale Thema des Wissenstransfers wird in der Untersuchung die auch aus anderen Studien bekannte mangelnde Pflege der Kundendatenbanken sichtbar. Dem widerspricht, dass die Bedeutung der Kundendatenbanken von allen beteiligten Funktionen (außer den Consultants) als hoch eingeschätzt wird. Die insgesamt doch hohe Nutzungsfrequenz der Kundendatenbanken steht aus der Sicht der KA Manager der Pflege der persönlichen Vertrauensbeziehungen im Wege. Dies zeigte sich auch in den formulierten Zielsetzungen: Die überwiegende Zahl der Interviewpartner gab an, dass es in den Zielvereinbarungen keine Ziele gibt, die die Informationsgewinnung und den Wissenstransfer betreffen! Auch hier kommen offensichtlich technisch-organisatorische Barrieren hinzu: „Von mehreren Vertriebsleitern wird das Thema angesprochen, dass zwar Informationen in die Kundendatenbank eingegeben werden, aber wegen des Vorhandenseins von getrennten, nicht integrierten Datenbanken für Vertrieb, Marketing und Service eine Weitergabe nicht gewährleistet ist und so gut wie nicht stattfindet." Auch dieses Ergebnis schätzt der Verfasser als für die gesamte IT-Industrie gültig ein. Gemessen an der konzeptionellen Bedeutung und dem Potential „ist es erstaunlich festzustellen, dass das Wissensmanagement innerhalb der praktischen Umsetzung eine zu vernachlässigende Rolle spielt."

Auch dem an sich vorhandenen Interesse der Forschung und Entwicklung stehen eher organisationsstrukturelle Hindernisse entgegen: Der Autor nennt die zu große Anzahl der Key Accounts, die besondere Rolle der embedded products (hier arbeiten die FuE-Abteilungen meist direkt mit dem Kunden zusammen) und das mangelnde technische Wissen des KA Managers. Joost sieht daher den Wissenstransfer durch das KAM eher als ein Thema des Mittelstands an. Dazu kommt noch, wie bei den meisten Wissensträgern, die Nutzung des eigenen Wissens als Machtpotential durch die KA Manager, zumal kooperatives Verhalten nur sehr begrenzt durch Anreize gefördert wird. Die schon erwähnten Prioritätensetzungen der Unternehmen prägen auch das Beziehungsmanagement: Seine notwendigerweise längerfristige Orientierung „ist häufig nur schwierig mit dem Ziel vereinbar, die kurzfristigen Quartals- oder gar

Monatsergebnisse zu erfüllen." Auch das Wissen über die Unternehmensstrategie der Key Accounts, das ja nach dem Konzept eine bedeutsame Information für das Unternehmen darstellen müsste, wird mit wenigen Ausnahmen nicht weitergeleitet. Die Nutzung und der Implementierungsgrad des KAM scheint grob mit der Unternehmensgröße anzusteigen. In keinem Unternehmen gab es eine Kosten-Nutzen-Analyse zum Einsatz von KAM. Wegen der längerfristigen Ausrichtung des KAM scheint es schwierig zu sein, das gewonnene Wissen zu bewerten und einen kurzfristigen Nutzen glaubhaft zu machen.

In seinem Resümee in Kap. V gelangt Joost zu dem ernüchternden Ergebnis, „dass das Key Account Management in kaum einem der untersuchten Unternehmen der IT-Industrie umfassend und konsequent implementiert ist." Eine ganzheitliche Umsetzung existiert praktisch nicht. Die dem System attestierten Potentiale und ihre Realisierung in der Wirklichkeit divergieren, auch in der Sicht der Befragten, erheblich. Der alltägliche Marktdruck schlägt offensichtlich durch: „Das Ansehen des Key Account Managements ist nach Ansicht der Key Account Manager in den letzten Jahren sogar zurückgegangen." Die strategische Orientierung fehlt da, wo es zumindest formal realisiert wurde, fast immer. Das Wissensmanagement scheint dagegen vor allem an den organisationsstrukturellen und den damit verbundenen mikropolitischen Gegebenheiten zu scheitern: „Funktionalisierung und Hierarchisierung liefern eine stabile, relativ kontinuierliche transparent-berechenbare Machtbasis. Welche Auswirkungen entstehen aber, wenn im Umfeld tendenziell das 'Gegenteil' durch eine intensivere Einbeziehung der Key Accounts stattfindet: Instabilität, Unsicherheit, Intransparenz, Diskontinuität?" Um KAM zu realisieren, müssten die funktionalen Organisationsstrukturen stärker entgrenzt werden, und zwar initiativ von der Unternehmensspitze ausgehend.

Der Verfasser sieht die unzulängliche Implementierung nicht in Insuffizenzen des Modells begründet. Er benennt zusammenfassend zur Erklärung fünf unternehmens-strukturelle Gründe:

- Die kurzfristige Ergebnisorientierung (Quartalsdenken)
- Die fehlende langfristige strategische Ausrichtung
- Die permanenten Veränderungen der Organisationen
- Die Dominanz des funktionalen Denkens und
- Die Unterbewertung des Wissensmanagements in den Unternehmen.

Die Untersuchung von Hans-Günter Joost hat eine Vielfalt von interessanten Ergebnissen produziert, die in einen breiten Rahmen der Organisationsanalyse eingebettet sind. Der Arbeit kommt das Verdienst zu, ein komplexes, bislang wenig bekanntes, gleichwohl bedeutsames Feld der Unternehmensorganisation und -politik transparent gemacht zu haben und im Hinblick auf seine Beteiligten, Prozesse,

Interessenskonflikte und Probleme hin analysiert zu haben – und das alles auf der Grundlage eines sehr soliden empirischen Untersuchung, zu der man in der Organisationsforschung ihresgleichen suchen muss. Die Studie ist zugleich dadurch kritische Wissenschaft, dass sie sich nicht von einem Konzept – auch wenn der Verfasser dieses cum grano salis für richtig und zukunftsträchtig hält – blenden lässt, sondern es nüchtern und methodisch abgesichert mit der ärmlichen Realität seiner Implementation konfrontiert. Der weiteren Erforschung der organisatorischen Strukturen und Prozesse von Unternehmen ist dieser zugleich kenntnisreiche und nüchterne Blick zu wünschen.

Darmstadt, im Juli 2008
Rudi Schmiede

Vorwort

Die Idee zur vorliegenden Arbeit ist aus meiner langjährigen Vertriebstätigkeit im Umgang mit Großkunden und der Beschäftigung mit dem Key Account Management entstanden. Die vorliegende Arbeit widmet sich den Fragen, welche Voraussetzungen bei der Implementierung des Key Account Managements notwendig sind, um die Erwartungen in dieses Tool zu erfüllen, welchen Beitrag das Key Account Management zu dem Wissensmanagement im Unternehmen leisten kann, und wie die Implementierung in der Praxis realisiert wird.

An dieser Stelle möchte ich allen meinen Dank aussprechen, die mich bei der Entstehung der vorliegenden Arbeit unterstützt haben.

Mein Dank gebührt Herrn Prof. Dr. Rudi Schmiede, der diese Dissertation ermöglicht, betreut und mit konstruktiven Ratschlägen begleitet hat.

Herrn Prof. Dr. Günter Bechtle danke ich für die Betreuung bei der Entstehung dieser Arbeit und für zahlreiche anregende Vorschläge.

Ferner gilt mein Dank allen Personen und Unternehmen, die mir als Interviewpartner umfassende Informationen und ihre Zeit zur Verfügung gestellt haben.

Bei Herrn Dr. Peter Schally bedanke ich mich für die wertvolle Hilfe in allen computertechnischen Fragen.

Ganz besonders danke ich meiner Familie für ihr Verständnis, das sie in der ganzen Zeit für mich aufgebracht hat und für den Rückhalt, den sie mir stets geboten hat.

Darmstadt, im November 2007

Inhaltsübersicht

Inhaltsverzeichnis

I: Einführung - Situation, Problemstellung, Vorgehensweise

Anhang

Abbildungsverzeichnis

Tabellenverzeichnis

Abkürzungsverzeichnis

a.a.O.	am angegebenen Ort
BU	Business Unit
bzw.	beziehungsweise
CRM	Customer Relation Management
d.h.	das heißt
et al.	et alii – und andere
etc.	et cetera
f.	folgende
ff.	fortfolgende
F&E	Forschung und Entwicklung
ggf.	gegebenenfalls
Hrsg.	Herausgeber
IT	Informationstechnologie
Jg.	Jahrgang
KAM	Key Account Manager
LMU	Ludwig Maximilian Universität, München
m.E.	meines Erachtens
Nr.	Nummer
PC	Personal Computer
S.	Seite(n)
u.a.	unter anderem(n)
u.U.	unter Umständen
v.a.	vor allem
vgl.	vergleiche
z.B.	zum Beispiel
ZfB	Zeitschrift für Betriebswirtschaft

Einführung - Situation, Problemstellung, Vorgehensweise

1. Die aktuelle Situation der Kundenbeziehung

Die Unternehmen sind seit einigen Jahrzehnten in verstärktem Maße mit umfangreichen Veränderungen in ihrem Umfeld und den daraus resultierenden internen Anpassungen konfrontiert. Als wesentliche Faktoren sind der technologische Wandel, ausgelöst vor allem durch die Telekommunikations- und Informationsindustrie, die Veränderung und Globalisierung der Märkte und der Arbeit, der Wertewandel und die Veränderung des Kundenverhaltens zu nennen. Eine zunehmende Internationalisierung der Märkte, die Wandlung zu Käufermärkten, wachsende Fortschrittsdynamik wie auch demographische Umwälzungen führen zu einer drastischen Neuordnung der Wettbewerbsumwelt. Die Unternehmen spüren einen tief greifenden Umbruch in ihrer Wettbewerbssituation und einen immer stärker werdenden Wettbewerbsdruck, der sie zwingt, schneller auf diese Veränderungen zu reagieren, um sich nicht zuletzt auch in den globalisierten Märkten behaupten zu können.

Ein wesentlicher Faktor für eine schnelle und rechtzeitige Reaktion auf Veränderungen bei den Kunden und in deren Umfeld ist eine intensive und qualifizierte Kundenbetreuung. Hält ein Unternehmen engen Kontakt zu seiner Umwelt, besonders zu seinen Kunden, kann dies kreativen Unternehmen helfen, sich frühzeitig auf Veränderungen einzustellen. Hierzu ist es notwendig, das Geschäft und die Zusammenarbeit mit den Kunden mehr aus deren Sicht, also von außen nach innen, zu sehen und die Zusammenarbeit entsprechend anzupassen. Die Unternehmen sind gezwungen, das Wissen über und von ihren Kunden und deren Märkte deutlich ausweiten, um diese besser verstehen und dieses Wissen in ihre Aktivitäten einbeziehen zu können.

Damit rückt der Kunde immer weiter in den Mittelpunkt der Geschäftstätigkeit, und das Thema Kundenorientierung gewinnt zunehmend an Bedeutung.

Auch aus Kundensicht verändert sich in der Industrie die Beziehung zwischen Kunden und Lieferanten. Es schreitet eine Tendenz fort, nach der sich insbesondere die großen Unternehmen auf immer weniger Lieferanten konzentrieren[1], mit denen sie eine sehr viel engere Zusammenarbeit pflegen. Ganze Produktkomponenten werden von Zulieferern beigestellt und Unternehmensbereiche an Fremdfirmen ausgelagert (Outsourcing). Deshalb wird es für einen Lieferanten im Hinblick auf seine Geschäftsentwicklung immer entscheidender, dass er in der Lage ist, diesen Anforderungen zu genügen und seine Kunden qualifiziert bedienen zu können. Heute

---

[1] Vgl. Biesel (2002).

erreichen Unternehmen in der Regel mit 20 Prozent der Kunden 80 Prozent des Umsatzes.[1] Diese Kunden erlangen damit eine besondere Bedeutung für das Unternehmen und beeinflussen in starkem Maße den Geschäftsverlauf, denn ein Verlust eines solchen Kunden wirkt sich erheblich auf das Geschäftsergebnis aus.

2. Problemstellung

Für die Unternehmen stellt sich daraus die Frage, wie sie sich auf diese Situation einstellen und welche Instrumente sie zur Lösung einsetzen können. Wesentlich dabei ist, nicht nur auf die Veränderungen zu reagieren, sondern auch die Chancen zu erkennen, die sich für das Unternehmen daraus ergeben.

2.1. Veränderungen in den Geschäftsbeziehungen

Ein Instrument, das den Unternehmen eine Reihe von Ansatzpunkten bei der Lösung der daraus resultierenden Aufgaben liefern kann, ist zweifelsfrei das Key Account Management. Ein qualifiziertes Key Account Management stabilisiert durch ein aktives Kundenbindungsmanagement die Geschäftsbeziehungen, die wiederum Voraussetzung für die Sicherheit und Ertragskraft der Unternehmen sind.[2]

Je komplexer die Geschäftsbeziehungen sind - und deren Komplexität nimmt weiter zu -, desto wichtiger ist dieses Beziehungsmanagement. Der Aufbau eines erfolgreichen Beziehungsmanagements setzt allerdings eine langfristige Planung und den Willen voraus, den Key Account auch in dessen Tagesgeschäft begleiten zu wollen.[3] Gerade dieser längerfristige Ansatz im Verhältnis und Verhalten zum Kunden ist ein Kennzeichen des Key Account Managements, denn Key Accounts suchen immer mehr Partner statt Lieferanten. Ein qualifizierter Lieferant zeichnet sich dadurch aus, dass er seinem Kunden Ideen und Innovationen besser und schneller liefert, als dieser sie selbst erkennt, und ihm dadurch hilft, auf seinen Märkten erfolgreich zu sein. Dies setzt voraus, dass er über Markt-Trends seines Kunden und über dessen Strategien informiert ist, was ihm einen Vorsprung gegenüber seiner eigenen Konkurrenz bringt.[4] Deshalb müssen Lieferanten zukünftig nicht nur Produktleistung bzw. Lösungen verkaufen und die Kundenbindung sicherstellen, sondern vor allem nachhaltig den Geschäftserfolg ihrer Kunden optimieren helfen.[5]

---

[1] Vgl. Capon (2003), S. 36; Rieker (1995), S. 1; Sidow (2002), S .21.
[2] Vgl. Xelevonakis (2001), S. 28.
[3] Vgl. Biesel (2002), S. 161.
[4] Vgl. Sidow (2002).
[5] Vgl. Ahlert et al. (2004), S. 135; Rapp et al. (1999).

Legt man diese Anforderung zugrunde, sind die Lieferanten, die weitgehend *von innen nach außen* gedacht haben, noch mehr gezwungen, ihre Sichtweise umzustellen und zielorientiert von außen nach innen zu denken. Hierbei fällt dem Key Account Manager und dem Account Team eine bedeutende Rolle zu, da sie eine wesentliche Schnittstelle ihres Unternehmens nach außen darstellen.

Ein weiterer Aspekt, der in der Zusammenarbeit immer bedeutungsvoller wird, ist der Austausch von Wissen zwischen den Lieferanten und Kunden. „Dem Wissen wird heute ökonomisch ein hoher Wert zugeschrieben. Wissen wird zunehmend sogar als die wertvollste Unternehmensressource angesehen, als die entscheidende Grundlage für Wettbewerbvorteile, und weiter noch als Basis der wirtschaftlichen Entwicklung und des zukünftigen gesellschaftlichen Reichtums."[1] Allerdings ist die Struktur der Wissensumwelt, in der Unternehmen heute agieren, ungleich komplexer als noch vor einigen Jahrzehnten.[2] Auch hierzu kann das Key Account Management als Schnittstelle zwischen Lieferant und Kunde einen wertvollen Beitrag leisten.

2.2. Besondere Aspekte des Key Account Managements

Die Leistungsfähigkeit eines Key Account Management Programms in diesem Umfeld wird in Veröffentlichungen und von Unternehmen allgemein anerkannt. Das Programm wird eingesetzt, um eine individuelle Kundenbearbeitung gewährleisten und beim Kunden professioneller agieren zu können mit dem Ziel, die Kundenbindung zu festigen. Letztendlich steht dahinter aber das Bestreben, die eigenen Geschäfts-ergebnisse zu erreichen und zu verbessern.

Obwohl schon viel über das Key Account Management geschrieben wurde, steht bei den meisten Veröffentlichungen zu diesem Thema der betriebswirtschaftliche Aspekt im Vordergrund der Betrachtungen. Das Key Account Management ist aber auch aus soziologischer Sichtweise interessant, da Themen wie Kundenorientierung, Netzwerk-schnittstellen und Kommunikation, Team-Bildungs- und Team-Führungs-Prozesse und Wissen und Wissenstransfer essenzielle Bestandteile des Key Account Managements sind. Gerade die Elemente, die unter soziologischen Aspekten interessant sind, gewinnen immer mehr an Bedeutung und sind letztendlich Voraussetzung für ein erfolgreiches Key Account Management.

---

[1] Schreyögg/Geiger (2001), S. 4.
[2] Vgl. Probst et al. (1999), S. 23.

2.3. Ausgangspunkt für die Erstellung der Arbeit

Der Verfasser hat sich mehr als 30 Jahre mit dem Thema Key Account Management beschäftigt. Zunächst als Account Manager und Vertriebsleiter mit dem Schwerpunkt Key Account Management und in den letzten Jahren als Berater und Trainer von Unternehmen der Informations-, Kommunikations- und Fertigungsindustrie. Bei allen diesen Tätigkeiten ist sichtbar geworden, dass die hohe Praxisrelevanz und die Bedeutung des Key Account Managements für den Erfolg von Unternehmen allgemein anerkannt werden, dass aber auch Defizite zwischen dem Modell, wie es in der Literatur formuliert wird, und der Realisierung in der Praxis bestehen.

Durch den Kontakt zu vielen Unternehmen hat der Verfasser festgestellt, dass die Umsetzung häufig sehr lückenhaft ist und dass die Qualität der Implementierung zu wünschen übrig lässt. Welche Bedeutung der Qualität bei der Implementierung und bei der täglichen Umsetzung für das Key Account Management zukommt, unterstreicht ein Zitat von Sidow. Das „Key Account Management ist im Wesentlichen geprägt durch die Methodik, Systematik, Instrumentalisierung und Professionalität, also durch die Qualität, mit der es ausgeübt wird."[1]

Daher stellt sich die Frage, ob die Unternehmen alle Möglichkeiten dieses Systems für sich ausschöpfen, ob sie den größtmöglichen Nutzen daraus ziehen oder ob es nur als Instrument für die Kundenbetreuung isoliert im Vertrieb eingesetzt wird.

2.4. Zielsetzung der Arbeit

Das Key Account Management im Spannungsfeld zwischen Modell und praktischer Umsetzung näher zu untersuchen, ist das Ziel dieser Dissertation. Die Arbeit legt dabei den Schwerpunkt auf die soziologischen Aspekte des Key Account Managements: Welchen Beitrag kann es zum Wissensmanagement leisten - das Key Account Management als Wissensressource und Wissensvermittler zwischen Kunden und Unternehmen und innerhalb des eigenen Unternehmens -, welche Chancen und Hindernisse sind damit verbunden und welche Voraussetzungen sollten für eine erfolgreiche Implementierung gegeben sein.

Aus diesen Überlegungen heraus ergeben sich für die Arbeit folgende Fragenkomplexe:

1. Was sind die wesentlichen Elemente des Key Account Management Modells?
2. Welchen Beitrag kann das Key Account Management Programm zu dem steigenden Wissensbedarf eines Unternehmens leisten und welche Auswirkungen hat diese Aufgabe auf die Struktur des Key Account Managements?
3. Welche Voraussetzungen sind für eine erfolgreiche Implementierung notwendig?

---

[1] Sidow (2002), S. 18.

4. Wie weit hat sich das Key Account Management als Bestandteil einer prozessorientierten Vorgehensweise durchgesetzt?

5. Wie wird das Modell in der Praxis umgesetzt und welche Hindernisse sind bei der Umsetzung des Key Account Managements in der Praxis wirksam?

Ein anderer Schwerpunkt der Arbeit behandelt die Frage, ob der Eindruck berechtigt ist, dass die Umsetzung in der Praxis hinter den theoretischen Erkenntnissen und Potenzialen des Key Account Managements zurückliegt. Die Determinanten des Key Account Managements sind unternehmensinterne und unternehmensexterne Faktoren. Es ist festzustellen, welche umwelt- und unternehmensspezifischen Faktoren die Implementierung und die Umsetzung des Key Account Managements beeinflussen.

Deshalb besteht die Arbeit aus zwei Teilen: Einer theoretischen Betrachtung und einer empirischen Untersuchung.

Ferner soll gezeigt werden, dass sowohl das Key Account Management als auch das Management von Kundenwissen Wettbewerbsfaktoren darstellen, d.h., dass beide Elemente einem Unternehmen Wettbewerbsvorteile im Markt sichern können. Es stellt sich dabei die Frage, wie diese beiden Faktoren kombiniert werden können, um den größtmöglichen Nutzen für das Unternehmen zu erreichen, wie man also das Key Account Management für den Wissenstransfer vom Kunden zum Unternehmen, für die Wissensverteilung dieses Wissens im Unternehmen und für die zielgerichtete Wissensverteilung vom Unternehmen zum Kunden einsetzen kann. Ein Teil der Wissensgenerierung besteht in der Gewinnung von Kundenwissen.

Qualifizierte Kundeninformationen sind für jedes Unternehmen wichtig, wenn nicht sogar überlebenswichtig. Für ein Unternehmen ist es notwendig, sein Handeln und seine Entwicklung ständig im Markt überprüfen - was will der Kunde, was erfordert der Markt. Es ist zu untersuchen, welchen Beitrag das Key Account Management hierzu leisten kann. Dafür ist eine wesentliche Voraussetzung, dass das Key Account Management als strategische Komponente im gesamten Unternehmen verankert ist.

Für die Unternehmen sollen aus den Ausführungen auch Hinweise zur Umsetzung in der Praxis ableitbar sein.

Das Ziel der Arbeit ist es nicht, ein weiteres modifiziertes Key Account Management Modell vorzustellen. Die Elemente des Modells werden nur so weit dargestellt, als diese für die Untersuchung relevant und für eine Beurteilung der Umsetzung in die Praxis notwendig sind. Im Übrigen wird auf die umfangreiche Literatur zum Thema Key Account Management verwiesen.

2.5. Feldspezifische Abgrenzung des Themas

Das Key Account Management wird in allen Branchen eingesetzt. Inhalte und Ausprägung unterscheiden sich jedoch, ob es sich um die Investitionsgüterindustrie, die Konsumgüterindustrie oder den Dienstleistungsbereich handelt.[1] Ein wesentlicher Unterschied ist durch die Geschäftstätigkeit der Key Accounts gegeben, die im Investitionsgüter- und Dienstleistungsbereich meist auch die Endabnehmer der Leistung sind, während sich das Key Account Management im Konsumgüter-Bereich mehr als Marketing-Aufgabe darstellt. Selbst innerhalb der Investitionsgüterindustrie wird zwischen Endkunden- und Partner-Vertrieb differenziert. Senn ergänzt, dass das Schwergewicht des Key Account Managements in der Investitionsgüterindustrie deutlich stärker in der Koordinationsaufgabe als in der Konsumgüter- und Dienstleistungsindustrie liegt.[2]

Um eine aussagefähige Untersuchung sowohl in der theoretischen Betrachtung als auch in der empirischen Untersuchung erhalten zu können, wird eine inhaltliche und terminologische Abgrenzung der Arbeit durchgeführt. Besonders in der empirischen Untersuchung ist eine Fokussierung auf eine Industrie empfehlenswert, damit die Ergebnisse in ihrer Aussage vergleichbar sind und fundierte Schlüsse gezogen werden können.

Der Untersuchungsgegenstand dieser Arbeit konzentriert sich deshalb auf die Informations- und Telekommunikationsindustrie.

2.6. Die Schwerpunkte der Arbeit

Das Kernstück der Arbeit setzt sich demnach aus folgenden Schwerpunkten zusammen:

- Die Herausarbeitung eines mehr oder weniger latenten Problemlösungspotenzials in der Gestaltung der Kundenbeziehung. Dessen historische Genese und seine Behandlung in der einschlägigen Forschungsliteratur (Organisationslehre und Organisationssoziologie) werden rekonstruiert.

- Das Key Account Management als Bestandteil des Wissensmanagements innerhalb des eigenen Unternehmens und als Schnittstelle nach außen zu Kunden und deren Märkten.

- Das Konfrontieren dieses Lösungspotenzials mit der Praxis, um - in Form empirischer Fallstudien in der IT-Branche - die wichtigsten Reibungswiderstände zu identifizieren.

---

[1] Vgl. Gegenmantel (1996), S. 9; Sidow (2002), S. 38.
[2] Vgl. Senn (1996), S. 76.

- Die Reflexion der Modell-Praxis Diskrepanz auf einem höheren theoretischen Abstraktionsniveau: Wie erklären sich die Widerstände und das Beharrungs-vermögen der Tradition bei der Implementierung des Modells?

3. Vorgehensweise und Aufbau der Arbeit[1]

Diese ersten drei Teile der vorliegenden Arbeit umfassen die theoretische Betrachtung als Basis für die empirische Untersuchung. Im ersten Teil werden die Ausgangssituation, die Problemstellung, die Zielsetzung, die Vorgehensweise und der Aufbau der Arbeit beschrieben. Im zweiten Teil werden Elemente des Key Account Management Modells entwickelt, die die Grundlage für alle weiteren Betrachtungen und die empirische Untersuchung darstellen. Dieser Teil befasst sich auch mit der Einbindung des Key Account Managements in die Unternehmensorganisation und dessen organisatorischen Voraussetzungen für ein erfolgreiches Key Account Management. Der dritte Teil betrachtet die Rolle des Wissensmanagements innerhalb eines Unternehmens aus der Sicht des Key Account Managements und die Auswirkungen auf dieses.

Der vierte Teil stellt den Praxisbezug her. Er untersucht die Umsetzung in die Praxis in der IT-Industrie[2], basierend auf Interviews mit Key Account Managern und deren Vorgesetzten. Es werden Ansatzpunkte für eine qualifizierte Umsetzung aufgezeigt und Hindernisse dargestellt, die einer erfolgreichen Nutzung im Wege stehen.

Der fünfte Teil enthält eine Schlussbetrachtung mit einem Fazit und Ausblick auf zukünftige Anforderungen.

---

[1] Siehe Abbildung 1.
[2] Vgl. Benner (2002), S. 17; Definition: IT-producing industries (...) including computer and communication hardware, software and related services.

Teile	Inhalt	
Teil I	- Ausgangssituation - Problemstellung - Zielsetzung - Vorgehensweise - Aufbau der Arbeit	Theoretische Betrachtung
Teil II	- Key Account Management Modell - Unternehmensorganisation und Key Account Management	
Teil III	- Key Account Management und Wissensmanagement	
Teil IV	- Umfrage bei Key Account Managern und Vorgesetzten	Empirische Untersuchung
Teil V	- Schlussbetrachtung und Ausblick	

Abbildung 1: Aufbau und Struktur der Arbeit

II: Key Account Management Modell und Unternehmensorganisation

1. Key Account Management

1.1. Die Entwicklung des Key Account Managements[1]

Seit mehr als 30 Jahren wird in den Firmen das Key Account Management thematisiert. Bereits in den 70er Jahren wurden in Deutschland die ersten Ansätze eines Key Account Managements implementiert,[2] wobei am Anfang noch häufig der Begriff der Kundenplanung benutzt wurde. Anfangs der 70er Jahre wurde bei IBM Deutschland vom Vertrieb eine Kundenplanung mit dem Ziel erstellt, das Wissen über den Kunden zu vertiefen, die Kundenbearbeitung zu systematisieren[3], den Verkäufer anzuhalten, sich intensiver mit seinem Kunden zu beschäftigen, den Auftragseingang besser vorhersagen und ausweiten zu können und im Fall eines Betreuungswechsels oder einer Kündigung des Vertriebsmitarbeiters die Kundeninformationen für den Nachfolger verfügbar zu machen. Eine weitere Verarbeitung der Informationen fand meistens nicht statt. Auch Reviews der Kundenplanung wurden nur in Einzelfällen vorgenommen.

Das Key Account Management wurde dann auf breiterer Ebene in den 80er und 90er zunächst schwerpunktmäßig im Industrie-[4] und Konsumgüterbereich implementiert, was nicht zuletzt das Erscheinen des Buches von Kemna über das Key Account Management bewirkt hat.[5] Inzwischen wird es auch, mit einem Schwerpunkt in den 90er Jahren, verstärkt im Dienstleistungssektor eingesetzt.[6]

Bereits 1988 stellen Ebert/Lauer fest, dass das „Key Account Management (..) mehr als nur eine neue Bezeichnung für einen altbekannten Verkäufertypus [ist]."[7] Seit dieser Zeit hat sich das Key Account Management kontinuierlich weiterentwickelt, was sicherlich durch die Ausrichtung des Vertriebs auf eine verstärkte Kundenorientierung begünstigt wurde.

Seit Jahren wird das Thema Key Account Management in der Fachliteratur behandelt, wobei es in den letzten Jahren vor dem Hintergrund eines immer intensiveren

---

[1] Zur Entwicklung des Key Account Managements siehe ausführlich bei Belz et al. (2004), S. 29 ff.
[2] Vgl. Biesel (2001), S. 13; Diller (2003), S. 4; Rieker (1995), S. 162 ff.
[3] Vgl. Biesel (2002), S. 14; Belz et al. (2004), S. 29 ff.
Die ersten Ansätze wurden in den USA in den 60er Jahren als „National Account Management" begonnen (Ebert/Lauer (1988), S. 8). IBM Deutschland startete Mitte der 70er Jahre in Deutschland mit dem Programm unter der Bezeichnung „Kundenplanung".
[4] Der Verfasser hat bereits 1986 das Key Account Management in seiner Vertriebseinheit (eines der führenden Unternehmen der IT-Industrie) als Pilot für die deutsche Organisation für die Betreuung der Großkunden eingeführt.
[5] Vgl. Bickelmann (2001), S. 16; Kemna (1979), Key Account Management, München.
[6] Vgl. Diller (2003), S. V.
[7] Ebert/Lauer (1988), S. 7.

„Kampfes" um den Kunden eine Renaissance in der Literatur erfahren hat, was an einer überdurchschnittlichen Anzahl von Neuerscheinungen auf dem Büchermarkt sichtbar wurde.

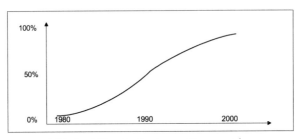

Abbildung 2: Die Entwicklung des Key Account Managements[1]

1.2. Key Account Management: Ein Modetrend

In den letzten Jahren wurden immer wieder neue Organisationsmethoden propagiert, die in aller Munde sind und dann genau so schnell wieder verschwinden, wie sie aufgetaucht sind. Kieser stellt dazu fest, dass es ein unaufhörliches Auf und Ab von Organisationsmethoden wie Lean Management, Unternehmenskultur, Total Quality Management, Business Reengineering etc. gibt, das für Bestsellerautoren, Journalisten von Managementzeitschriften, Seminarveranstalter und manche Professoren ein „Geschäft" ist. Dabei wird häufig ein großer Wirbel erzeugt, und „wenn sich die Nebelwolken verzogen haben, stellt man jedoch fest, dass die herrschende Organisationspraxis nur peripher verändert wurde."[2]

Es stellt sich jetzt die Frage, ob das Key Account Management trotz seiner langen Historie ähnlich zu bewerten ist. Wer die Unternehmen betrachtet, stellt fest, dass das Key Account Management inzwischen eine breite Akzeptanz in allen Industrien gefunden hat. Dies ist daran zu erkennen, dass das Thema selbst in fast allen mittelständigen Firmen - bei den großen Firmen ist es zu einem festen Bestandteil der Organisation geworden - diskutiert und behandelt wird. In Stellenanzeigen, in der Presse und im Internet werden in zahlreichen Stellenangeboten Vertriebsmitarbeiter unter dem Titel „Key Account Manager" gesucht.

Das Key Account Management wird heute nicht nur unter kurzfristigen Erfolgsüberlegungen gesehen, sondern es hat sich fest als ein Vertriebsmodell etabliert, da man erkannt hat, dass eine langfristige Key Account Beziehung die Voraussetzung für

---

[1] Diller (2003), S. 4.
Implementierungsbeispiele aus der IT-Industrie: In Deutschland z.B. Digital 1988, Xerox 1988, 3M 1993, Alcatel 1996.
[2] Kieser (2002), S. 74.

langfristigen Geschäftserfolg ist. „Das Key Account Management ist [heute] aus dem modernen Vertrieb nirgendwo mehr wegzudenken."[1]

Die Bedeutung des Key Account Managements wird auch zukünftig weiter zunehmen. Dies ist auch das Ergebnis einer Studie, in der europäische Unternehmen zu dem Thema befragt wurden (siehe Abbildung 3: Auf einer 5-stufigen Skala schätzen die Befragten die zukünftige Wichtigkeit des Key Account Managements ein.).

Ein Ziel dieser Arbeit ist es auch zu zeigen, dass die Implementierung eines qualifizierten Key Account Managements Nutzen für das Unternehmen bringt und bei einer qualifizierten Implementierung einen Differenzierungsfaktor gegenüber dem Wettbewerb darstellt.

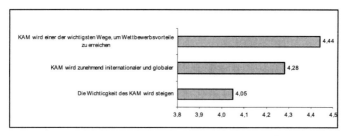

Abbildung 3: Die zukünftige Bedeutung des Key Account Managements[2]

Diese Entwicklung ist sicherlich durch eine zunehmende Abhängigkeit der Lieferanten von immer weniger und größeren Kunden begünstigt worden. Man hat erkannt, dass die Unternehmensführung auf diese Kunden ein besonderes Augenmerk richten muss, da Umsatz und Ergebnis eines Unternehmens von diesen wenigen Kunden entscheidend beeinflusst werden, denn auch hier gilt die Regel, dass mit 20 Prozent der Kunden 80 Prozent des Umsatzes erreicht werden. Auch die Einschätzung von Miller/Heiman bestätigt diese Aussage, nach der 5 Prozent der Kunden 50 Prozent des Umsatzes generieren.

Sicherlich darf sich die Einrichtung eines Key Account Managements nicht alleine am Umsatz ausrichten, was die Deckungsbeitragskurve deutlich zeigt (siehe Abbildung 4).[3] Bei Key Accounts besteht die Gefahr, dass sie zwar einen hohen Anteil zum Umsatz

---

[1] Diller (2003), S. 5.
Zur Bedeutung des Key Account Managements als Erfolgsfaktor siehe: u.a. Biesel (2002); Bogdahn (2004); Diller (2003); Rapp (2002); Sidow (2002).
[2] Studie: European Key Account Management, 2003, durchgeführt von Mercuri International, University of St. Gallen und Advanced Market Research; entnommen Bogdahn (2004), S. 135.
[3] Siehe Kapitel II, Abschnitt 1: Kriterien für die Implementierung eines Key Account Managers und Kapitel II, Abschnitt 3: Nutzen für das Unternehmen aus dem Key Account Management.

beisteuern, aber der Deckungsbeitrag nicht ausreichend ist, was zu einer negativen Beeinflussung des Gesamtergebnis führt.[1]

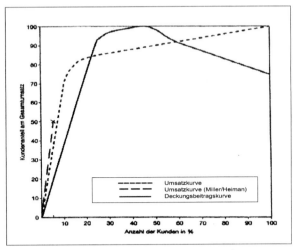

Abbildung 4: Lorenzkurve mit Ergänzung von Miller/Heiman[2]

Heute ist das Key Account Management bei Großunternehmen nahezu flächendeckend als institutionalisiertes organisatorisches System präsent und zu einem „Hochleistungssystem des Vertriebs" herangewachsen.[3] Auch im Mittelstand ist das Key Account Management eine anerkannte Vertriebsform geworden.

1.2.1. Einfluss von Organisationsmethoden

In den 80er und 90er Jahren haben zahlreiche Organisationsmethoden[4] wie z.B. Total Quality Management, Lean Management, Unternehmenskultur, Business Reengineering, Outsourcing, Supply Chain Management, Customer Relation Management (CRM) und Wissensmanagement die Diskussion bestimmt und Einfluss auf die Unternehmensentwicklung genommen. Ein Teil dieser Modelle beeinflusst auch die Zusammenarbeit zwischen Lieferanten und Kunden[5].

Customer Relation Management (CRM) beschäftigt sich mit dem Management von Kundenbeziehungen. Ziel ist die Herstellung, Aufrechterhaltung und Nutzung erfolgreicher Beziehung zum einzelnen Kunden. Die verstärkte Orientierung der

---

[1] Siehe Kapitel II, Abschnitt 1.6.2 und 3.
[2] Vgl. Sidow (2002), S. 22; Miller/Heiman (1991), S. 27.
[3] Vgl. Diller (2003), S. 4, 6.
[4] Vgl. Kieser (2002), S. 74.
[5] Wie CRM, Business Reengineering, Just-in-Time, Quality Management und Wissensmanagement.

Unternehmensaktivitäten an den Kundenbedürfnissen ist eine der signifikantesten Entwicklungen in der Unternehmenspraxis der letzten Jahre.[1] Die Beschäftigung mit CRM hat auch die Aktivitäten mit dem Key Account Management forciert, da dieses ein integraler Bestandteil des Customer Relation Management ist.[2]

Für Sidow sind die Qualitätssicherung, das Total Quality Management und das Business Reengineering mitbestimmend für das Key Account Management und seine Einrichtung, da alle drei Ansätze sich in vielfältiger Weise überlagern, durchdringen und bedingen.[3] Im Rahmen dieser Arbeit sind vor allem das Business Reengineering, die Lean Organisation und das Wissensmanagement von Bedeutung. Es gilt festzustellen, welche Auswirkungen und Vorteile diese Methoden dem Key Account Management bringen und ob und wie dies die praktische Implementierung beeinflusst hat.

1.2.1.1. Business Reengineering

Mit den Arbeiten von Senge über „systemisches Denken" und Vester über „prozessorientiertes Denken", und speziell mit dem Erscheinen des Buches von Hammer/Champy über „Business Reengineering" wurde ein Überdenken der Geschäftsprozesse in den Mittelpunkt gerückt; letztendlich wurde postuliert, die Grenzen zwischen den einzelnen Funktionen aufzureißen und die Betriebsstruktur prozessorientierter, funktionsübergreifender, weg von der Dominanz der Funktionen, umzugestalten.[4] Es wird ein fundamentales Überdenken und ein Redesign von Unternehmen und wesentlicher Unternehmensprozesse gefordert.[5] Um Leistungen in höherem Maße zeit- und marktgerecht aufeinander abstimmen zu können, sollen durch eine intensivere Kommunikation die bürokratisch-formalen Routinen aufgeweicht und die strikte Abschottung von Funktionsbereichen durch eine stärkere Rückkopplung aufgebrochen werden.[6]

Ziel des Business Reengineering ist, sich in den Augen des Kunden gegenüber dem Wettbewerb einen Vorteil zu verschaffen.[7]

---

[1] Vgl. Biesel (2002), S. 260 ff.
[2] Vgl. Rapp et al. (2002), S. 13.
[3] Vgl. Sidow (2002), S. 26.
[4] Vgl. Senge (The Fifth Discipline, 1990); Vester (1988); Hammer/Champy (Reengineering the Corporation, 1993).
[5] Vansina/Taillieu (1996), S. 25.
[6] Tacke (1997), S. 2.
[7] Vansina/Taillieu (1996), S. 27.

1.2.1.2. Lean Organisation

Mit Lean Organisation oder Lean Management ändern sich Organisationsstrukturen. Für die Betrachtung des Key Account Managements sind besonders zwei Elemente von Bedeutung: Flache Hierarchien (ebenso ein Element des Business Engineering[1]) und der Verlust von Wissensbeständen oder Fähigkeiten.

Die Verringerung der Managementebenen führt zu erweiterten Kontrollspannen. Hier ist die Frage zu stellen, ob die Vorgesetzten der Key Account Manager weiterhin in der Lage sind, einen qualifizierten Coaching Prozess zu sichern und zielorientiert zu führen. Durch die Reduzierung von Managementebenen sind im Unternehmen vor allem redundante Wissensbestände abgebaut worden, wodurch Wissensbestände oder Fähigkeiten nicht mehr an mehreren Stellen der Organisation vorhanden sind.[2] Wenn dann ein Wechsel erfolgt, ist wertvolles Wissen u.U. gänzlich verloren.

1.2.1.3. Wissensmanagement

Im Kontext dieser Arbeit bedarf das Wissensmanagement einer besonderen Erwähnung. Willke[3] fasst Wissensmanagement kurz als eine strategische Managementaufgabe zusammen, die die kritische und knappe Ressource Wissen genauso sorgfältig bewirtschaftet wie andere kritische Ressourcen der Organisation. Im Rahmen des Key Account Managements interessiert besonders der Teil des kundenorientierten Wissensmanagements, der zum Ziel hat, ein tiefes Verständnis für das Verhalten der Kunden und Kenntnisse über deren Prozesse zu gewinnen. Es wird versucht, die Wünsche, Bedürfnisse und Prozesse methodisch zu erfassen und zu analysieren, um die eigenen Prozesse danach zu gestalten bzw. zu optimieren. Ziel ist es, auf der Basis eines überlegenen Wissens über den Kunden die Wettbewerbsfähigkeit zu verbessern.[4]

Bestandteil des kundenorientierten Wissensmanagements ist nicht nur die Gewinnung von Wissen von dem und über den Kunden, sondern auch, durch einen Wissenstransfer vom Lieferanten zum Kunden diesem zu helfen, seine Geschäfte erfolgreicher zu gestalten. Zur Erreichung dieser Ziele kann das Key Account Management einen wesentlichen Beitrag leisten. Mingers fordert von Beratungsunternehmen, die Wissen unterschiedlicher Facetten anwenden und vermitteln, dass Wissensmanagement zu den Grundmomenten ihrer Professionalität gehört.[5] Diese Aussage kann auch auf die meisten Unternehmen der IT-Industrie übertragen werden, da diese heute schwerpunkt-

---

[1] Vgl. Hammer/Champy (1994), S. 106.
[2] Vgl. Probst et al. (1999), S. 107 f.
[3] Vgl. Willke (2002), S. 116; weitere Ausführungen in Kapitel III, Abschnitt 1.
[4] Vgl. Bullinger (2002), S. 4.
[5] Vgl. Mingers (2001), S. 137.

mäßig ihren Kunden keine Hardware oder Software verkaufen, sondern ihnen helfen, mittels ihrer Produkte Lösungen für seine Geschäftsprozesse zu entwickeln und zu realisieren.

1.2.2. Veränderungen im Umfeld der Unternehmen

Die Veränderungen im Umfeld von Unternehmen, ausgelöst durch technologische, wirtschaftliche und gesellschaftliche Entwicklungen, durch eine Individualisierung der Kundenbedürfnisse sowie durch die Einflüsse der Globalisierung, vollziehen sich immer schneller. Die wichtigsten Trends sind dabei ein verstärkter Wettbewerb, ein rasanter technologischer Wandel, anspruchsvollere Kunden, eine zunehmende Komplexität der Märkte und Produkte, sowie die Nivellierung der Wettbewerbsbedingungen.

Diese Veränderungen führten und führen zu einer hohen Dynamik und einer zunehmenden Komplexität der Unternehmensumwelt. Für Unternehmen erwächst daraus die Notwendigkeit, sich diesem Wandel durch eine permanente Weiterentwicklung zu stellen. Die Fähigkeit, sich diesen Veränderungen anzupassen, wird zu einem zentralen strategischen Erfolgsfaktor für die Unternehmen. Die sich beschleunigenden Umwelt-Veränderungen erfordern eine immer höhere Reaktionsgeschwindigkeit: "Die Schnellen fressen die Langsamen." Die Unternehmen müssen agieren und nicht reagieren. Wichtig ist es, dem Wettbewerb immer den entscheidenden Schritt voraus zu sein. Holtbrügge empfiehlt zur Reduktion der mit einer diskontinuierlich verlaufenden Umweltentwicklung verbundenen Unsicherheit die Verbesserung des Informationsstandes und der Reaktionsfähigkeit.[1]

Unternehmen können auf Veränderungen schneller reagieren, wenn sie möglichst früh qualifizierte Informationen von ihren Kunden über Entwicklungen, Entscheidungen, Strategien, deren Veränderungen, Innovationen etc. erhalten. Der Erfolg eines Unternehmens hängt heute sehr stark davon ab, wie schnell man Markttrends erkennt, besser noch vorwegnimmt, und auf die sich verändernden Kundenbedürfnisse reagiert. Der Key Account Manager und das Account Team können im Rahmen ihrer Tätigkeiten beim Kunden Informationen beschaffen, die auch das beste Marktforschungsinstitut nicht liefern kann.[2] Wie wichtig diese Informationen für das Unternehmen sind, beschreibt auch Schein. Nach seiner Ansicht definieren sich Reife und Niedergang eines Unternehmens weniger über seine interne Dynamik, als mehr im Hinblick auf seine Interaktion mit der Umwelt. „Mit zunehmender Reife und anhaltendem Erfolg werden die Strukturen, Verfahren, Rituale und Normen immer mehr als Selbstverständlichkeit

---

[1] Vgl. Holtbrügge (2000), S. 101.
[2] Vgl. Dannenberg (2004), S. 131.

verstanden. In diesem Stadium legt eher die Kultur die Führung fest als umgekehrt. Ein in diesem Sinne reifes Unternehmen kann sich über lange Zeit erfolgreich behaupten, solange nur seine Prämisse im Einklang mit den Erfordernissen des Umfelds stehen. Wenn sich dieses jedoch verändert und das Unternehmen nicht auf eine rasche Anpassung eingestellt ist, tritt es langsam in eine Phase des Niedergangs ein."[1]

Für Bullinger[2] muss sich ein Unternehmen als offenes System gegenüber der Umwelt begreifen und Frühwarnsysteme aufbauen, die rechtzeitig Veränderungen aufzeigen. Dies kann beispielsweise durch die Aktivierung des Know-hows der Beschäftigten über Kunden, Markt und Umweltfaktoren erreicht werden.

1.3. Vertrieb als Grenzstelle zu Kunden und Umwelt

Unternehmen öffnen sich ihrer Umwelt primär über fest eingerichtete organisatorische Funktionen wie Personalverwaltungen, Einkaufs-, Service- und Vertriebsabteilungen. Durch diese interne Differenzierung ist der Verkehr mit Außenstehenden nicht in gleicher Weise Sache aller Mitarbeiter, sondern diesen Grenzstellen vorbehalten.[3] Luhmann definiert diese Grenzstellen als "herausspezialisierte Funktionen für den Verkehr mit einem bestimmten Umweltsektor."[4]

Für die Umweltbeziehung von Wirtschaftorganisationen nimmt der Vertrieb eine Sonderstellung ein. Er bildet die Schnittstelle zu Markt und Kunden. Die Aufgabe des Vertriebs ist es, die Leistungen seines Unternehmens mit den Kundenbedürfnissen in Einklang zu bringen und wirtschaftliche Beziehungen sozial einzubetten.[5] Darüber hinaus hat der Vertrieb die Aufgabe, Wissen zu generieren, dieses weiter zugeben und selbst zu analysieren, welche ungenutzten Chancen sich in seinem Bereich noch realisieren lassen.[6]

Damit öffnen Vertriebsabteilungen die Unternehmung gewissermaßen für Umwelt-anforderungen und –informationen.[7] Als spezielle Vertriebsform ist das Key Account

---

[1] Schein (1995), S. 206; Ein Beispiel hierfür ist Digital Equipment. Das Unternehmen hat die Veränderung im Markt von proprietären zu offenen Betriebssystemen kaum und zu spät vollzogen, obwohl besonders von den Großkunden viele Hinweise über das Account Management kamen. Diese Informationen wurden im Unternehmen nicht entsprechend aufgenommen und umgesetzt. Man war von seinem eigenen Betriebssystems überzeugt, dessen Qualität und Funktionalität zu diesem Zeitpunkt zweifellos besser war (im Vergleich zu UNIX) war. Was nutzt das jedoch, wenn der Markttrend in eine andere Richtung geht.

[2] Bullinger (1996), S. 19.

[3] Vgl. Luhmann (1964), S. 220.
Zur prinzipiellen Problematik von Grenzstellen in stark formalisierten Organisationen siehe Luhmann (1964), S. 220 ff.

[4] Luhmann (1964), S. 221.

[5] Vgl. Blutner et al. (2000), S. 141.

[6] Vgl. Biesel (2001), S. 28.

[7] Vgl. Blutner et al. (2000), S. 141.

Management besonders in diesem Zusammenhang eine wichtige Grenzstelle für eine Unternehmung, da es durch seine langfristig angelegte strategische Beziehung zu seinem Kunden noch wesentlich tiefere Einblicke und damit „wertvollere" Informationen erhält. Besonders für das Key Account Management ist es erforderlich, über eine ausschließliche Produktlieferung hinaus zu einer messbaren Wertschöpfung für den Kunden beizutragen und das Ziel zu verfolgen, den Kunden in seinem Markt erfolgreicher zu machen.[1] Dadurch können Informationen auch über die Märkte und über die Kunden des Kunden gewonnen werden.

In dieser Funktion interpretiert der Vertrieb die Umwelt für sein Unternehmen. Die Umweltinformationen werden gesichtet, ausgewählt und in eine Sprache gebracht, die in der Organisation verstanden und akzeptiert wird.[2] Dieses Filtern, Interpretieren und ggf. Ausblenden von Informationen durch die Grenzstelle Vertrieb führt allerdings auch gleichzeitig zu einem Schließen der Grenzen der Unternehmung.[3] Blutner stellt fest, dass Grenzstellen, also auch der Vertrieb, in spezifischer Weise das, was im ‚grenzüberschreitenden' Kommunikationsprozess zwischen der Organisation und ihren Umwelten wahrgenommen und ‚mitgeteilt' wird, filtern. „In Grenzstellen wird die Umwelt für die Organisation ebenso ‚interpretiert' (Luhmann 1964: 189) wie die Organisation der Umwelt ‚vermittelt' wird."[4]

Für die Grenzstelle Vertrieb werden somit besondere Anforderungen an das Verhalten der Vertriebsmitarbeiter gestellt. Für Franzpötter besteht hier nicht nur eine besondere Verantwortung bei der Interpretation und Weitergabe von Umweltinformationen, sondern es wird auch das Ergreifen von Initiative gefordert. Er räumt ein, dass dies nicht als Erwartung formalisiert werden kann. Vertriebsmitarbeiter werden nicht zuletzt durch ihre persönlichen Zielvorgaben gesteuert, wodurch im Innenverhältnis Strategien zur Risikominimierung, zur Neutralisierung oder zur Versachlichung kritischer Umweltinformationen entwickelt werden. Dies wiederum verstrickt sie in komplizierte Rollenverflechtungen und Verhaltensprobleme, deren erfolgreiche Handhabung ihnen nicht unbeträchtliche kommunikative Geschicklichkeit abfordert.[5]

1.4. Entwicklung der Kundenbeziehung

Die Bedeutung einer intensiven Kundenbeziehung und –pflege ist von den Unternehmen schon lange als Wettbewerbsvorteil anerkannt und zum festen Bestandteil von Unternehmensleitfäden und Strategiepapieren geworden. Im Rahmen der „CRM

---

[1] Rapp (2001), S. 176; Sidow (2002), S. 15.
[2] Luhmann (1964), S. 224.
[3] Vgl. Blutner et al. (2000), S. 141.
[4] Blutner et al. (2000), S. 142.
[5] Franzpötter (2000), S. 166.

Bewegung" ist das Thema Kundenorientierung intensiviert worden und unter ökonomischen Aspekten zu einem interessanten Instrument für Analysten und den Aktienmarkt geworden.[1] Die Präsidentin von American Express sieht den Stellenwert der Kundenbeziehung als die zentrale Herausforderung des 21. Jahrhunderts.[2] Capon stellt fest, dass die verantwortlichen Manager in den Unternehmen überall in der Welt erkennen, dass die Kunden einen wesentlichen Teil der Vermögenswerte eines Unternehmens darstellen. „Ungeachtet der fortdauernden Bedeutung von Kostenkontrolle und effektiven Investitionsentscheidungen rücken die Bestrebungen, die Kunden an das Unternehmen zu binden, immer weiter in den Vordergrund – auch in den hauptverantwortlichen Managementbereichen. Und nirgendwo wird das deutlicher als im Key Account Management."[3]

Eine Kundenbindung sichert langfristige Geschäftsbeziehungen mit besser planbaren Ergebnissen und führt zum Ausbau der Zusammenarbeit, wenn es gelingt, Trends schneller als die Wettbewerber zu erkennen und diese in Produktideen und Dienstleistungen umzusetzen.[4] Voraussetzung dabei ist allerdings, dass beide Seiten Nutzen aus der gemeinsamen Geschäftstätigkeit ziehen. Der Kundennutzen ist die Grundlage jedes erfolgreichen Geschäftssystems.[5]

Langfristig ist eine nutzendominierte Beziehung anzustreben, in der wirkliche Werte für den Kunden geschaffen und seine geschäftlichen wie persönlichen Abläufe erleichtert werden.[6] Der Kunde muss seine Beziehung zum Lieferanten als wertvoll erachten, weil diese ihn bei der Erreichung seiner Ziele und bei seinen Geschäftsprozessen unterstützt.[7]

Wenn man jedoch die Bekenntnisse der Unternehmen mit der tatsächlichen Realisierung vergleicht, kann man erhebliche Defizite feststellen.

1.5. Unterschiede zwischen Standardvertrieb und Key Account Management

Das Key Account Management unterscheidet sich deutlich vom „herkömmlichen" Vertrieb. Es konzentriert sich in aller Regel auf einen oder wenige, meist strategische und komplexe Kunden, so dass deren Anforderungen und Bedürfnisse im Vordergrund stehen, was allerdings auch erhebliche Auswirkungen auf den Aufwand und die Vertriebskosten hat. Deshalb kann diese Form des Vertriebes nur bei wichtigen,

---

[1] Vgl. Rapp (2001), S. 11.
[2] Vgl. Rapp (2001), S. 12.
[3] Capon (2003), S. 13.
[4] Vgl. Wildemann (1996), S. 94.
[5] Vgl. Rapp (2001), S. 27.
[6] Vgl. Capon (2002), S. 42; Rapp (2001), S. 175; Rieker (1995), S. 15;
Bei Digital Equipment war ein Unternehmensziel: Easy to do business with!
[7] Vgl. Rapp et al. (2002), S .15.

ausgewählten Kunden eingesetzt werden. Im „Standardvertrieb" ist der Verkäufer normalerweise für eine Reihe von Kunden zuständig, was zur Folge hat, dass die Betreuung weniger intensiv ist und die Belange dieser Kunden nicht den Stellenwert eines Key Accounts im Unternehmen haben. Mit dem klassischen Verkäufer verbindet man immer noch eher einen Einzelkämpfer, Individualisten und redegewandte Person, die den schnellen Erfolg sucht, bei dem nicht die Kunden, sondern das eigene Angebot Ausgangspunkt des Verkaufsgesprächs ist.[1]

Abbildung 5 stellt den Zusammenhang zwischen „klassischem Vertrieb", Großkundenverkauf und dem Key Account Management dar. Das Key Account Management ist in aller Regel auf eine intensive, strategische Zusammenarbeit mit organisatorisch komplexen Kunden ausgereichtet. Dies macht auch die Unterscheidung zu einer Großkundenbetreuung aus, bei dem die Verkaufsziele in einem kürzer definierten Zeitraum im Vordergrund stehen.[2] Für kleine Kunden mit einer komplexen Struktur muss jeweils entschieden werden, ob sie dem Key Account Management oder dem klassischen Vertrieb zugeordnet werden.

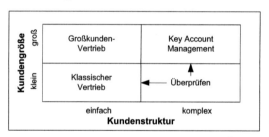

Abbildung 5: Kundenstruktur und Kundengröße, nach Biesel[3]

Eine detaillierte Gegenüberstellung zwischen „Klassischem Vertrieb" und dem Key Account Management beinhaltet Abbildung 6.

---

[1] Vgl. Bußmann/Rutschke (1998), S .32.
[2] Vgl. Biesel (2002), S. 51;
Sidow (2002), S. 15 fasst das Key Account Management weiter. Bei ihm „liegt Key Account Management auch dann vor, wenn es Key Accounts gibt und diese in einer besonderen - zunächst nicht näher definierten - Form bearbeitet werden." Zur Differenzierung der unterschiedlichen Anforderungen der Aufgabe und an die Qualifizierung der Mitarbeiter und als Ansatz für eine gezieltere Vertriebs-organisation erscheint die Abgrenzung von Biesel notwendig.
[3] Vgl. Biesel (2002), S. 52.

Klassischer Vertrieb	Key Account Management
Gesprächspartner sind schwerpunktmäßig Einkäufer, sie konzentrieren sich auf Materialeinsandspreise, Produktqualität und Lieferpräzision	Kunden optimieren die Prozesskosten: multiples Kontaktmanagement bei Kunden und Kundenkoordination
Verkauft werden Produkte und Mengen; Know-how wird vor allem produktbezogen gebraucht; Verkaufsleistung steht im Vordergrund	Verkauft werden Wirtschaftlichkeit, Problemlösung und Erfolgsbeitrag; es wird Know-how über Kundenbranche, Kundenunternehmen und Produkte gebraucht; die integrierte Leistung für Kunden steht im Vordergrund
Einzelkämpfer im Verkauf „besitzen" ihre Kunden; wichtiger Bezug sind einzelne Geschäfts-Transaktionen Opportunistisches Geschäft steht im Vordergrund	Der Key Account Manager wird zur 'Spinne im Netz' und koordiniert intern wie beim Kunden; Betreuung meist im Team-Ansatz; bei komplexen Kunden überregionale Koordination
Arbeitsteilung nach geographischen Gebieten; „Gemischtverkauf" von Generalisten	
Umsatzmaximierung	Spezialisierung nach Kunden und globale Koordination; präzise Leistung für Kunden strategische, längerfristige Zusammenarbeit

Abbildung 6: Gegenüberstellung klassischer Verkauf und Key Account Management[1]

1.6. Key Account Management

Die Märkte entwickeln sich weiter vom Verkäufer- zu einem Käufer-Markt, die Produkte unterscheiden sich immer weniger bei gleichzeitig zunehmender Diversifikation, die Innovationszeiten werden immer kürzer, d.h., das Fenster für einen Wettbewerbsvorsprung wird immer kleiner. Für ein Unternehmen ist es deshalb wichtig, sich diesem permanenten Wandel zu stellen, was eine stetige Beobachtung der Kundenbedürfnisse, der Kundenanforderungen an den Lieferanten, des Marktes, des Wettbewerbs etc. zur Folge hat. Einhergehend mit dieser Entwicklung hat die Bedeutung des Key Account Managements zugenommen. Es ist ein System, dass inzwischen in fast allen Industrien und Dienstleistungs-Bereichen für die Betreuung von Großunternehmen eingesetzt wird und eine hohe Penetrierung erfahren hat. Das Key Account Management ist mehr als eine spezielle Vertriebsform für ausgewählte Kunden. Es ist eines der wichtigsten Instrumente, um zukünftig nachhaltige Wettbewerbsvorteile aufzubauen.[2] Das Key Account Management ermöglicht den Unternehmen eine strategische Betreuung und die Konzentration der Ressourcen auf seine wichtigsten Kunden.[3] Wie bedeutend ein solches Instrument ist, zeigen aktuelle Studien von GartnerG2. Danach sehen die europäischen Unternehmen in der Kundenpflege die wichtigste Quelle für Wettbewerbsvorteile in den nächsten fünf Jahren.[4]

Da die Beziehung zwischen Lieferant und Kunde deutlich heterogener und

---

[1] Nach Belz (2004), S. 36; abgeändert.
[2] Vgl. Belz et al. (2004), S. 19; diese Studie wurde in Zusammenarbeit mit der Universität St. Gallen durchgeführt.
[3] Vgl. Capon (2003), S. 38.
[4] Siehe Hauptfleisch (07.03.2003), E-Mail von Gartner Group an den Verfasser; Bruhn (2003), S. 285: „So verlieren einer Studie der Marketingberatung *OgilvyOne Worldwide* zufolge die größten Unternehmen in Europa und den USA aufgrund mangelnder Kundenpflege noch immer jährlich rund 29 Mrd. USD Umsatz."

differenzierter geworden ist, beeinflussen heute unter anderen zwei Faktoren wesentlich den Erfolg von Unternehmen - es gilt, eine langfristige Kundenbindung zu schaffen und das erforderliche Wissen zu generieren. Es werden immer mehr Kenntnisse des Marketing, des Controllings und der Logistik notwendig. Vor allen Dingen sind Beratungskompetenz und die Fähigkeit zur Menschenführung gefordert, was die Vertriebstätigkeit zunehmend komplexer und schwieriger macht. Deshalb benötigt ein qualifiziertes Key Account Management detaillierte Kenntnisse von der Geschäftstätigkeit und den Märkten seines Kunden, besonders wenn es nicht nur um standardisierte Produkte und Dienstleistungen, sondern um maßgeschneiderte Erzeugnisse und individuelle Lösungen geht. Aufgabe ist es, seinem Kunden zu helfen, Wettbewerbsvorteile zu erzielen,[1] so dass dieser auf seinen Märkten erfolgreicher wird. Der Lieferant muss ihm Innovationen besser und schneller als sein Wettbewerber liefern.

Im Key Account Management liegen die besten Voraussetzungen, diese Anforderungen zu erfüllen. Rapp fasst die wichtigsten Veränderungen und Herausforderungen zusammen, die ein Unternehmen veranlasst, ein Key Account Management Programm zu implementieren:

- Die steigende Komplexität des Leistungsangebotes
- Die teilweise sehr enge Zusammenarbeit zwischen Kunde und Lieferant
- Die Konzentration auf Käufer- und Verkäuferseite
- Die wachsende Komplexität der Schnittstellen zwischen Kunde und Lieferant
- Die Veränderung der Einkaufsprozesse
- Die Internationalisierung und Globalisierung von Kunden und Lieferanten[2]

Wesentliche Voraussetzungen für ein erfolgreiches Key Account Management sind Engagement der Unternehmensführung, Kompetenz des Key Account Managers, organisatorische Integration und ein strukturierter Wissensaustausch.[3] Nicht zuletzt muss es Bestandteil der Unternehmenskultur sein.

Das Key Account Management umfasst als wesentliche Komponenten die Funktion des Key Account Managers, die Auswahl der Key Accounts, den Account Planungsprozess und meistens auch das Key Account Management Team.

1.6.1. Aufgaben des Key Account Managements

„Key Account" wird allgemein mit Schlüssel-Kunde übersetzt. Es werden auch die Begriffe „Large Account", "Major Account" oder „National Account" verwendet.

---

[1] Vgl. Reich (1993), S. 97.
[2] Siehe Rapp et al. (2002), S. 16 ff.
[3] Vgl. Belz et al. (2004), S. 211; Biesel (2002), S. 92; Rapp et al. (2002), S. 35.

Zur Aufgabenbeschreibung des Key Account Managements wird die Definition von Belz zu Grunde gelegt: „Key Account Management bedeutet, aktuell oder potenziell bedeutende Schlüsselkunden des Unternehmens systematisch zu analysieren, auszuwählen und zu bearbeiten sowie die dazu notwendige organisatorische Infrastruktur aufzubauen und zu optimieren."[1] Zu ergänzen ist das Erreichen der quantitativen und qualitativen Jahresziele und der mittel- und langfristigen Zielvorgaben.

Wichtigstes Tool des Key Account Managements ist dabei der Account Planungsprozess. Er dient dazu, eine qualifizierte Analyse des Kunden vorzunehmen, die Geschäftschancen systematisch zu ergründen und die zu ihrer Realisierung erforderlichen Maßnahmen zu planen.[2]

Senn definiert für die Investitionsgüter-Industrie drei Hauptanforderungen an das Key Account Management:

---

1. Strategische Anforderung: Langfristige Investition in tragfähige Kundenbeziehungen.
Die Unternehmung investiert ihre Ressourcen zielgerichtet in den Aufbau und die Pflege von tragfähigen Beziehungen zu ihren Schlüsslkunden. Sie ist sich dabei im klaren, dass dieses Vorgehen nicht unmittelbar Resultate bringen muss, sondern wie jede strategische Investition über den Zeitraum von mehreren Jahren zu behandeln ist.

2. Funktionale Anforderung: Umfassendes Leistungsmanagement für Schlüsselkunden.
Die Unternehmung differenziert ihren Aufwand für Schlüsselkunden entsprechend deren Bedeutung und konzentriert den Einsatz von Spezialisten auf die wichtigsten Kunden. Sie koordiniert die einzelnen Leistungsbereiche umfassend und richtet ihre Aufgaben auf den Erfolg ihrer Schlüsselkunden.

3. Organisatorische Anforderungen: Evolutive Anpassung an den Stand der Kundenbeziehung.
Die Unternehmung überprüft kontinuierlich den Stand und die Qualität der Zusammenarbeit mit ihren Schlüsselkunden und passt ihre KAM-Organisation flexibel an die Situation an. Sie verhindert dadurch, dass unnötige Übersysteme zur Anwendung kommen, wenn beispielsweise der Kunden noch nicht reif für eine engere Zusammenarbeit ist.

Abbildung 7: Anforderungen an das KAM für die Investitionsgüterindustrie[3]

Ein wesentliches Element des Key Account Managements und ein herausragender Unterschied zum Standardvertrieb stellt die strategische Komponente dar. Kerngedanke dabei ist es, vom Wertsteigerungsprozess des Kunden auszugehen: Welche Ziele hat der Kunde? Wie sieht sein Angebotsspektrum aus? Wie funktioniert sein Wertsteigerungsprozess?[4]

Voraussetzung hierfür sind tief greifende Kenntnisse über den Kunden und ein umfangreicher Informationenfluss. Dies erfordert hauptsächlich Aufbau und Pflege tragfähiger Beziehungsnetzwerke in einem an Komplexität zunehmenden Umfeld. Das

---

[1] Belz et al. (2004), S. 35.
[2] Siehe Kapitel II, Abschnitt 1.7.1.
[3] Vgl. Senn (1996), S. 75.
[4] Vgl. Rapp et al. (2002), S. 20.

Management dieser komplexen Beziehungen im Unternehmen des Kunden ebenso wie im eigenen Unternehmen, aber auch über die Grenzen des jeweiligen Unternehmens hinaus, kann zu einem Großteil vom Key Account Management bewältigt werden. Allerdings nicht problemlos, wie Capon[1] meint. In der Praxis stellt das Zusammenspiel der Akteure wegen der mannigfaltigen, teils sehr unterschiedlichen Interessen und der emotionalen Einflüsse in den Beziehungen hohe Anforderungen an das Key Account Management.

Das Key Account Management sieht sich immer wieder mit neuen Situationen und Ansprüchen konfrontiert, sei es aufgrund von Kunden-, Markt- oder Technologie dynamik, von Anforderungen aus dem eigenen Unternehmen und von Abweichungen im Geschäftsverlauf gegenüber dem Planungsansatz, was eine flexible und schnelle Reaktion erfordert. Deshalb schließt sich der Verfasser der Meinung von Senn an, dass das Key Account Management zwar auf der Basis eines Account Plans agiert, es sich aber um einen *„gering strukturierten, funktionsübergreifenden Innovationsprozess* handelt."[2]

Eine zusätzliche Aufgabe kann das Key Account Management innerhalb des Wissens-managements übernehmen. Rapp sieht dies als unerlässlich an.[3] Bei Aufgaben- und Stellenbeschreibungen für das Key Account Management ist das Thema Wissens-management allerdings meist nicht enthalten oder nur untergeordnet erwähnt.[4] Im St. Gallener Key Account Management Konzept ist das Wissensmanagement Bestandteil des organisatorischen Key Account Management und als Ziel in der Scorecard beinhaltet (siehe Abbildung 8).

	Funktionales KAM	Organisatorisches KAM
Strategy	• Analyse des Key-Accounts • Individuelle Kundenbearbeitungsstrategie	• Schlüsselkundenauswahl • Einbettung des KAM in Unternehmensstrategie
Solutions	• Analyse der bislang vom Key-Account in Anspruch genommenen Leistungen • Entwicklung schlüssel-kunden-spezifischer Leistungspakete	• Interne Zusammenarbeit für Kunden optimieren • Kernkompetenzen und Kooperationen für Key-Account Leistungen
Skills	• Kompetenzanalyse • Prozesse der Kundenbearbeitung	• Personalentwicklung • Humanpotenzial
Structure	• Strukturanalyse • Koordination der Kontakte und KAM-Teams	• Organisationsentwicklung • Unternehmenskultur
Score-Card	• Analyse vorhandener Kennzahlen • Erfolgsmessung aus individueller Ebene	• Lernprozesse und **Wissensmanagement** • Unternehmenscontrolling

Abbildung 8: Die fünf "S" des St. Galler Key Account Management Konzepts

---

[1] Capon (2003), S. 45.
[2] Vgl. Senn (1996), S. 78.
[3] Vgl. Rapp et al. (2002), S. 36.
[4] Vgl. Diller (2003); Gegenmantel (1996); Geldern (1997); Sidow (2002).

Wenn Wissenstransfer zwischen Kunde und Unternehmen erfolgen soll, und zwar Wissenstransfer, der auch Nutzen für andere Abteilungen oder Funktionen bringt, ist es notwendig, dass auch diese vor Ort beim Kunden operieren.[1] Dann fällt dem Key Account Management die Aufgabe zu, die Koordination im Sinne eines einheitlichen, abgestimmten Auftretens beim Kunden zu übernehmen.

1.6.2. Die Bedeutung des Key Account Managements

Als anerkannte Faustregel kann festgehalten werden, dass die Key Accounts 80 Prozent des Umsatzes eines Unternehmens liefern.[2] Es ist also notwendig, sich auf diese Kunden zu konzentrieren, da wie dargestellt ein Verlust eines dieser Kunden einen erheblichen Einfluss auf die Auslastung und das langfristige Ergebnis des Unternehmens haben kann.[3] Capon fordert deshalb zu Recht, dass diesen Kunden nicht nur ein verhältnismäßig höherer Anteil der Ressourcen des Unternehmens, sondern vor allem ein hohes Maß an Aufmerksamkeit seitens der Unternehmensführung zukommt.[4]

Die Komplexität der Key Accounts und die wachsenden Anforderungen an deren Betreuung bedarf nicht nur eines dezidierten Verkaufskanals, sondern auch einer weitergehenden Verankerung in der gesamten Unternehmensorganisation.[5] Mit dem Key Account Management Programm kann das Unternehmen diesen besonderen Anforderungen Rechnung tragen und die Aufmerksamkeit auf seine bedeutendsten Kunden richten.

Capon zitiert eine Untersuchung, nach der Industrieunternehmen, die über ein Key Account Management System verfügten, eine bessere Kommunikation mit ihren Kunden, höhere Marktanteile und höhere Gewinne aufwiesen.[6]

Eine Untersuchung von Belz bestätigt, dass das Key Account Management in der Bedeutung für ein innovatives Marketing weit vorne steht. Seit 1992 hat sich die Position, bezogen auf eine vergleichbare Untersuchung, von Platz 9 auf Platz 3 entwickelt. Auch die meisten anderen Akzente stehen in engem Zusammenhang mit dem Key Account Management (siehe Abbildung 9).

---

[1] Siehe Kapitel III, Abschnitt 1.6.4.
[2] Siehe Kapitel I, Abschnitt 1.
[3] Die Ergebnisse, die mit Key Accounts erzielt werden, müssen sorgfältig analysiert werden. Die umsatzstärksten Kunden bringen nicht notwendigerweise auch die besten Deckungsbeiträge. Siehe hierzu Abbildung 4 und die Ausführungen u.a. von Miller/Heiman (1999); Sidow (2002).
[4] Vgl. Capon (2003), S. 38.
[5] Siehe Kapitel II, Abschnitt 4.
[6] Vgl. Capon (2003), S. 38.

1. Produktinnovation: Anbieten neuer und besserer Produkte als die Konkurenz (4,48)	6. Kundenstamm-Marketing und Kundenbindung (4,18)
2. Management der persönlichen Geschäftsbeziehungen und Vertrauensmarketing (4,33)	7. Customer Focus und Total Customer Care (4,15)
	8. Zunehmende Segmentierung des Marktes (4,09)
3. Schlüsselkunden-Management (4,3)	9. Neue Kunde: Ansprache neuer Kundengruppen (4,09)
4. Euromarketing (4,21)	10. E-Communication: Nutzung von Internet und Intranet für den Dialog mit Kunden und Begleitung von Kunden, flankierend zur klassischen Marktbearbeitung (4,04)
5. Internationale Schlüsselmärkte bearbeiten (4,2)	

Legende: Skala 1 – 5; 5 = ausschlaggebend für die Zukunft

Abbildung 9: Top 10 von 110 Akzenten im innovativen Marketing[1]

Besonders für Punkt 1 kann das Key Account Management seinem Unternehmen wertvolle Informationen liefern und es so unterstützen, seine Leistung auf die Kunden abzustimmen.[2] Punkt 2 könnte man als Voraussetzung oder als Bestandteil des Key Account Managements definieren. Je besser die persönlichen Geschäftsbeziehungen entwickelt sind, desto schneller erhält man qualifiziertere Informationen als wesentliche Basis für ein erfolgreiches Key Account Management.

Durch die Wandlung der Märkte vom Verkäufer- zum Käufermarkt und der damit einhergehenden Intensivierung des Wettbewerbs sind die Unternehmen gezwungen, sich mehr an den Anforderungen ihrer Kunden zu orientieren, was bedeutet, sich intensiver mit seinem Kunden und dessen Geschäftstätigkeit beschäftigen zu müssen.

	Verkäufermarkt	Käufermarkt
Sättigungsgrad des Marktes	Ungesättigt	Gesättigt
Orientierung des Unternehmens	Produktorientierung	**Kundenorientierung**

Abbildung 10: Orientierung des Unternehmens im Verkäufer- und Käufermarkt[3]

Diese Aufgabe ist ein wesentlicher Bestandteil des Key Account Managements. Es stellt das Bindeglied zwischen Kunden und Unternehmen dar. Blutner vertritt die These, dass „die Gestaltung der Organisationsgrenzen zu einem Element strategischen Organisationswandels geworden ist, und dass damit gerade die Grenzstellen zum Markt strategisch aufgewertet werden."[4] Letztendlich aber steht für das Key Account Management die Steigerung des Wertes des Kunden für das eigene Unternehmen im

---

[1] Vgl. Belz et al. (2002), S .21.
[2] Vgl. Belz et al. (2002), S. 21.
[3] Quelle: Rollberg (1996), S.12 – verändert übernommen.
[4] Vgl. Blutner et al. (2000), S. 143.

Vordergrund. Um dies zu erreichen, ist eine längerfristige Zusammenarbeit erforderlich, mit der auch eine Wertsteigerung für den Kunden einhergeht.

1.7. Das Key Account Management Modell

Die Ausführungen in diesem Kapitel beschreiben das Key Account Management Modell soweit, als es die neuesten Entwicklungen widerspiegelt und Grad und Qualität der Umsetzung in der Praxis daran aufgezeigt werden können. Es wird mit der Darstellung keine Analyse der diversen Modellvarianten und -feinheiten und keine Übersicht über die mannigfaltige Literatur angestrebt, sondern es werden nur die wesentlichen Elemente des Modells dargestellt.

Zwei wesentliche Säulen des Key Account Managements sind der Account Planungsprozess und das Beziehungsmanagement (siehe Abbildung. 11). Im Planungsprozess werden die Zielsetzungen und die Vorgehensweise erarbeitet und festgelegt. Für einen erfolgreichen Umgang mit dem Kunden ist es notwendig, die wirtschaftlichen Beziehungen in einen sozialen Kontext zu stellen. Deshalb ist Beziehungsmanagement[1] ein essenzieller Bestandteil des Key Account Managements, das es aufzubauen und zu pflegen gilt.[2] Der Aufbau eines erfolgreichen Beziehungsmanagements setzt allerdings eine langfristige Planung voraus. Biesel gibt zu bedenken, dass sich das Beziehungsmanagement nicht nur auf kurzfristige Zeiträume bezieht, sondern erst die langfristige Kundenbegleitung auch Kunden- und Anbietervorteile schafft.[3]

---

[1] Unter Beziehungsmanagement wird im Folgenden immer das Management der Beziehungen zu einem wichtigen Kunden verstanden und nicht zu mehreren Kunden oder einer Kundengruppe.
Weitere Ausführungen zu dem Thema Beziehungsmanagement siehe Kapitel II, Abschnitt 1.10.2.1.
[2] Vgl. Belz et al. (2004); Biesel (2002); Rapp et al. (2002).
[3] Biesel (2001), S. 26.

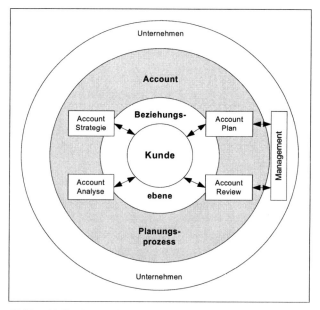

Abbildung 11: Key Account Management Kreis

1.7.1. Account Planungsprozess[1]

Die Betreuung eines Key Accounts erfordert einen klar definierten, zeitnahen und vor allem dynamischen Planungsprozess, um die Key Accounts in ihrer vollen Komplexität managen zu können.[2] Der Planungsprozess ist ein wesentliches Element des Key Account Managements. Miller/Heiman gehen so weit zu behaupten, dass der Planungsprozess wichtiger sei als das fertige Dokument, der Account Plan, der mit diesem Prozess erarbeitet wird.[3]

Wie in Abbildung 11 dargestellt, besteht der Account Planungsprozess aus den Komponenten Analyse, Strategie, Plan und Review.

In den Account Planungsprozess werden möglichst alle Personen einbezogen, auch über das Account Team hinaus, die direkt mit dem Kunden in Kontakt treten oder Informationen über den Kunden besteuern können. Er ist ein kreativer Dialog und dient dem Erfahrungsaustausch und der Vertrauensbildung für die unmittelbar kunden-

---

[1] Das Ziel dieser Arbeit ist nicht, den Key Account Planungsprozess umfassend darzustellen. In diesem Abschnitt geht es darum, die wichtigen Elemente soweit zu behandeln, als deren Kenntnis für die Beurteilung der Umsetzung des Planungsprozesses in die Praxis notwendig ist. Darüber hinaus wird auf die Literatur verwiesen; z.b. Sidow (2002), Rapp et al. (2002), Miller/Heiman (1991).

[2] Vgl. Miller/Heiman (1991), S. 15.

[3] Miller/Heiman (1991), S. 232.

relevanten Funktionen des Unternehmens. Je umfassender die Informationen sind und je mehr Ideen beigesteuert werden, desto qualifizierter kann das Planungsergebnis sein.

1.7.1.1. Account Analyse

Ein erfolgreiches Key Account Management setzt ein umfassendes Wissen über den Kunden und seine Märkte voraus. Dieses Wissen beinhaltet die Elemente strategische Ausrichtung des Kunden, seine Ziele, Geschäftsfelder, Wettbewerber, Kunden-strukturen, Prozesse, Probleme, Bedürfnisse, Erwartungen, Zuständigkeiten und die Beziehungsstrukturen innerhalb des Unternehmens.

Die Account Analyse ist aufwändig. Es empfiehlt sich, alle möglichen Quellen heranzuziehen, wie alle Mitarbeiter des eigenen Unternehmens mit Kontakten zum Kunden, Fachliteratur, Kundenbroschüren, Internet etc. Die Account Analyse ist keine einmalige Aufgabe, sondern ein permanenter Prozess des Key Account Managements. Offene Punkte – „weiße Flecken" – werden systematisch in Erfahrung gebracht und ergänzt. Dies ist Teil der permanenten Beschäftigung des Key Account Managers und des Teams mit ihrem Kunden.[1]

1.7.1.2. Account Strategie

Wesentliche Merkmale des Key Account Managements sind seine strategische Ausrichtung und die Betreuung eines Key Accounts über einen längeren Zeitraum. Deshalb erfordert eine erfolgreiche Betreuung die Erstellung einer Strategie darüber, wie und wohin die Geschäftsbeziehungen mit dem Kunden entwickelt werden sollen und die Ableitung der daraus resultierenden Ziele.

Voraussetzung für die Festlegung der eigenen Strategie für die Entwicklung des Kunden ist die Kenntnis seiner Strategie als Ganzes und der für den Lieferanten relevanten Bereiche. Dies dient dazu, wichtige Handlungsmotive zu erkennen, sich daraus ergebende Bedürfnisse zu antizipieren und seine Leistung darauf abzustellen, um die Kundenaktivitäten in geeigneter Weise zu unterstützen.[2] Die Kenntnis der verschiedenen Strategien seiner Key Accounts ist für einen Lieferanten von großem Interesse, wenn er daraus einen Trend ableiten kann, der dann durchaus Auswirkung auf die Strategien seines eigenen Unternehmens und die einzelnen Funktionen haben kann.

Eine Beurteilung der Strategie des Key Accounts für die Entwicklung der Geschäftsbeziehung setzt allerdings voraus, dass den beteiligten Mitarbeitern die

---

[1] Zu weiterführenden Überlegungen und Ausführungen wird auf Belz et al. (2004), S. 58 ff. und Sidow (2002) verwiesen.
[2] Vgl. Belz et al. (2004), S. 63.

Strategie und die Ziele ihres eigenen Unternehmens bekannt sind.[1] Dies ist für das Ausschöpfen gemeinsamer Synergien entscheidend.[2]

1.7.1.3. Account Plan

Bei der Account Planung, in der das Verhalten gegenüber dem Key Account festgelegt wird, werden zwei Ebenen unterschieden: Die strategische Planung, die das grundsätzliche und langfristige Verhalten gegenüber dem Kunden bestimmt, und die operative Planung, die die konkreten Ziele und Maßnahmen festgelegt, mit denen man die strategischen Vorgaben erreichen will. Beides wird im Account Planungsprozess erarbeitet und im Account Plan festgeschrieben. Je umfangreicher das vorhandene Material an Daten und Informationen und das Wissen über den Kunden und dessen Geschäftsfelder ist, desto qualifizierter kann der Account Plan erstellt werden.[3]

Der Account Plan beinhaltet die Einschätzung des Geschäftsvolumens mit dem Key Account für das laufende Jahr und für den gesamten Planungszeitraum und die Festlegung der kurz- und mittelfristigen Budgetziele, die im allgemeinen in einem integrierten *Bottom-up-* und *Top-down-Prozess* erfolgen. Im *Bottom-up-Prozess* wird zunächst vom Account Team eine Einschätzung über das Geschäftsvolumen vorgenommen. Wenn man bedenkt, dass in den meisten Unternehmen bis zu 80 Prozent des Umsatzes mit den Key Accounts erzielt wird, stellt die Summe der Account-Pläne ein wichtiges Element der Unternehmensplanung dar. Auf dieser Basis und auf Basis der Unternehmensziele werden dann im *Top-down-Prozess* die endgültigen Budgets festgelegt.

Im Account Plan werden die Aufgabenverteilung und die Zuständigkeiten nicht nur für den Key Account Manager, sondern für das gesamte Account Team beschrieben und festgelegt. Für die Akzeptanz des Account Plans und als Voraussetzung für eine erfolgreiche Umsetzung durch das Account Team ist es deshalb zwingend notwendig, dass die Erstellung des Account Plans nicht alleine die Aufgabe des Key Account Managers ist, sondern vom ganzen Team vorgenommen wird, welches sich als Ganzes dem Inhalt, der Ziele und der Umsetzung verpflichtet fühlt. Das Ergebnis hängt von der Motivation der Teammitglieder ab, alle vorhandenen Informationen in den Account Plan einstellen zu wollen.

---

[1] Vgl. Biesel (2002), S. 41; bei dem Begriff der Strategie schließt sich der Verfasser Belz an, der zwischen der Strategie des Gesamtprogramms „Key Account Management" des Unternehmens und der individuellen Strategie mit einzelnen Kunden unterscheidet. Vgl. Belz et al. (2004), S. 88.
[2] Vgl. Belz (2004), S. 63.
[3] Vgl. Biesel (2002), S. 173.

Die Qualität eines Account Plans wird stark dadurch beeinflusst, ob der Key Account Manager und das Account Team in der Erstellung einen persönlichen Nutzen für die Betreuung ihres Kunden sehen und ob sie mit diesem Instrument ihre Ziele besser erreichen können. Ferner hängt die Qualität davon ab, ob sie erkennen, dass das Instrument Account Plan im Unternehmen genutzt wird, dass sie auf der Basis des Account Plans ein qualifiziertes Coaching erfahren und dass es nicht nur ein Werk „für den Schrank" ist. Der Account Plan stellt ein Strategiepapier dar, das im Umgang mit dem Kunden ergänzt und während des Planungszeitraumes auf dem neuesten Stand gehalten wird. Mit der Erstellung des Plans wird das Wissen über den Kunden offen gelegt. Dies bringt Transparenz bezüglich des eigenen Wissens und zeigt Wissensdefizite über den Kunden auf, die dann mit dem Kunden geschlossen werden können - also gezielte Beschäftigung mit dem „Nicht-Wissen".

Die Akzeptanz des Account Plans im Unternehmen hängt sicherlich von dessen Qualität und Aktualität ab.[1] Miller/Heiman sagen „‚planen' und nicht ‚einen Plan machen', weil eine Strategie operationell zu machen dynamisch sein muß."[2] Auch Belz weist darauf hin, dass die Planvorgaben verfolgt werden müssen und dass der Plan „leben" muss.[3]

Der Account Plan wird Teil des organisationalen oder institutionalisierten Unternehmenswissens und stellt somit einen Teil des Wissens über den Kunden in kodierter (expliziter) Form dar, das damit im Falle eines Austauschs oder Weggang des Key Account Managers oder von Mitgliedern des Teams für das Unternehmen gesichert ist.[4]

Die wichtigsten Regeln für die Erstellung eines Account Plans sind in Abbildung 12 in Anlehnung an Belz zusammengestellt.

Planung	
- Integrierter Top-down und Bottom-up Prozess - Beteiligung aller vom Account Plan betroffenen - Formulierung plausibler, klarer und verständlicher Ziele - Festlegung der Verantwortlichkeiten - Abstimmung des Plans auf die personellen und finanziellen Ressourcen	- Autorisierung durch die Vertriebs- und Geschäftsleitung - Abstimmung der Planziele mit dem Incentive-Plan des KAM und der Team-Mitglieder - Integraton des Key Accounts in den Plaunungsprozess - Transparenz des Account Plans

Abbildung 12: Wichtige Regeln für die Planung in Anlehnung an Belz et al. (2004)

---

[1] Vgl. Belz et al. (2002), S. 190.
[2] Miller/Heiman (1991), S. 232.
[3] Vgl. Belz et al. (2004), S. 188.
[4] Kodiertes Wissen (encoded knowledge) : Wissen, das als abgelegte Information existiert und noch vorhanden ist, wenn die Mitarbeiter das Unternehmen verlassen haben. z.B. Bücher, Manuals, und elektronisch enkodiertes Wissen. Nach Krogh/Venzin 1993, entnommen aus Roehl (2000), S. 25.

1.7.1.4. Account Review

Im Account Review werden dem Management die Penetration des Kunden, die Ziele mit den entsprechenden Maßnahmen, Probleme, Erfolge und eventuelle Investitionen auf der Basis des Account Plans vorgestellt. Der Account Plan wird vom Management genehmigt und ist Arbeitsgrundlage für den Key Account Manager und das Account Team. Eine Überprüfung des Status und der Ergebnisse erfolgt mehrmals jährlich, um rechtzeitig Planabweichungen zu erkennen. Das Management hat die Aufgabe einer Kontrollfunktion. Der Key Account Manager, der mit dieser Aufgabe die Verantwortung für einen erheblichen Umsatzanteil seines Unternehmens übernimmt, muss sich gefallen lassen, von Zeit zu Zeit gefragt zu werden, ob er die erwarteten Ziele innerhalb des Planungszeitraumes erreicht.

Der Account Plan hat nicht nur eine Dokumentationsfunktion, sondern ist für den Account Manager und den verantwortlichen Vorgesetzten ein Arbeitspapier, das einer regelmäßigen Überprüfung unterliegt. Aufgabe des Account Reviews ist es, die Fortschritte zu messen, die strategischen Einzelziele und die individuellen Verkaufsziele zu überprüfen und ggf. zu revidieren, Fehlentwicklungen zu erkennen und rechtzeitig geeignete Maßnahmen zu ergreifen. Das Management ist somit für die erfolgreiche Umsetzung mitverantwortlich. In Abbildung 13 ist der Zusammenhang zwischen der Qualität des Account Plans und der Qualität der Umsetzung dargestellt.

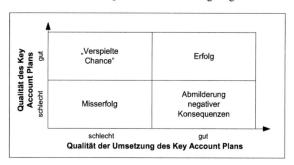

Abbildung 13: Zusammenhang zwischen Erstellung und Umsetzung des Key Account Plans[1]

Teil des Account Reviews ist ein Informationstransfer durch den „Coach", d.h. durch den Vorgesetzten zwischen den verschiedenen Account Teams. Er gibt Anregungen und Hinweise und vermittelt Ideen, was andere Teams an Maßnahmen und Aktivitäten aufgesetzt und welche Ergebnisse sie damit erzielt haben, aber auch, was weniger gelungen ist und wo Gefahren bestehen.

---

[1] Belz et al. (2004), S. 189.

In einem Account Review werden nicht nur Zahlen und Fakten, d.h. die aktuelle Zielereichung abgefragt, sondern bei Abweichungen auch deren Ursachen und Motive im Sinne von Double-Loop-Lernen[1] hinterfragt. Ein tieferes Hinterfragen darf nicht zur Bloßstellung der Betroffenen führen, sondern dient dem Ziel, gemeinsam eine umfassende Diagnose und Maßnahmen zu erarbeiten und Ziele festzulegen, im Sinne eines Coaching Prozesses. Diese Vorgehensweise fördert die Eigenverantwortung und hilft, auch die tiefer liegenden und kritischen Informationen zur Beurteilung der geschäftlichen Situation bei dem Key Account an die Oberfläche zu bringen. Sicherlich führt diese Forderung zu höheren Anforderungen an das Management. Aber gerade die Diskussion um Maßnahmen, Lösungen und Ideen zwischen dem Account Team und dem Management zur Geschäftsentwicklung mit ihrem Key Account sind ein wesentlicher Bestandteil des Account Reviews und dienen nicht nur als Abfrage, sondern bringen dem Key Account Manager und dem Team Nutzen für Ihre Arbeit. Der Account Review wird als Teil einer lernenden Organisation verstanden, denn die Vorgehensweise dient nicht nur der Kontrolle, sondern beinhaltet auch das „Lernen".

Bei der Umsetzung sind im Wesentlichen folgende Elemente zu beachten:[2]

Umsetzung	
- Regelmäßige Überprüfung der Zielerreichung - Planungsabweichungen feststellen - ggf. Festsetzung von neuen Zielen - Maßnahmen zur Umsetzung - Coaching des Key Account Managers durch das Management	- Abstimmung der Veränderungen mit dem Team und den Funktionen - Fortschreiben des Account Plans - Sicherstellung der Informations- und Wissensweitergabe

Abbildung 14: Wichtige Regeln für die Umsetzung

1.8. Der Key Account Manager

„Womit steht und fällt das Key Account Management? Einzig mit den Persönlichkeiten, die ein Unternehmen mit dieser bedeutsamen Aufgabe betreut." Mit diesem Zitat von H. Grischy ist die Bedeutung des Key Account Managers treffend beschrieben.[3]

1.8.1. Die Aufgabe des Key Account Managers

Ein Key Account Manager in der Investitionsgüterindustrie ist für die Erstellung und Umsetzung geeigneter Strategien und Maßnahmen zur Erreichung kurz- und langfristiger Ziele bei seinem Key Account verantwortlich. Hierzu gehören Umsatzziele und nach Möglichkeit auch Ertragsziele. Dies geschieht auf der Basis der

---

[1] Vgl. u.a. Argyris/Schön (1999); Nonaka/Takeuchi (1997); Pawlowsky (1998).
[2] Vgl. Belz (2004), S. 189.
[3] Entnommen aus Biesel (2001), S. 78.

Unternehmensstrategie und in Abstimmung mit allen betroffenen Bereichen des Unternehmens.

Die Aufgabe des Key Account Managers umfasst die kundenorientierten Aufgaben der Analyse, Planung und Kontrolle, Beratung und Kommunikation und die Aufgaben-Schwerpunkte: Beziehungsmanagement (nach außen und innen), Koordinationsaufgabe und Wissensmanagement.

Im Rahmen von organisatorischen Entgrenzungsprozessen, verursacht durch eine engere Zusammenarbeit zwischen Kunde und Lieferant, kommt dem Key Account Manager eine wachsende Koordinationsaufgabe zu. Koordinationsbedarf entsteht, wenn Lieferanten mehrere Geschäfts- oder Produktbereiche haben, regional und international differenziert sind, verschiedene Funktionen beim Kunden im Einsatz sind und mehrere Projekte gleichzeitig laufen. Dadurch kann es zu unternehmensinternen Konkurrenz-situationen und damit zu negativen Auswirkungen kommen, die die Beziehungen empfindlich beeinträchtigen.[1] Besonders wenn zwei Unternehmen eine große Vielzahl regionaler und internationaler Verbindungen haben, entstehen leicht geschäftsstörende Einflüsse, z.B. durch unterschiedliche Vertragsbedingungen, unterschiedliche Preise[2], Rabattkonditionen und Lieferkonditionen. Diese Gefahr nimmt natürlich mit fortschreitender Globalisierung weiter zu. Der Key Account Manager ist für ein abgestimmtes, einheitliches und zielorientiertes Vorgehen bei seinem Kunden verantwortlich.

Der Key Account Manager steuert meist ein Team mit Teilnehmern aus verschiedenen Funktionen und Bereichen. Die Koordination dieser Mitarbeiter ist nur zu bewerk-stelligen, wenn der Key Account Manager über entsprechende Mittel zur Kontrolle, Anleitung, Begrenzung oder Führung verfügt. Dazu benötigt er die nötige Kompetenz und die erforderliche Unterstützung seitens der Führungskräfte.[3] Ziel ist immer, dass alle beim Kunden operierenden Mitarbeiter abgestimmt auftreten und durch ihr Verhalten sich nicht gegenseitig durch untergeordnete Ziele behindern.

Der Key Account Manager stellt für den Kunden den Hauptansprechpartner und eine erste Eskalationsstufe dar.

Die Bedeutung des Wissensmanagements und die Rolle des Key Account Managers werden im weiteren Verlauf noch detailliert ausgeführt. Es ist Teil der Aufgabe, nicht nur vorhandenes Wissen zu nutzen, sondern auch gezielt Wissen zu generieren, um eine

---

[1] Schein (1995), S. 209 spricht in diesem Zusammenhang von funktionsgebundenen Subkulturen, die eine Vielfalt mit sich bringt, die sich aus dem jeweiligen berufsspezifischen Hintergrund erklärt.
[2] Bei einem führenden IT-Unternehmen hat eine nicht einheitliche Preisgestaltung der verschiedenen Länder zum Verlust eines großen Abnehmers geführt.
[3] Vgl. Schein (1980), S. 19.

kundenorientierte Betreuung durchführen und sich im Unternehmen mit dem gewonnenen Wissen besser auf die Kunden zur Erzielung von Wettbewerbsvorteilen einstellen zu können.

Der Key Account Manager ist ein strategisch orientierter „Unternehmer" mit unternehmerischer Vision.[1]

1.8.2. Anforderungen an den Key Account Manager

An die Qualifikation eines Key Account Managers werden hohe Anforderungen gestellt. Er benötigt Fachkompetenz, soziale Kompetenz, konzeptionelle Kompetenz[2] und Führungskompetenz, da er verkauft, verhandelt, Beziehungen managt, berät, kostenorientiert handelt und meistens ein Team ohne disziplinarische Verantwortung führt. Das reine vertriebliche Geschick reicht für die Betreuung eines Key Accounts nicht aus. Der Key Account Manager ist kein Vertriebsspezialist, sondern ein Generalist. Die soziale Kompetenz ist für den Key Account Manager eine sehr wichtige Voraussetzung, da er mit sehr unterschiedlichen und mitunter auch schwierigen Menschen erfolgreich Kontakte aufbauen, ausbauen und unterhalten sowie Menschen in Kontakt bringen muss, die unterschiedlichen Denkmustern folgen.[3] Er fungiert nach außen als Beziehungsmanager, der die Key Account Kontakte auch unabhängig von aktuellen Projekten pflegt.[4]

Es obliegt dem Key Account Manager, die geschäftliche Situation seines Kunden zu verstehen, die spezifischen Bedürfnisse und Entscheidungsstrukturen sowie die Leistungen, Kompetenzen und Strukturen des eigenen Unternehmens zu analysieren und den Kunden darin zu unterstützen, sein Geschäft zu entwickeln. Es steht also nicht der Produktverkauf, sondern der Erfolg seines Kunden im Vordergrund. Er ist im Grunde enger Berater und Partner des Kunden auf der permanenten Suche nach erfolgreichen Individuallösungen, der dabei auch das vorhandene Potenzial für sein Unternehmen ausschöpft. In Abbildung 15 ist die Soll-Position für den Key Account Manager dargestellt.

---

[1] Vgl. Ebert (1993), S. 31.
[2] Vgl. Sidow (2002), S. 108. Er versteht unter konzeptioneller Kompetenz die Fähigkeit, systematisch, gestalterisch und planvoll zu denken und zu arbeiten, Konzeptionen und Pläne aufzustellen und in diese auch andere Mitarbeiter des Kunden und des eigenen Unternehmens einzubinden und danach zu führen.
[3] Vgl. Sidow (2002), S. 107.
[4] Vgl. Biesel (2001), S. 83.

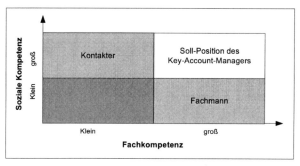

Abbildung 15: Fachkompetenz und soziale Kompetenz[1]

Bei Key Accounts handelt es sich meist auch um große, komplexe Konzerne. Daraus resultiert, dass ein Key Account Manager, wenn er seiner Aufgabe gerecht werden will, nur für die Betreuung weniger Kunden verantwortlich sein kann. Hierin liegt auch ein weiterer Unterschied zu dem klassischen Verkauf an Großkunden.[2]

Zu der sozialen und der fachlichen Kompetenz ist bei den Key Account Managern, die mit einem Account Team arbeiten, eine zusätzliche Kompetenz, die Führungs-kompetenz, erforderlich. Die Funktion des Key Account Managers ist eine echte Management-Aufgabe als entsprechende Voraussetzung für den Erfolg,[3] obwohl die meisten Team-Mitglieder dem Key Account Manager nicht direkt unterstellt sind. Der Verfasser schließt sich Meffert an, der hier eine besondere Management-Rolle sieht, da der Key Account Manager in Ausübung seiner Managementfunktionen auf andere Organisationsmitglieder koordinierend Einfluss nimmt.[4] Er führt also ohne formale Macht, erwirbt sich durch Vorbild, Einsatz, Kompetenz und durch seine Tätigkeit Vertrauen und Glaubwürdigkeit, und legitimiert sich so als Teamführer. Dass dem Key Account Manager in der Rolle eines Teamleiters eine besondere Rolle zukommt, zeigen die in einer internationalen Befragung gewonnenen Ergebnisse, wonach für 93 Prozent der Befragten die persönliche Überzeugungskraft ein wesentlicher Aspekt für die Führung von Key Account Teams darstellt.[5]

Key Account Manager beinhaltet das Wort Management. Von einem solchen Mitarbeiter wird erwartet, dass er sich aus der Rolle des reinen Befehlsempfängers entfernt, von der tatsächlichen Bevollmächtigung (Empowerment) Gebrauch macht, Verantwortung übernimmt und eigene Entscheidungen im Sinne des Unternehmens trifft. Digital Equipment hat im Jahre 1991 eine „Account-Based" Organisation

---

[1] Sidow (2002), S. 107.
[2] Siehe Kapitel II, Abschnitt 1.5.
[3] Belz et al. (2004), S. 235.
[4] Meffert (1992), S. 1215.
[5] Belz et al. (2004), S. 159.

eingeführt, in der der Key Account Manager als Entrepreneur mit dem Account Team Basis der Organisation ist[1].

Anforderungen an den Key Account Manager
- Fachkompetenz
  Strukturiertes, konzeptionelles Denken
  Denken in vernetzten Systemen
  Umfassendes Wissen auch in Randbereichen des Vertriebes
  z.B. Logistik, Organisation, Finanzen
- Soziale und kommunikative Kompetenz
  Verfügt über Persönlichkeit und Ausstrahlung
  Teamfähigkeit
  Guter Zuhörer und Kommunikator
- Führungskompetenz
- Kundenentwicklungskompetenz
  Anwalt des Lieferanten beim Kunden
  Anspruchsvoller Gesprächspartner mit solider Allgemeinbildung
- Selbstmanagementkompetenz

Abbildung 16: Anforderungen an den KAM in der Investitionsgüterindustrie

1.8.3. Kompetenzen

Key Account Manager bekleiden eine wichtige Funktion und benötigen dafür die entsprechende Stellung in ihrem Unternehmen. Sie verantworten in aller Regel hohe Budgets für Auftragseingang, Umsatz und/oder Ertrag und müssen komplexen Anforderungen nach innen und nach außen gerecht werden.[2] Sie sind für den Erfolg eines Unternehmens nicht unerheblich mitverantwortlich. Dieser Aufgabe gerecht werden zu können, setzt voraus, dass sie mit einem hohen Maß an Selbstständigkeit und mit der notwendigen Kompetenz ausgestattet werden.

Die Kompetenzen eines Key Account Managers werden deutlich weiter gefasst als die eines Standardverkäufers. Dies kommt in dem Wortteil *Manager* zum Ausdruck.

Key Account Manager haben zum Ziel, beim Key Account möglichst auf allen Hierarchieebenen zu agieren und akzeptiert zu werden.[3] Sie überwinden extern und intern vertikale und horizontale Schnittstellen und koordinieren die Aktivitäten beim Kunden und in ihrem eigenen Unternehmen, was nur mit der nötigen (Entscheidungs-) Kompetenz, die auch im Auftreten sichtbar wird, erreichbar ist. Ein Kriterium für die Kompetenz des Key Account Managers ist, wer letztendlich die Entscheidung bei Maßnahmen zugunsten des Key Accounts trifft: Er, das Team, der Vorgesetzte, der Geschäftsbereich oder die Geschäftsführung.

---

[1] Siehe Kapitel II, Abschnitt II, 4.1.3.
[2] Vgl. Belz et al. (2004), S. 101.
[3] Auf welchen Hierarchieebenen er sich bewegen kann, hängt auch davon ab, wie stark das hierarchische Denken bei seinem Kunden ausgeprägt ist.

Der organisatorische und unternehmensspezifische Stellenwert des Key Account Managers hängt in hohem Maße von der Bedeutung und dem Ausmaß der Aufgaben und Kompetenzen ab, mit denen er ausgestattet ist. Voraussetzung hierfür ist, dass der notwendige Focus im Management vorhanden ist, die Aufgaben und Ziele klar definiert sind, eine entsprechende organisatorische Eingliederung gegeben ist,[1] eindeutige und kurze Expansionsmöglichkeiten im Konfliktfall möglich sind und dass dies von allen Funktionen mitgetragen wird. Ein entscheidender Punkt ist, ob der Key Account Manager den nötigen Zugriff auf die Mitglieder des Account Teams hat. Folgt man Senn, zeigt die Praxis, „dass der Aufbau personeller Kapazitäten und Kompetenzen eine der wichtigsten Aufgaben des gesamten Key Account Management Programms darstellt."[2]

Die Ausstattung des Key Account Managers mit weit reichenden Kompetenzen hat auf der anderen Seite für ihn die Konsequenz, dass er diese auch ausfüllt. Als Zielgröße dient eine Ergebnisverantwortung (z.b. Profit und Loss) für seinen Kunden.

1.8.4. Qualifizierung des Key Account Managers

Wie ausgeführt, stellt das Key Account Management hohe Anforderungen an einen Key Account Manager. Er muss verkaufen, verhandeln, soziale Kompetenz besitzen, führen (meist ein Team ohne disziplinarische Verantwortung), beraten und kostenorientiert handeln. Beim Key Account Manager entscheiden Persönlichkeit, Strategie- und Analysefähigkeit über Erfolg und Misserfolg.

1.8.4.1. Personalauswahl

Der Key Account Manager deckt ein breites Anforderungsprofil ab, denn er benötigt Verkaufs-, Fach- und Führungsqualifikation und unterscheidet sich dadurch wesentlich von einem Standardverkäufer. Sachliches/inhaltliches Wissen alleine reicht für einen Key Account Manager nicht aus. Beim Key Account Manager handelt es sich um eine echte Managementaufgabe,[3] für die er die Führungsinstrumente Analyse, Planung, Realisation, Koordination und Kontrolle beherrschen muss. Zusätzlich benötigt er eine ausgeprägte soziale Kompetenz, denn ein wesentlicher Teil seiner Aufgabe ist, auf Menschen eingehen und diese beim Kunden und im Account Team für sich begeistern zu können. Rastetter empfiehlt, dass der Faktor Emotionsarbeit bereits bei der Auswahl

---

[1] Welche Kompetenzen das Unternehmen bereit ist, dem Key Account Manager zu gewähren, wird zum Teil an der Eingliederung in die Organisationsstruktur deutlich. Siehe Kapitel II, Abschnitt 4.1.
[2] Senn (1996), S. 96.
[3] Vgl. Belz et al. (2004), S. 235; detaillierte Ausführungen siehe u.a. Belz et al. (2004); Biesel (2002).

der Key Account Manager berücksichtigt wird und auch Teil des Beurteilungssystems ist.[1]

Zur Führung des Account Teams ist Teamfähigkeit, Persönlichkeitsstärke und Führungskompetenz erforderlich, da die meisten Key Account Manager ein Team führen, ohne die disziplinarische Verantwortung für die Mitglieder zu besitzen. Vorteilhaft ist auf jeden Fall, wenn der Key Account Manager vorher in anderen Funktionen, wie z.b. Beratung, Marketing oder Produktion, Erfahrungen gesammelt hat, denn dabei lernt er nicht nur die jeweils nötigen Fachkenntnisse, sondern auch die Denkweise, Perspektive und die grundlegenden Prämissen der jeweiligen Abteilung und damit natürlich ihre Subkultur kennen.[2]

1.8.4.2. Vorbereitung des Key Account Managers auf seine Aufgabe

Ein Unternehmen muss sich prinzipiell über die Bedeutung ihrer Key Account Manager schlüssig werden. Zweckmäßig ist es, ein Programm für Auswahl (zu den Anforderungen siehe Kapitel II, Abschnitt 1.8.2.), Entwicklung, Ausbildung und Karrierepfade zu entwickeln, da es nicht ausreicht, den „besten Verkäufer" zum Key Account Manager zu ernennen. Ein solches Programm ist wichtig, um eine gezielte Mitarbeiterentwicklung betreiben, den Key Account Managern Perspektiven aufzeigen und das Potenzial von erfahrenen Key Account Managern im Unternehmen halten zu können, da es immer schwieriger wird, geeignete Kandidaten im Markt zu finden.[3]

Falls ein Key Account Manager vor seiner Tätigkeit nicht bereits in anderen Funktionen oder Bereichen tätig war, wäre es von Vorteil, sich diese Kenntnisse über eine Job-Rotation aneignen zu können. Das so gewonnene Erfahrungswissen hilft ihm, fachliche Qualifikationen aufzubauen und funktionsübergreifendes, ganzheitliches Denken zu entwickeln,[4] was er bei seiner Kundenarbeit, bei der Führung des Account Teams und beim Umgang mit den Funktionen seines Unternehmens einsetzen kann. Ein Key Account Manager als Generalist ist nur dann in der Lage, den komplexen Anforderungen der Aufgabe gerecht zu werden, wenn er gut ausgebildet ist und über ein breites Wissen verfügt.

Daraus erwächst die Forderung, dass aufgrund der wechselnden und steigenden Anforderungen an einen Key Account Manager permanente Coaching- und Schulungs-maßnahmen notwendig sind.[5]

---

[1] Vgl. Rastetter (2001), S. 114.
[2] Vgl. Schein (1995), S. 208.
[3] Vgl. Biesel (2002), S. 94.
[4] Vgl. Thode (2003), S. 287.
[5] Trainingskonzept für einen Key Account Manager siehe Zupancic (2001), S. 170.

Gut ausgebildete, qualifizierte Key Account Manager sind nicht nur für ihre eigentliche Aufgabe von Bedeutung, sondern stellen auch ein Reservoir für weiterführende Aufgaben im Unternehmen dar, da sie unternehmerische Fähigkeiten entwickeln, die sie befähigen, zukünftig leitende Funktionen zu übernehmen.[1]

1.8.4.3. Zielvereinbarung für Key Account Manager

Zur Implementierung eines Key Account Managements gehören auch Zielvereinbarungsinstrumente, geeignete Überwachungssysteme und ein regelmäßiger Account Review[2], die zusammen die Umsetzung und eine Erfolgskontrolle sicherstellen. Da das Key Account Management auf eine langfristige Geschäftsbeziehung ausgelegt ist, sind rein ökonomische Daten nur eingeschränkt zur Erfolgsermittlung geeignet. In der Zieldefinition für das Key Account Management werden neben den Finanzkennzahlen auch qualitative Ziele (Kundenzufriedenheit, Durchdringung, neue Gesprächspartner aufzubauen, neue Bereiche zu akquirieren, Wissenstransfer, Teamführung etc.) vorgegeben.

Zur Erfolgsmessung und -kontrolle werden die verschiedensten Instrumente eingesetzt. Eine häufig eingesetzte und für das Key Account Management geeignete Methode ist die Balanced Scorecard.[3] Mit ihr werden nicht nur kurzfristige operative Ziele definiert, sondern eine langfristige strategische Sichtweise entwickelt. Für Probst stellt sie die Verbindung zwischen langfristigen Unternehmenszielen und operativen Eingriffen in die organisatorische Wissensbasis her und ist somit ein strategisches Managementinstrument.[4]

1.9. Das Key Account Management Team

Das Key Account Management kann grundsätzlich von einem Key Account Manager oder von einem Key Account Management Team durchgeführt werden. Heute findet man allerdings nahezu durchweg permanente und/oder temporäre Key Account Teams bestehend aus mehreren Personen[5], wenn es sich um Key Account Management im Sinne der Betreuung von ausgewählten Großkunden handelt. Die Einbindung aller kundennahen Unternehmensbereiche in das Vertriebsgeschehen ist für ein erfolgreiches Key Account Management notwendig, um der wachsenden Komplexität der

---

[1] Vgl. Capon (2003), S. 46.
[2] Siehe Kapitel II, Abschnitt 1.7.1.4.
[3] Für weiterführende Informationen siehe Kaplan/Norton (2001); Belz et al. (2004), S .171 ff.
[4] Vgl. Probst et al. (1999), S. 331.
[5] Vgl. Diller (2003), S. 9; IBM und Digital Equipment zum Beispiel arbeiteten bereits seit vielen Jahren mit Account Teams; IBM (seit den 70er Jahren) und Digital Equipment (seit den 80er Jahren).

Kundenbeziehungen gerecht zu werden und um die Key Accounts schnell, flexibel, kompetent und kundennah bedienen zu können.[1]

Ebert unterstreicht die Wichtigkeit, den Kontakt zu den Kunden auf eine breitere Basis zu stellen und nicht nur auf eine oder zwei Funktionen zu beschränken. Denn „je mehr Funktionen im Kontakt mit dem Kunden sind, desto mehr können wir lernen, desto aktiver können wir nach Lösungen suchen und desto enger wird unsere Beziehung".[2] „Das Key Account Management wird multipersonaler".[3]

Deshalb ist Key Account Management weniger ein Job für Einzelkämpfer, sondern versteht sich im allgemeinen als Teamansatz.[4] In allen Bereichen der Unternehmen etabliert sich die Teamarbeit immer mehr als Arbeitsmethode[5] und wird als ein *strategisches* Instrument zur Erlangung dauerhafter Erfolge gesehen.[6] Dies gilt umso mehr im Key Account Management. Ein gut funktionierendes Key Account Management Team mit abgestimmten Aktionen stellt im Markt einen Differenzierungs-faktor gegenüber den Wettbewerbern dar.

Das Key Account Team besteht meist aus einem Kern fest zugeordneter Mitglieder und einem virtuellen Teil von situativ hinzugezogenen Personen aus der eigenen Organisation oder auch von extern. Das *Kernteam* unter Führung des Key Account Managers ist primär für alle Aktivitäten verantwortlich. Der erweiterte Kreis unterstützt je nach Aufgaben und Anforderungen dieses Kernteam. In den erweiterten Kreis empfiehlt es sich, auch Mitarbeiter des Kunden, zumindest bei der jährlichen Erstellung des Account Planes, einzubeziehen.[7]

---

[1] Vgl. Biesel (2002), S. 18.
[2] Vgl. Ebert (1993), S. 11.
[3] Biesel (2002), S. 9
[4] Vgl. Belz et al. (2004), S. 259; Belz (S. 151 ff.) setzt sich kritisch mit dem Teamgedanken auseinander. Er stellt fest, dass sich die Erkenntnisse der Gruppenforschung nicht ohne weiteres auf Key Account Management Teams übertragen lassen. Er nennt als wesentliche Gründe den virtuellen Charakter, die geografische Verteilung und die damit reduzierte Möglichkeit, sich regelmäßig persönlich zu treffen. Zu dem Thema Gruppe siehe u.a. Steinmann/Schreyögg (2000); Staehle et al. (1999); Thode (2003); Wiswede (1992).
[5] Vgl. Boch et al. (1997), S. 127; Vgl. Senge (1996), S. 12.
[6] Vgl. Bußmann/Rutschke (1998), S. 19.
[7] Siehe Kapitel II, Abschnitt 2.1.

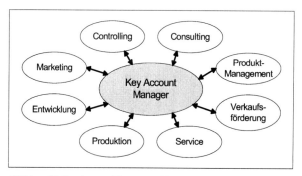

Abbildung 17: Key Account Management Team

Zur Entwicklung des richtigen Verständnisses für seinen Kunden, zur Erfüllung aller Aufgaben und zum Aufbau eines tragfähigen Netzwerkes bedarf es einer längerfristig angelegten Betreuungsdauer.[1] Das Gleiche gilt auch für die Mitglieder des Account Teams mit der zusätzlichen Komponente des Teambildungsprozesses. Dass der Zeitfaktor bei der Teambildung eine Rolle spielt, erkennt man bei Trebesch,[2] der feststellt, dass Teams überwiegend als relativ dauerhafte oder zumindest für einen längeren Zeitraum gebildete Arbeitsgruppen definiert werden. Ein erfolgreiches Key Account Management Team benötigt für die Lösung seiner Aufgaben eine gemeinsame Wissensbasis in Bezug auf den Kunden, eine einheitliche Strategie und die Definition gemeinsamer Ziele. Schein[3] weist besonders darauf hin, dass ein „Sozialisierungsprozess" bei der Teambildung nicht vernachlässigt werden darf und dass jedes Team seine eigene Kultur entwickelt.

Lukasczyk sieht in dem Terminus der Teamarbeit bereits durch seine Wortbestandteile einen sachlich-rationalen sowie einen sozial-emotionalen Aspekt. Die Koordination individueller Einzelleistungen folgt einem partizipativen - nicht direktiven - Modell der Sozialorganisation. Für ihn sind Arbeitskoordination und Sozialintegration konstituierende Merkmale des Teams. Zur Teamarbeit gehört ein Teamgeist.[4] Bei der Teamarbeit sind also funktionierende soziale Beziehungen der Mitglieder für eine erfolgreiche Zusammenarbeit förderlich. Dazu gehören Zuverlässigkeit der Team-Mitglieder und ein gegenseitiges Vertrauen als wesentliche Voraussetzungen für eine erfolgreiche Teamarbeit. Vertrauen ist für Picot ein elementares Organisationsprinzip

---

[1] Siehe Kapitel II, Abschnitt 1.10.2.1.
[2] Vgl. Trebesch (1980); entnommen aus Wiendieck (1992), S. 2376.
[3] Schein (1995), S. 25 definiert die Kultur einer Gruppe: „Ein Muster gemeinsamer Grundprämissen, das die Gruppe bei der Bewältigung ihrer Probleme externer Anpassung und interner Integration erlernt hat, da sich bewährt hat und somit als bindend gilt."
[4] Vgl. Lukasczyk (1958); entnommen aus Wiendieck (1992), S. 2375.

zwischenmenschlicher Austauschbeziehungen und spielt gerade bei der Organisation wirtschaftlicher Leistungsbeziehungen eine zentrale Rolle.[1]

Ein erschwerender Faktor für die Zusammenarbeit von Key Account Management Teams ist häufig eine geografische Verteilung der Teammitglieder, wodurch eine Face-to-Face Kommunikation eingeschränkt ist. Deshalb ist ein verstärkter Einsatz der kommunikationstechnologischen Möglichkeiten, wie Telefon, Videokonferenz, Groupware und Intranet, notwendig. Dies ersetzt jedoch nicht ein regelmäßiges, fest eingeplantes persönliches Treffen der Teammitglieder zu einem optimalen Kommunikationsaustausch.

Der Key Account Manager ist der Teamführer, der entweder die disziplinarische Verantwortung trägt oder das Team als „primus inter pares" leitet, was höchste Anforderungen an seine fachliche und soziale Kompetenz stellt. Der Key Account Manager hat die Führung des Teams und benötigt dafür den notwendigen Entscheidungsspielraum. Je mehr Entscheidungsspielraum allerdings besteht, desto wichtiger wird die Motivation, am Arbeitsplatz für Effizienz zu sorgen.[2] Aufgabe des Key Account Managers ist es, diese Motivation ins Team zu bringen, da er in der Praxis selten die disziplinarische Verantwortung für die Team-Mitglieder hat. Diese berichten in der Regel an die Linienmanager der jeweiligen Funktion, sodass dem Key Account Manager die Rolle eines Koordinators[3] und Moderators im Team zukommt. Hier liegt erhebliches Konfliktpotenzial, da die Team-Mitglieder aus anderen Funktionen ständig in dem Spannungsfeld zwischen ihren funktionalen Interessen und den Interessen des Account Teams stehen.

Für den Erfolg eines Account Teams ist es notwendig, dass die Funktionen bereit sind, einen Teil der Kapazität ihrer Mitarbeiter, die im Account Team tätig sind, abzugeben und bei Kapazitätsengpässen in den Abteilungen die Tätigkeit im Account Team nicht sofort hintanzustellen. Auch bedarf es der Klärung, wie und auf welche Ressourcen das Team im Unternehmen zugreifen kann. Andernfalls besteht die Gefahr, dass ein Großteil der Kraft des Teams mit internen Kämpfen um die Ressourcen verschwendet wird, anstatt sich auf den Kunden zu konzentrieren.[4] Und das Account Team braucht unbedingt den Willen zum Erfolg.[5]

Mit Belz[6] ist festzustellen, dass es trotz vieler Vorbehalte gegen die Sinnfälligkeit und die Zweckmäßigkeit von Teams im Key Account Management wegen der

[1] Vgl. Picot et al. (2003), S. 123.
[2] Vgl. Luhmann (2000), S. 19.
[3] Vgl. Rapp et al. (2002), S. 90.
[4] Vgl. Biesel (2001), S. 17.
[5] Vgl. Boch et al. (1997), S. 129.
[6] Vgl. Belz et al. (2004), S. 152.

Aufgabenbreite, der Aufgabenfülle, der Komplexität und der fachlichen Anforderungen in der Key Account Bearbeitung keine Alternative gibt.

Die Mitglieder des Key Account Management Teams benötigen für die meisten ihrer Aufgaben ein hohes Maß an Selbständigkeit, um den komplexen Ansprüchen eines Key Accounts flexibel gerecht werden zu können. Belz schlägt „Management by Objectives" als das geeignete Führungsprinzip für das Key Account Management vor, da es keine bestimmten Führungsstile favorisiert, partizipativ ist und darüber hinaus am „inneren" Engagement der Menschen anknüpft.[1]

1.9.1. Die Aufgaben des Key Account Management Teams

Basisaufgabe des Key Account Management Teams ist die Account Analyse und darauf aufbauend die Erstellung des Account Plans. Die daraus abzuleitenden Aufgaben bestehen in der Umsetzung der im Account Plan festgelegten Strategien, der dazu notwendigen Maßnahmen und in der Erreichung der Ziele und Ergebnisse. Dabei werden die Interessen der verschiedenen Funktionen und Bereiche und des eigenen Unternehmens mit den Interessen des Kunden in Einklang gebracht. Eine weitere wesentliche Aufgabe des Key Account Management Teams besteht darin, den Informationsfluss zwischen allen Teilen des Kunden und des Unternehmens zu gestalten, zu organisieren, zu bewegen und zu bewältigen.[2] Dem Team fällt damit eine wichtige Rolle bei der Wissenserzeugung und dem Wissenstransfer zu. Probst sieht in einem Team den häufigsten Entstehungsort kollektiven Wissens in modernen Organisationen.[3]

1.9.2. Die Zusammensetzung des Key Account Management Teams

Das Key Account Management Team umfasst möglichst alle Personen des Unternehmens, die einen persönlichen Gewinn aus dem Wachstum und der Dauerhaftigkeit der Geschäftsbeziehung mit dem Kunden haben und alle, die den Key Account tatsächlich beeinflussen oder beeinflussen sollen oder können und zur Erreichung der Ziele einen Beitrag zu leisten in der Lage sind.[4] Dies sind für das Kern Team vom Vertrieb der Key Account Manager, die, falls vorhanden, Verkäufer anderer Geschäftsbereiche und zumindest Vertreter der Bereiche Consulting (speziell in der IT-Industrie), Marketing und Kundenservice. In der Regel ist das Key Account Management Team für einen Key Account funktionsübergreifend, häufig jedoch auch

---

[1] Vgl. Belz et al. (2004), S .101; er zitiert hierzu Staehle (1999) und Argyris.
[2] Vgl. Sidow (2002), S. 96.
[3] Vgl. Probst et al. (1999), S. 200.
[4] Vgl. Miller/Heiman (1991), S. 62.

bereichsübergreifend zusammengesetzt, was den höchsten Komplexitätsgrad für die Teamarbeit darstellt.[1]

Für Bußmann/Rutschke ist die Erweiterung des Teams um Externe, z.B. Kunden, die konsequenteste Fortsetzung des Partnerschaftsgedankens.[2] Diese Überlegung erscheint bezogen auf das Account Team aus der Praxis gesehen nicht zweckmäßig oder nur in bestimmten Situationen sinnvoll. Das Account Team hat die Aufgabe, die Zielerreichung sicherzustellen, die Vorgehensweise abzustimmen, Abweichungen zu korrigieren, auftretende Hindernisse in der Zusammenarbeit mit dem Kunden zu beseitigen und die dafür notwendigen Strategien festzulegen. Externe, die z.B. an der Realisierung eines Kundenprojektes mitwirken, werden vorzugsweise auf Projektebene und der Kunde in den Account Planungsprozess eingebunden. Deshalb sind zurzeit, wie Bußmann/Rutschke feststellen, die Beispiele für solche unternehmensübergreifende Teams auch nur rar gesät.[3]

Bei der Bildung von Key Account Management Teams ist besonders die Zusammensetzung zu beachten. Die Mitglieder sind bewusst auszusuchen, sowohl von Seiten der Funktion als auch durch den Key Account Manager. Dies ist eine wichtige Voraussetzung, um die gewünschten Ergebnisse aus dem Key Account Management für das Unternehmen zu erzielen. Bei der konkreten Auswahl der Teammitglieder sind drei Faktoren besonders zu berücksichtigen: Die Fachkompetenz, die generelle soziale Kompetenz und die Präferenzen einzelner Teammitglieder für spezielle soziale Rollen.[4] Die einzelnen Mitglieder müssen „teamfähig" sein und eine persönliche Verpflichtung für den Erfolg der Kundenverbindung entwickeln, was letztendlich in eine gemeinsame Verantwortung mündet. Diese beiden Elemente sind für Miller/Heiman sogar wichtiger als die Zusammensetzung des Teams.[5]

---

[1] Vgl. Bußmann/Rutschke (1998), S. 67.
[2] Vgl. Bußmann/Rutschke (1998), S. 103.
[3] Vgl. Bußmann/Rutschke (1998), S. 103.
[4] Vgl. Bußmann/Rutschke (1998), S. 119.
[5] Vgl. Miller/Heiman (1991), S. 62.

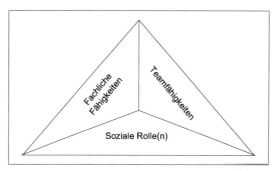

Abbildung 18: Aspekte bei der Auswahl von Team-Mitgliedern[1]

Funktions- und bereichsübergreifende Teams haben zwar den Vorteil, dass die verschiedenen Interessenslagen abgestimmt und koordiniert werden, bringen allerdings auch eine hohe Wahrscheinlichkeit von Konflikten mit sich, weil unterschiedliche fachliche Interessenslagen und Zielsetzungen aufeinander treffen. Deshalb ist bei Gruppenmitgliedern vor allem Konflikt- und Konsensfähigkeit gefordert.[2]

1.9.3. Die Zusammenarbeit innerhalb des Key Account Management Teams

Für eine bereichs- und funktionsübergreifende Zusammenarbeit und für ein einheitliches, abgestimmtes Vorgehen der beim Kunden agierenden Abteilungen hat sich die Bildung eines Account Teams als geeignetes organisatorisches Element erwiesen.[3]

Als Voraussetzung für das Funktionieren eines Key Account Management Teams und für eine zielgerichtete und erfolgreiche Zusammenarbeit der Team-Mitglieder sind einige Aspekte von Bedeutung.

Für eine zielorientierte Vorgehensweise und als Basis für einen Verständigungsprozess innerhalb des Account Teams ist ein grundlegendes gemeinsames Verständnis seiner Kernmission und der Hauptaufgaben notwendig. Das Team kann nur erfolgreich sein, wenn sich alle Mitglieder bewusst sind, dass sie sich den gemeinsamen, funktionsübergeordneten Zielen des Account Plans verpflichtet fühlen und keine

---

[1] Bußmann/Rutschke (1998), S. 120.
[2] Vgl. Oechsler (1992), S. 1138; was er für das Projektmanagement ausführt, gilt entsprechend auch für das Key Account Management Team.
Vgl. Schein (1980), S. 109; Schein zählt zu den permanenten Gruppen das Team. Der Begriff Gruppe und Team wird im Folgenden synonym verwendet. Beim Key Account Management ist das Kernteam in der Regel ein permanentes Team.
[3] Vgl. Albers (1992), S. 985; diese generelle Aussage über eine Gruppe kann sicherlich auch auf das Key Account Management Team übertragen werden. Siehe auch Kapitel II, Abschnitt 1.9; Belz (2004), S. 152 „Für das Key Account Management sind Teams ein Ansatz ohne Alternative."

funktionsgesteuerte Suboptimierung betreiben.[1] Das funktionale Management unterstützt dabei das Team.

Bei der Zusammensetzung des Key Account Management Teams ist von vornherein auf Kontinuität zu achten. Das Team benötigt die Chance, sich zu „formen", eine gemeinsame Vertrauensbasis zu schaffen, ein Klima aufzubauen und gemeinsames Wissen über den Kunden erarbeiten zu können. Alles dies benötigt einen längeren Zeitrahmen. Nach Wiswede zeichnet eine Gruppe aus, dass die Personenmehrheit „eine längere Zeit in Interaktion steht."[2] Gemeinsames Wissen setzt, wenn man Schein[3] folgt, eine Geschichte gemeinsamer Erfahrung voraus, die wiederum auf einer stabilen Mitgliedschaft in der Gruppe beruht.[4]

Das Account Team steuert die Beziehungen zwischen dem Key Account und seinem Unternehmen. Aufgrund der Komplexität benötigt es hohe Flexibilität und schnelle Anpassungsfähigkeit an die gegebenen Umstände und Veränderungen. Wenn eine Gruppe diese Aufgaben erfüllen will, muss sie in der Lage sein, unter ihren Mitgliedern ein System interner Beziehungen zu entwickeln und aufrechtzuerhalten. Gleichzeitig mit der Problembewältigung und Aufgabenlösung spielen sich Prozesse der Gruppenbildung und -entwicklung ab.[5] Vansina/Taillieu sehen in dem "Muster der Beziehungen" zwischen den Menschen die wichtigste Grundlage für das Funktionieren jeder Organisation besonders in diesem von Technologien und Informationssystemen geprägten Zeitalter.[6]

Wiswede führt als Indikatoren der internen Integration einer Gruppe an: „Die Atmosphäre der Gruppe (Gruppenklima), die Kohäsion (Bindkraft und Attraktivität der Gruppe), das Prestige der Mitgliedschaft und/oder der Aufgabe sowie der Konsensus im Hinblick auf Normen, Ziele und Mittel."[7]

Ein positives Gruppenklima mit guten Beziehungen der Team-Mitglieder ermöglicht eine störungsfreie Kommunikation[8] innerhalb des Teams, die für eine reibungslos funktionierende Zusammenarbeit unabdingbar und eine grundlegende Voraussetzung

---

[1] Vgl. Katzenbach/Smith (1993), S. 15.
[2] Wiswede (1992), S. 736.
[3] Vgl. Schein (1995), S. 24.
[4] Wiswede (1992), S. 736.
[5] Vgl. Schein (1995), S. 75.
[6] Vgl. Vansina/Taillieu (1996), S. 39.
[7] Wiswede (1992), S. 744.
[8] „Der Begriff der Kommunikation in Unternehmen ist nicht eindeutig definiert. Zahlreiche Begriffe, z.B. betriebliche Kommunikation oder Unternehmenskommunikation, stehen nebeneinander. Im Folgenden wird unter Kommunikation in Unternehmen jeglicher Informationsaustausch verstanden, der der Überwindung unternehmensinterner vertikaler und horizontaler Schnittstellen dient, dadurch soziale Beziehungen bildet und prozessuales Merkmal der Integration ist. Kommunikation im Unternehmen wird maßgeblich von den Persönlichkeitseigenschaften der Akteure beeinflusst, v.a. von der sozialen Kompetenz." Thode (2003), S. 71.

für das Account Team ist. Hierbei ist die sozialpsychologische Perspektive relevant. Soziale Kommunikation umfasst nach Staehle „den zwischenmenschlichen Austausch von Mitteilungen, Gedanken und Gefühlen (auch nichtverbaler Art), sowie die Fähigkeit von Menschen, in Gruppen soziale Beziehungen zu unterhalten. Diese Fähigkeit wird auch als soziale oder kommunikative Kompetenz bezeichnet, die für die Arbeit in Gruppen (Teams) eine zwingend notwendige Voraussetzung darstellt."[1] Auch Luhmann sieht in der Kommunikation einen notwendigen Bestandteil für die Bildung sozialer Systeme.[2]

1.9.3.1. Kommunikation im Key Account Management Team

Den Key Account Management Teams steht eine Reihe von Kommunikationsmittel zur Verfügung. Abbildung 19 stellt die Anforderungen und die Eignung der verschiedenen Kommunikationswege und -instrumente für das Key Account Team dar.

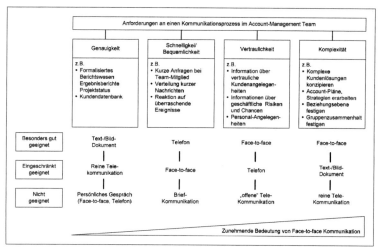

Abbildung 19: Anforderungen und Eignung von Kommunikationswege und -instrumente[3]

Die Abbildung 19 zeigt, dass die Face-to-face Kommunikation eine wichtige Rolle für das Key Account Team spielt, was die Forderung nach regelmäßigen Account Meetings begründet. Der Verfasser schätzt die Face-to-face Kommunikation für das Funktionieren des Teams und für das Verhindern oder den Abbau von Barrieren sehr hoch ein. Das Problem dabei ist allerdings, dass die Teams häufig regional (bei Global

---

[1] Staehle et al. (1999), S. 301.
[2] Entnommen Picot et al. (2003), S. 105.
[3] Entnommen Thode (2003), S. 319; angepasst an das Key Account Management.

Accounts sogar weltweit) verteilt sind und dadurch Meetings mit erheblichem finanziellem und zeitlichem Aufwand verbunden sind. Hier gilt es, Aufwand und Nutzen abzuwägen.

Ein wesentliches Element für ein gutes Gruppenklima und einen funktionierenden Kommunikationsprozess ist gegenseitiges Vertrauen. Die Forderung von Belz, dass Vertrauensleistungen zu keinem Zeitpunkt der Geschäftsbeziehungen völlig außer acht gelassen werden dürfen, da es sich beim Vertrauen um ein asymmetrisches Phänomen handelt, das sich nur langfristig aufbauen, jedoch schnell zerstören lässt, kann auch auf das Key Account Team übertragen werden.[1] Für Diller/Kusterer heißt Vertrauen, sich auf eine Person zu verlassen bzw. Zuversicht in ein Ergebnis zu entwickeln und in Erwartung eines Zugewinns bewusst ein Risiko einzugehen. Sie stellen heraus, dass nach Meinung von Soziologen Vertrauen eine der stärksten Einflussgrößen auf interpersonelles Verhalten ist.[2] Basis für die Bildung von Vertrauen sind für Picot Informations- und Kommunikationsprozesse, wobei auf der anderen Seite die Art und Weise menschlichen Informations- und Kommunikationsverhaltens wiederum entscheidend vom vorhandenen Ausmaß an Vertrauen geprägt werden.[3]

Ist eine Vertrauensbasis aufgebaut, führt diese dazu, dass sich ein Interaktionspartner situationsübergreifend kooperativ und nicht opportunistisch verhalten wird. Für Willke besteht die Funktionsweise von Vertrauen darin, „dass es fehlende Informationen ersetzt und zu einer Erweiterung des Spielraums der Handelnden führt, weil sie Optionen realisieren können, die durch streng egoistisch-rationales Verhalten nicht zu erreichen wären."[4] Umgekehrt führt mangelndes Vertrauen dazu, dass Informationen zurück-gehalten werden, da Unsicherheit über deren Verwendung besteht.

Dies bestätigt auch die These, dass die Face-to-face Kommunikation ein wesentliches Element bei der Interaktion im Account Team ist und nicht durch technische Komponenten ersetzbar ist.[5]

1.9.3.2. Dialog im Key Account Management Team

Ein intensiver Dialog ist für das Account Team die Plattform zur Zielerreichung. Der Dialog unterscheidet sich für Schein zur Kommunikation dadurch, dass beim Dialog der Denkprozess stärker im Mittelpunkt steht. "Ein wichtiges Anliegen des Dialogs ist, der Gruppe durch die allmähliche Schaffung eines Systems gemeinsamer Bedeutungen und eines »gemeinsamen« Denkprozesses eine höhere Bewusstseins- und Kreativitätsebene

---

[1] Vgl. Belz et al. (2004), S. 119.
[2] Vgl. Diller/Kusterer (1988), S. 218.
[3] Vgl. Picot et al. (2003), S. 123.
[4] Willke (2001b), S. 277.
[5] Siehe Kapitel II, Abschnitt 1.9.4.

zu ermöglichen."[1] Der Dialog ist ein grundlegender Prozess zum Aufbau gegenseitigen Verständnisses und Vertrauens und hilft, die gemeinsame Wissensbasis zu verbreitern.[2] Für Isaacs ist das Anliegen des Dialogs, dass Menschen lernen, zusammen zu denken, nicht nur was die Analyse gemeinsamer Problem betrifft, sondern auch was die Behandlung von Grundannahmen und die Aufdeckung ihrer Ursachen angeht. Es kann so mit Hilfe des Dialogs eine Umgebung entstehen, in der die Team-Mitglieder bewusst am Entstehen einer gemeinsame Meinung teilhaben.[3]

Der Dialog dient dazu, eine Gruppe dahin zu bringen, kreativ und vor allem zusammen zu denken. Er ist für das Organisationslernen von zentraler Bedeutung, da er geeignet zu sein scheint, kollektives Denken und Kommunikation zu fördern.[4] „Funktioniert der Dialog, kann die Gruppe über das jeweilige kreative Potential ihrer Mitglieder hinaus wachsen und ein Niveau erreichen, das ursprünglich niemand für möglich gehalten hätte."[5]

Folgt man Senge, dann gehört zur Disziplin des Team-Lernens, dass die Team-Mitglieder neben der Technik des Dialogs auch die Technik der Diskussion beherrschen. Kennzeichnend für den Dialog ist, dass man frei und kreativ komplexe und subtile Fragen erforscht, einander intensiv zuhört und sich nicht von vornherein auf eine Ansicht festlegt. Im Gegensatz dazu werden in einer Diskussion unterschiedliche Meinungen präsentiert und verteidigt, und nach den besten Argumenten für gerade anstehende Entscheidungen gesucht.[6]

1.9.3.3. Konflikte im Key Account Management Team

Winswede definiert Konflikte in Gruppen als Interaktionskonflikte.[7] Im Key Account Management Team können Konflikte aufgrund vielfältiger Ursachen entstehen. Sie können struktureller oder persönlicher Art sein. Strukturelle Konflikte haben ihre Ursachen z.B. in divergierenden organisatorischen und funktionalen Interessen[8] und nicht harmonisierten Zielsetzungen. Im persönlichen Bereich können diese z.B. durch persönliche Reibereien, Intrigenspiele, mangelnde Kommunikationsfähigkeiten, fehlende Ähnlichkeit der Interaktionspartner (in Bezug auf: Fähigkeiten, Motivation, Status, Ausrichtung, Zielvorstellung, Ausbildung, Alter usw.), starke Wettbewerbssituation zwischen den Team-Mitgliedern, starkes Gefühl distributiver Ungerechtigkeit,

[1] Schein (1996), S. 214.
[2] Vgl. Isaacs (1996), S. 190; Schein (1996), S. 221.
[3] Vgl. Isaacs (1996), S. 184.
[4] Vgl. Isaacs (1996), S. 187.
[5] Schein (1996), S. 214.
[6] Vgl. Senge (1996), S. 288.
[7] Vgl. Winswede (1992), S. 746.
[8] Siehe Kapitel II, Abschnitt 4.2.2.

fehlende Motivation, Interesselosigkeit und damit einhergehender Verfall der Leistungsergebnisse (mit entsprechenden Schuldzuweisungen) hervorgerufen werden.[1] Staehle weist darauf hin, dass solche Barrieren die unangenehme Konsequenz haben, Informationen auszulassen (Filtern, Selektieren) oder zu verändern (Übertreibung, Unterbewertung) oder Gerüchte in informale Kanäle zu leiten.[2] Die Leistungsfähigkeit des Account Teams wird dadurch erheblich in Mitleidenschaft gezogen, „denn wenn persönliche Verhältnisse, unterschiedliche Wertvorstellungen oder Statusunterschiede die Kommunikation behindern, kann keine Gruppe leistungsfähig sein."[3]

Dieses Konfliktpotenzial kann vor allen Dingen durch den Aufbau gegenseitigen Vertrauens und Anerkennung der Team-Mitglieder untereinander vermieden oder abgebaut werden. Diesen Prozess zu steuern, ist eine wesentliche Aufgabe des Key Account Managers und der zuständigen Führungskräfte. Aber auch die einzelnen Gruppenmitglieder haben ihren Beitrag zu leisten. Jede Gruppe besteht aus Individuen, deren verborgene Paradigmen und Perspektiven eine ungemeine Bandbreite abdecken. Für Isaacs besteht die erste Herausforderung für die Gruppenmitglieder darin, dies zu erkennen und zu akzeptieren. Er weist darauf hin, dass es nicht das Ziel des Dialogs ist, die Unterschiede unter den Teppich zu kehren, sondern einen Weg zu finden, sie zu erforschen.[4] Manche Soziologen sehen hierin einen Nutzen und reden auch von der Produktivität von Konflikten.[5]

1.9.4. Das Key Account Meeting

Wenn man die Bedeutung der Face-to-face-Kommunikation und -Dialogs akzeptiert, erhält das Key Account Meeting einen hohen Stellenwert und wird ein notwendiges und bedeutendes Element der Zusammenarbeit innerhalb des Key Account Managements. Interpersonelles Vertrauen entwickelt sich nach Picot vor allem mithilfe analoger Medien im Face-to-Face-Kontakt. Deshalb fordert er, bei der Gestaltung des organisatorischen Kommunikationssystems auf eine ausreichende Gewährleistung von mündlicher, insbesondere Face-to-Face Kommunikationsmöglichkeiten zu achten. Den durch ein Account Team Meeting entstehenden Kosten wirkt die Entwicklung von Vertrauen Transaktionskosten mindernd.[6] Für Bullinger kann die notwendige Transparenz innerhalb von Organisationen, und das trifft auch auf das Account Team zu, durch reine Technologielösungen nicht geschaffen werden. „Sie müssen immer

---

[1] Vgl. Staehle et al. (1999), S. 306; Winswede (1992), S. 746.
[2] Staehle et al. (1999), S. 306.
[3] Schein (1980), S. 117.
[4] Vgl. Isaacs (1996), S. 199.
[5] Siehe in diesem Zusammenhang Kapitel II, Abschnitt 4.2.2.
[6] Vgl. Picot (1984), S. 133.

durch den Faktor Mensch ergänzt werden, der seine Expertise im persönlichen Gespräch anderen Organisationsmitgliedern zur Verfügung stellt."[1]

1.10. Key Accounts

Eine einheitliche Definition, was ein Key Account ist, ist kaum darzustellen, da für jeden Lieferanten andere Kriterien im Vordergrund stehen. Ahlert[2] nennt einige Anhaltspunkte, die einen Key Account auszeichnen. Der Kunde hat in der Regel ein hohes Fachwissen; die Entscheidungen werden nicht von Einzelpersonen, sondern überwiegend von Gremien getroffen; der Kontakt zu Entscheidern ist schwieriger; die Entscheidungskriterien und -abläufe sind sehr stark individuell geprägt und komplexer; Entscheidungen für nachgelagerte Unternehmenseinheiten werden zentral beeinflusst oder getroffen. Meistens sind es die Kunden, die den größten Teil des Umsatzes eines Unternehmens sichern und somit eine Deckung der Kosten und Investitionen erst möglich machen.[3] Daher, und weil ein Unternehmen mit diesen Kunden stärker wachsen, seine Erträge steigern, die Auslastung sichern und die Kräfte im Vertrieb konzentrieren kann,[4] erfordern sie eine besondere Aufmerksamkeit in der Betreuung.

1.10.1. Die Auswahl der Key Accounts[5]

Da die Key Accounts vom Lieferanten als langfristige Vertragspartner angesehen und als solche auch ausgewählt werden, ist der Prozess der Auswahl der Key Accounts eine zentrale Aufgabe innerhalb des Key Account Managements.

Es gibt eine Reihe von Auswahlkriterien abhängig, von der Strategie und den zur Verfügung stehenden Ressourcen des Unternehmens. Es empfiehlt sich, quantitative (Umsatz, Ertrag, Marktanteile etc.) und qualitative (u.a. Komplexität, Image des Key Accounts am Markt und daraus erwachsende eigene Vorteile, Referenzwirkung und die Wirkung als Multiplikator am Markt, Technologiepotenziale und Know-how, das vom eigenen Unternehmen genutzt werden kann) Kriterien[6] zugrunde zu legen. Auch Rapp[7] rät, den Kundenwert sowohl unter monetären (Umsatz, Rentabilität) als auch unter nicht-monetären Gesichtspunkten zu analysieren. Häufig wird allerdings nur der Umsatz

---

[1] Bullinger et al. (1997), S. 20.
[2] Ahlert (2004), S. 143.
[3] Canon (2003), S. 13.
[4] Belz et al. (2004), S. 22; Sidow (2002), S. 43.
[5] Zu detaillierten Ausführungen über die Auswahl von Key Accounts verweisen wir auf die Literatur, da dies den Rahmen der Arbeit überschreiten würde. Siehe dazu: Ahlert et al. (2004) ; Belz et al. (2004); Biesel (2002); Czichos (1995); Miller/Heiman (1991); Rapp et al. (2002); Rieker (1995); Senn (1996); Sidow (2002).
[6] Vgl. Belz et al. (2004), S. 37; Senn (1996), S. 1.
[7] Belz et al. (2004), S. 42.

als Auswahlkriterium herangezogen. Dieser ist zwar ein wichtiger Faktor, darf jedoch nicht zum alleinigen Entscheidungsparameter gemacht werden, da die Key Accounts häufig Kunden mit schlechten Deckungsbeiträgen sind.

1.10.2. Kundenorientierung

Sowohl im Bereich der wissenschaftlichen Forschung als auch in der betrieblichen Praxis besteht weitgehend Übereinstimmung, dass Kundenzufriedenheit als eine zentrale und wesentliche Steuerungs- und Orientierungsgröße einer kundenorientierten Unternehmensführung vor dem Hintergrund der Erreichung klassischer Unternehmensziele verstanden werden kann.[1] Unternehmen orientieren sich deshalb zunehmend an Konzepten der Kundenorientierung, die auf eine Steigerung von Qualitätswahrnehmung und Kundenzufriedenheit abstellen, um ihren ökonomischen Erfolg sicher zu stellen.[2]

Kundenorientierung heißt, sich an den Anforderungen und Fragestellungen des Kunden zu orientieren und diesem zu helfen, selbst erfolgreich zu sein. Für das Key Account Management stellt die Kundenorientierung einen zentralen Faktor dar. Ihm obliegt es, die Zusammenarbeit mit dem Kunden zu entwickeln und zu pflegen. Biesel bezeichnet die Kundenorientierung als Basis des Key Account Managements.[3]

Der Key Account Manager hat die Aufgabe, im Key Account Team den Gedanken der Kundenorientierung zu verankern und es in diesem Sinne zu führen. Wichtig dabei ist allerdings, dass das Key Account Team keine Insel darstellt, sondern dass die Kundenorientierung gelebtes Leitmotiv des Unternehmens ist und das Key Account Management die notwendige Rückendeckung im Management hat. Letztendlich ist das Ziel, dass sich alle Mitarbeiter eines Unternehmens einer Kundenorientierung verpflichtet fühlen. Dazu gehört, dass die Mitarbeiter lernen, von außen nach innen zu denken und nicht wie bisher alles aus der eigenen Sichtweise zu sehen und zu bewerten. Diese Einstellung aller Mitarbeiter führt das gesamte Unternehmen dann in die Position eines kundenorientierten Unternehmens.

In der Literatur findet man häufig die Forderung der Kundenorientierung ausdrücklich nur auf „kundenrelevante" Mitarbeiter bezogen. Diese Auffassung greift nach Ansicht des Verfassers zu kurz. Auch das Verhalten von Mitarbeitern, die keinen direkten

---

[1] Vgl. Kaiser (2005), S. 1.
[2] Vgl. Bruhn (2000), S. 1031;
Für Bruhn ist Kundenorientierung einer von 8 Erfolgsfaktoren, Bruhn (2003), S. 1;
Die Bedeutung der Kundenorientierung für die Unternehmen wurde nicht zuletzt auch durch die Veröffentlichung von Peters/Waterman mehr ins Bewusstsein gerückt und die Diskussion darüber intensiviert. Vgl Peters/Waterman (1986).
[3] Vgl. Biesel (2002), S. 17.

Kundenbezug haben, wirkt sich indirekt auf den Kunden aus.[1] Letztendlich schlägt sich die Kundenorientierung im Verhalten aller Mitarbeiter nieder. Dieser Gedanke hat auch starken Eingang ins Total Quality Management gefunden. Das Key Account Management kann hierzu einen erheblichen Beitrag leisten. Aufgrund der Kundennähe entwickelt es ein Gespür für die Belange des Kunden und trägt dies in sein Unternehmen hinein. Es kann allerdings nicht die Aufgabe beinhalten, die Kundenorientierung des gesamten Unternehmens sicherzustellen. Zutreffend ist insoweit die Darstellung von Rieker, dass „die Kundenorientierung des einzelnen Mitarbeiters der Ausgangspunkt der internen Integrationsaufgabe sein sollte. Die Kundenorientierung eines gesamten Unternehmens sehen wir als die Funktion der Kundenorientierung der einzelnen Mitarbeiter, eine kundenorientierte Leistung lässt sich u.E. nur dann gestalten, wenn die Ausrichtung auf den Kunden bei allen zur Leitungserstellung relevanten Mitarbeitern ‚funktioniert'."[2]

Zur Kundenorientierung gehört auch, die Erwartungshaltung des Kunden zu kennen oder zu ergründen und die Beratung darauf abzustellen. Bruhn bezieht sich auf ein *Confirmation-Modell*, nach dem eine Leistung um so positiver beurteilt wird, je eher bzw. stärker die Kundenerwartungen erfüllt sind.[3] Wenn es dem Lieferanten gelingt, die Kundenerwartungen zu erfüllen, nehmen die Kunden eine hohe Qualität wahr bzw. sind zufrieden und werden die Leistungen des Anbieters mit einer gewissen Wahrscheinlichkeit wieder in Anspruch nehmen.[4]

Kundenorientierung heißt zwar, sich an den Anforderungen und Fragestellungen des Kunden zu orientieren, aber das Key Account Management muss stets darauf achten, die Balance zwischen der Kundenorientierung und dem Eigeninteresse des Unternehmens herzustellen. Denn für das Key Account Management Team besteht leicht die Gefahr, sich aus falsch verstandener Kundenorientierung zu sehr mit seinem Kunden zu identifizieren und die Interessen des eigenen Unternehmens aus dem Auge zu verlieren. Der Key Account Manager darf natürlich nicht so weit gehen, dass er sich als Mitarbeiter seines Kunden fühlt, denn letztendlich vertritt der Key Account Manager die Interessen seines Unternehmens.

---

[1] Beispiele hierfür: Die Rechnungen oder die Lieferscheine werden von der Organisationsabteilung so gestaltet, dass diese für den Kunden übersichtlich und leicht verständlich sind. Ein Kundenanruf, der bei einem Mitarbeiter anlangt, der nicht zuständig ist, muss von diesem freundlich angenommen und qualifiziert weitergeleitet werden oder er muss sicherstellen, dass ein Rückruf erfolgt. Die Entwicklungsabteilung muss sich von den Kundenbedürfnissen anstatt von den technischen Möglichkeiten oder einer „Technik-Verliebtheit" leiten lassen.
[2] Rieker (1995), S. 130.
[3] Vgl. Bruhn (2000), S. 1032; Erwartungsanalyse und Messung von Erwartungen siehe a.a.O.
[4] Vgl. Bruhn (2000), S. 1035.

Besonders schwierig wird es, die Balance zu halten, wenn durch Fehlleistungen des eigenen Unternehmens die Zusammenarbeit mit dem Kunden gestört wird und dadurch die Erreichung seiner eigenen Ziele oder die des Teams in Gefahr gerät.

Das Ziel der Kundenorientierung ist letztendlich eine langfristige Kundenbeziehung mit einem möglichst hohen Grad der Kundenbindung unter Berücksichtigung der eigenen Interessen und Ziele.

1.10.2.1. Beziehungsmanagement und Kundenbindung

Die Beziehung zwischen Hersteller/Lieferant und Kunde/Abnehmer ist heterogener, differenzierter und aufgeladener geworden. Um so bedeutender wird ein gut funktionierendes, professionelles Beziehungsmanagement. Ein Unternehmen darf die Kontakte zur Umwelt und insbesondere zu den Key Accounts nicht dem Zufall überlassen, sondern muss sie systematisch und zielorientiert steuern und kontrollieren.[1] Bickelmann unterscheidet drei Stufen der Kundenbeziehung: Initiierung, Entwicklung und Pflege.[2] Das Managen der Kundenbeziehung ist ein permanenter Prozess und essenzieller Bestandteil des Key Account Managements. Das Account Team pflegt bestehende Kontakte und knüpft bei Personalwechsel, bei der Akquise neuer Bereiche und bei Projekten ständig neue Kontakte und baut diese aus.

Das Kundenbeziehungsmanagement darf jedoch nicht alleine Aufgabe des Key Account Managements sein. Becker/Binckebanck weisen mit Recht darauf hin, dass, je komplexer die Geschäftsbeziehungen sind, desto wichtiger ein strategisches Kundenbeziehungs-Management ist, bei dem alle Aktivitäten des Unternehmens über alle Funktionen an den Kundenbedürfnissen ausgerichtet sind und „die Kundenbeziehung auf allen Ebenen zum entscheidenden Ordnungskriterium" gemacht wird.[3] Dem Key Account Management kommt dann in der Außenbeziehung die Koordinationsfunktion zu.

Abbildung 20 zeigt Bindungsinstrumente im Beziehungsmanagement, gegliedert nach Kategorien. Neben den rein sachlich orientierten Instrumenten spielt die Kategorie „Psychologische Bindungen", also die menschlich-emotionalen Elemente im Key Account Management eine wichtige Rolle.

---

[1] Vgl. Bickelmann (2001), S. 25.
[2] Vgl. Bickelmann (2001), S. 27.
[3] Vgl. Becker/Binckebanck (2004), S. 175.

Kategorie	Bindungsinstrumente
Vertragliche Bindungen	• Längerfristige Liefer-/Abnahmeverträge • Rahmenverträge • Exklusivverträge • Just-in-time-Systeme • Lizenz- und Know-how Verträge • Wartungs- und Reparaturverträge • Rabattsysteme, finanzielle Anreize
Technologische Bindungen	• F&E-Kooperation • Alleinstellungsmerkmale • Systembindungen • Schnittstellenerklärungen • Just-in-time-Systeme • C-Technologien • etc.
Psychologische Bindungen	• Persönliche Beziehungen • Gemeinsame Erfolge • Sicherheit • Gemeinsame Erlebnisse/Geheimnisse • Vertrauen • Sprachreglungen • Aus- und Weiterbildung/Schulungen • Gewohnheiten • etc.
Institutionelle Bindungen	• Kapitalbeteiligungen • Mandate in Aufsichtsräten • etc.

Abbildung 20: Bindungsinstrumente im Beziehungsmanagement[1]

Ein Aufbau menschlich-emotionaler Elemente als Basis für eine tragfähige Beziehung ist jedoch nur möglich, wenn zumindest der Key Account Manager, besser noch das Account Team, einen längeren Zeitraum für den Kunden zuständig ist. Biesel gibt zu bedenken, „dass sich Beziehungsmanagement nicht nur auf kurzfristige Zeiträume bezieht, sondern erst die langfristige Kundenbegleitung auch Kunden- und Anbietervorteile schafft. Beziehungsmanagement ist ebenso als Investition anzusehen wie Produktentwicklung."[2]

Beim Beziehungsmanagement kommt es besonders auf die Person des Key Account Managers an, und darauf, inwieweit dieser die Fähigkeit besitzt, persönliche Beziehungen zu seinem Kunden aufzubauen. Dies kann sicherlich als ein Erfolgsfaktor bezeichnet werden.

Ziel des Beziehungsmanagements ist eine engere und dauerhafte Bindung des Key Accounts an den Lieferanten. Bruhn definiert die Kundenbindung als die Summe aller Maßnahmen eines Unternehmens, „die darauf abzielen, sowohl die bisherigen als auch die zukünftigen Verhaltensabsichten eines Kunden gegenüber einem Anbieter oder dessen Leistungen positiv zu gestalten, um die Beziehungen zu diesem Kunden für die Zukunft zu stabilisieren bzw. auszuweiten."[3] Dazu gehören die systematische Analyse, Planung, Durchführung sowie Kontrolle sämtlicher auf den Kunden gerichteten Maßnahmen eines Unternehmens mit dem Ziel, dass er auch in Zukunft die

---

[1] In Erweiterung von Plinke (1989), S. 36 und Rieker (1995), S. 141.
[2] Biesel (2001), S. 26.
[3] Bruhn (2003), S. 104.

Geschäftsbeziehung aufrechterhalten oder intensiver pflegen wird. Die Bindung wird sicherlich stärker, wenn der Kunde dem Lieferanten in allen wesentlichen Geschäftsbereichen Kompetenz unterstellt,[1] wenn er das Account Team als „Berater" akzeptiert und es in seine Zukunftsplanung einbezieht.[2] Es können dadurch Synergien zwischen Lieferanten und Kunden erzeugt[3], Aufwendungen auf beiden Seiten reduziert und Ressourcen zielgerichteter eingesetzt werden.

Durch eine stärkere Bindung des Kunden an das Unternehmen können die Planungssicherheit erhöht und Umsatz, Gewinn und Deckungsbeiträge längerfristig verbessert werden.

Ein gut funktionierendes Beziehungsmanagement und eine stabile Vertrauensbasis sind sicherlich wichtige Elemente für das Key Account Management. Sie dürfen allerdings auch nicht überbewertet werden, indem grundsätzlich davon ausgegangen wird, dass alle potenziellen Key Accounts an einer so engen Zusammenarbeit interessiert sind. Diller gibt zu bedenken: „Ein Wundermittel ist das Beziehungsmanagement (..) auch nicht."[4] Ein Key Account Management sollte nur mit den Key Accounts praktiziert werden, die erkennen, verstehen und akzeptieren, warum sie Key Account und an einer entsprechenden Zusammenarbeit interessiert sind.[5]

1.10.2.2. Emotionsarbeit

Bei Kaufentscheidungen, auch in der Investitionsgüterindustrie, sind nicht nur rein rationale Gründe ausschlaggebend.

Zur Erfüllung ihrer Aufgabe ist das Bewusstsein des Key Account Managers und seines Account Teams notwendig, dass es sich dabei zu einem erheblichen Teil um eine Dienstleistung handelt und damit um „Emotionsarbeit."[6] Erfolgreiches Key Account Management heißt, die rationalen Bedürfnisse des Kunden zu befriedigen und auf die emotionalen Bedürfnisse der Gesprächspartner einzugehen. Die emotionalen Bedürfnisse hängen oft mit den persönlichen Motiven und Interessen der Beteiligten zusammen.[7] In der Beziehung zum Kunden sind mehrere Ebenen in Einklang zu bringen: Die persönliche, die geschäftliche und die professionelle Ebene. Das Account Team hat seine Zielvorgaben zu erfüllen, Verantwortungsgefühl und Empathie dem

---

[1] Vgl. Bickelmann (2001), S. 34.
[2] Vgl. Czichos (1995), S. 16.
[3] Vgl. Diller/Kusterer (1988), S. 212; Synergien entstehen, „wenn durch das Zusammenwirken zweier Systeme ein höherer oder besserer Output erreicht wird als bei getrennter Aktion."
[4] Vgl. Diller (2003), S. 22.
[5] Vgl. Biesel (2001), S. 46.
[6] Vgl. Rastetter (2001), S. 114; eine detaillierte Abhandlung zu dem Thema „Emotionsarbeit" siehe Rastetter (2001), S. 113 ff.
[7] Vgl. Belz et al. (2004), S. 68.

Kunden gegenüber zu entwickeln, diesem einen perfekten Service zu bieten und - ganz wichtig - eine persönliche Beziehung herzustellen. Ziel der Emotionsarbeit ist die Erfüllung der Kriterien Kundenzufriedenheit und Kundenbindung.[1]

Wie bereits dargestellt,[2] gehört zum Wesen des Key Account Managements eine längere Zusammenarbeit mit den Gesprächspartnern beim Kunden und dass Key Account Manager und Account Team eine persönliche Ebene zu ihren Gesprächspartnern entwickeln. Denn wie könnte eine längerfristige Zusammenarbeit funktionieren, wenn Emotionen außen vor bleiben? Wenn eine persönliche Ebene entwickelt wurde, hat man auch Chancen, seine Gefühle - auch negative - zum Ausdruck zu bringen. Auch Konflikte lassen sich unter diesen Voraussetzungen besser bewältigen.

1.10.2.3. Beziehungsebene und Vertrauen

Ein wesentliches Element für eine erfolgreiche und effiziente Zusammenarbeit, wenn nicht sogar eine unabdingbare Voraussetzung, ist nach Ansicht von Rapp und auch m.E. eine Vertrauensbasis, die der Key Account Manager und das Team zu ihrem Kunden aufgebaut haben.[3]

Der Einfluss einer vertrauensvollen Zusammenarbeit lässt sich auch am ökonomischen Erfolg deutlich machen.[4] Denn Vertrauen trägt zum Beispiel in einem hohen Maße dazu bei, den bürokratischen Koordinations- und Kontrollaufwand zu senken, Verhandlungszeit einzusparen und einen offeneren Informationsaustausch zu praktizieren. Vertrauen reduziert in diesem Sinne nicht nur Transaktionskosten, sondern entfaltet auch leistungsseitig positive Wirkungen.[5] Diese Aussage von Loose/Sydow trifft nicht nur auf Interorganisationsbeziehungen zu, sondern lässt sich m.E. genauso auf die Interaktion zwischen Kunde und Lieferant übertragen.

Eine herausregende positive Wirkung einer tragfähigen Vertrauensbasis ist ein intensiverer und qualifizierter Informationsfluss.

Die Bildung von Vertrauen ist stark von persönlichen, privaten und informellen Faktoren und von den Erfahrungen abhängig, die bei einer längerfristigen Zusammenarbeit mit einem Partner gemacht wurden.[6] Dies bedeutet, dass für die

[1] Vgl. Rastetter (2001), S. 124.
[2] Siehe Kapitel II, Abschnitt 1.10.2.1.
[3] Vgl. Rapp et al. (2002), S. 56.
[4] Vgl. Rapp et al. (2002), S. 31; "Vertrauen ermöglicht auch Preisaufschläge. Schon geringe Preisaufschläge können sich stark auf die Erträge auswirken."
[5] Loose/Sydow (1994), S. 165.
[6] Vgl. Krück (2001), S. 279; Gegenmantel (1996), S. 74.

Schaffung einer stabilen Vertrauensbasis eine längere Verweildauer besonders des Key Account Managers beim Kunden Voraussetzung ist.[1]

Genauso, wie sich Vertrauen positiv auf die Zusammenarbeit und die Kundenbindung auswirkt, führt ein Vertrauensbruch schnell zu einer Verschlechterung der Beziehungsbewertung.[2] Schädlich für die Vertrauensbasis ist z.b. die Ausnutzung eines Informationsvorsprungs nur für die eigene, kurzfristige Zielerreichung. Luhmann spricht von Informationsasymmetrie. Da der Key Account Manager und die Teammitglieder ihre Produkte und Lösungen besser kennen als der Kunde, besteht die Gefahr, dass solche Asymmetrien ausgenutzt oder abgeschwächt werden könnten, was die Vertrauensbasis beschädigen und die Fortsetzung der Beziehungen in Frage stellen könnte.[3]

1.10.3. Organisation der Außenbeziehung

Bezüglich des Agierens des Unternehmens beim Kunden und der Rolle des Key Account Managers sind grundsätzlich sind zwei Möglichkeiten denkbar. Entweder, der Key Account Manager hat die alleinige Vertretungsgewalt zum Kunden und sein Handeln gilt als das Handeln aller Mitglieder seines Unternehmens,[4] oder der Key Account Manager ist der Koordinator und „Manager" für das beim Kunden operierende „Team". Die Entscheidung für eines der beiden Modelle hat auch Auswirkungen auf die Organisation und die Ausgestaltung der Funktion des Key Account Managers.

Aufgrund der Komplexität, der unterschiedlichen funktionalen Anforderungen und des Arbeitsanfalls bei Key Accounts ist die Betreuung durch eine Person im Allgemeinen nicht darstellbar. Wenn dem Kunden nur ein Ansprechpartner zur Verfügung steht, kann dies zu erheblichen Engpässen und Problemen führen.

---

[1] Vgl. Diller (2003), S. 22.
[2] Vgl. Gegenmantel (1996), S. 74.
[3] Vgl. Luhmann (2000), S. 70.
[4] Vgl. Luhmann (1964), S. 221.

- 59 -

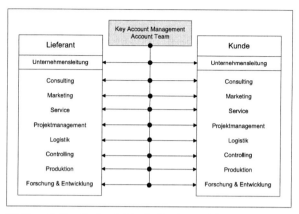

Abbildung 21: Koordinationsfunktion im Key Account Management

Ein einheitliches, geschlossenes Auftreten beim Kunden setzt operative Geschlossenheit auf der Basis von Entscheidungen und mithin Grenzziehungen voraus.[1] Mit der Zusammenfassung der beim Kunden agierenden Mitarbeiter eines Unternehmens zum Key Account Team mit einem Key Account Manager an der Spitze wurde dieser Anforderung Rechnung getragen und das Prinzip „one face to the customer" eingeführt. Die Aktivitäten werden durch den Key Account Manager im Sinne eines einheitlichen, abgestimmten Auftretens beim Kunden gesteuert und koordiniert.

Eine zusätzliche Dimension zu der in Abbildung 21 dargestellten Koordinationsaufgabe entsteht – und das ist bei Key Accounts häufig der Fall, wenn diese in Business-Units[2] organisiert sind und/oder mehrere Tochterunternehmen oder Beteiligungen haben.

1.10.4. Interorganisationale Beziehungen

Interorganisationalen Beziehungen zwischen Unternehmen fällt heute eine wachsende strategische Bedeutung für deren Erfolg zu. Der Trend zu diesen Interorganisationsbeziehungen hat sich in den letzten Jahren deutlich beschleunigt. Hierbei kommt es zu komplexen Vernetzungen von Organisationen mit ihrer Umwelt. Interorganisationale Beziehungen kommen in den unterschiedlichsten Ausprägungen vor, wie z.B. Absatz-/ Vertriebskooperationen, Produktionsnetzwerke, strategische Allianzen und Netzwerke.

Diese interorganisationalen Netzwerke bzw. Unternehmensnetzwerke zeichnen sich durch einen intensiven interorganisationalen Informationsaustausch, durch Personaltransfer- und Kooptationsstrategien, durch die Etablierung verschachtelter

---

[1] Vgl. Funder (2000), S. 22.
[2] Beschreibung: Sparten, Business-Units, SGE (Strategischen Geschäftseinheit) siehe Geldern, S. 68 ff. Diese Begriffe werden häufig synonym benutzt.

Aufsichtsratsmandate, durch die Einrichtung interorganisationaler Gremien und Projektgruppen, und nicht zuletzt durch den Einsatz interorganisationaler Informations- und Kommunikationssysteme aus.[1] Diese Beziehungen und die daraus resultierenden Aktivitäten gehen weit über eine „klassische vertriebliche" Interaktion hinaus.

Eine solche Interorganisationsbeziehung hat Einfluss auf die organisatorische Gestaltung des Key Account Managements, wenn eine derartige Beziehung zwischen Kunden und Lieferant existiert. Es besteht dann in der Regel eine intensive, längerfristige funktionale Zusammenarbeit und Verflechtung, auf die der Einfluss des Key Account Managements beschränkt ist. Die Koordinationsaufgabe nimmt naturgemäß ab. Sicherlich ist es für den Lieferanten von Nutzen, wenn der Key Account Manager aus seinen „Kanälen" zusätzliche Informationen zu der bestehenden Kooperation erhält.

2. Das Key Account Management aus Kundensicht

Ein erfolgreiches Key Account Management kann nur mit Kunden praktiziert werden, die erkennen und verstehen, warum sie ein Key Account sind, die darin einen Vorteil für sich sehen und deshalb die Zusammenarbeit in dieser Form akzeptieren und unterstützen.[2]

2.1. Einbeziehung des Kunden in die Account Planung

Ein Lieferant muss sich immer bewusst machen, dass der Wert eines Produktes, einer Leistung nahezu ausschließlich von dem bestimmt wird, was der Kunde glaubt, was sein Nutzen ist und was es für ihn leisten kann.[3] Bei der Account Planung ist deshalb die Leitlinie, was man als Lieferant zum Geschäftserfolg des Kunden beitragen kann. Um dieses Ziel zu erreichen, ist es zweckmäßig, den Key Account in die Produkt- und Leistungsentwicklung einzubeziehen, um die Dinge aus Sicht des Kunden, also von außen nach innen, und nicht vom Lieferanten her zu sehen. Die meisten Unternehmen und Account Teams entwickeln trotz CRM-Diskussion und Kundenorientierung noch heute ihre Strategie ohne Einbeziehung ihrer Key Accounts und formulieren ihre Angebote an den Markt, ohne die für sie umsatz- und/oder ertragsstarken und wichtigen Kunden mit in die Überlegungs- und Umsetzungsprozesse einzubeziehen.[4]

[1] Vgl. Sydow/Windeler (1994), S. 10.
[2] Vgl. Rieker (1995), S. 135 definiert den Kundenvorteil: er entspricht der Effektivität der Erfüllung der Erwartungen und Anforderungen des Key Account und setzt sich aus dessen Sicht als Summe von Nutzenvorteil, Kostenvorteil und Preisvorteil zusammen.
[3] Vgl. Miller/Heiman (1991), S. 81.
[4] Vgl. Biesel (2002), S. 61, 203 "Nur jedes siebte Unternehmen des Maschinenbaus entwickelt neue Produktideen mit Kunden, nur jedes fünfte setzt diese Ideen auch um."

- 61 -

Für diese Einbeziehung gibt es eine Reihe von Gründen (Abbildung. 22), die beiden Seiten Vorteile bieten.[1]

Kundenvorteile	Lieferantenvorteile
• Darstellung seiner Anforderungen an den Lieferanten • Frühere Informationen über neue Produkte und Technologie-Trends • Qualifizierterer Support • Bessere Unterstützung bei seinen Geschäftszielen • Ausrichtung des Teams auf seine Anforderungen	• Wissenstransfer möglichst frühzeitig • Zusammensetzung und Ausbildung des Teams nach Kundenanforderungen • Bessere Prognose zukünftiger Absatzmöglichkeiten • Planungssicherheit • Abstimmung der Ressourcen auf die Kundenanforderungen

Abbildung 22: Vorteile einer Account Planung mit Kundenbeteiligung

Für den Key Account Manager hat sie den Vorteil, dass der Account Plan auf die Geschäftsziele des Kunden abgestellt werden kann, die Vertriebsaktivitäten zu den Strategien seines Kunden passen[2] und beide Parteien über genügend Informationen über die strategischen Ziele der anderen Seite besitzen, um diese auch emotional und rational zum überwiegenden Teil mittragen zu können.[3]

Es hat sich gezeigt, dass Workshops eine hervorragende Basis darstellen, den Key Account und seine Bedürfnisse, Strukturen und Erwartungen kennenzulernen.[4] In einer solchen Veranstaltung können die Themen konsequenter und zielgerichteter bearbeitet werden, als dies in der Regel im Tagesgeschäft möglich ist. Felbert betont den direkten Dialog mit Kunden, da deren Wünsche oft nur impliziter Natur sind. Nur in einem intensiven Austausch mit dem Kunden können dessen Bedürfnisse transparent gemacht, d.h. in explizites, für das Unternehmen nutzbares Wissen umgewandelt werden. „Erst dieses durch Interaktion gewonnene Wissen befähigt dann das Unternehmen, sich rechtzeitig an veränderte Kundenwünsche anzupassen",[5] wozu ein Workshop sicherlich auch erheblich beiträgt.

Die Intensität der Einbeziehung des Kunden wird nicht zuletzt von der Art der Leistungen des Lieferanten beeinflusst. Sie hängt davon ab, ob es sich um Organisationslösungen handelt oder ob die Leistung in die Produkte und Leistungen des Kunden eingeht. Die Grenze zu einer Interorganisationsbeziehung ist sicherlich fließend. Man kann diese Form der Zusammenarbeit als „partnerschaftlich" bezeichnen; eine Kooperation ist es noch nicht.[6]

---

[1] Vgl. Miller/Heiman (1991), S. 64 f.
[2] Vgl. Belz et al. (2004), S. 37.
[3] Vgl. Biesel (2002), S. 57.
[4] Vgl. Belz et al. (2004), S. 67.
[5] Felbert (1998), S. 131.
[6] Vgl. Wurche (1994), S. 142 ff.

2.2. Nutzen für den Kunden

Ein erfolgreiches Key Account Management setzt voraus, dass auch der Kunde Vorteile aus dem Programm für sich sieht.[1] Ziel einer Zusammenarbeit ist es, Nutzen für beide Seiten zu schaffen, also weg von einer gegensätzlichen Position und hin zur Betonung des gegenseitigen Nutzens zu kommen.[2]

In vielen Spezialgebieten, und das ist auch notwendig für die Behauptung im Markt, sind die Lieferanten dem Kunden in der Entwicklung voraus. Dieses Wissen muss dem Kunden zur Verfügung gestellt werden. Dabei gilt es, nicht ein Konglomerat von Sach- und Dienstleistungen anzubieten, sondern ein auf den Kunden individuell zugeschnittenes Leistungspaket zu liefern, das es dem Kunden erleichtert, seine eigenen Aufgaben und Wertschöpfungsprozesse besser zu erfüllen und das ihm hilft, Mehrwert in seinen Märkten zu erzielen. Belz zitiert eine Untersuchung im Industriegüterbereich, die gezeigt hat, dass professionelle, schlüsselkunden-spezifische Leistungspakete direkten Einfluss auf den Erfolg des Key Account Managements haben.[3]

Letztendlich kann das Key Account Management Programm nur erfolgreich werden, wenn beide, also Kunde und Lieferant, ihren Nutzen daraus ziehen.[4] Die Betreuung eines Key Accounts ist auf eine langfristige Geschäftsbeziehung angelegt, weshalb es notwendig ist, diese Beziehung auf eine Win-win-Basis zu stellen.[5]

Belz geht noch einen Schritt weiter. Er schlägt vor, dass der Lieferant ein Modell zur Quantifizierung des Beziehungswerts aufbaut, welches den Kundenprozess beschreibt und Bereiche aufzeigt, in denen das Angebot des Dienstleisters eine für den Kunden messbare Wirkung hat,[6] um dem Kunden so die erreichte Wertsteigerung zu verdeutlichen.

2.3. Abgrenzung/Entgrenzung zum Lieferanten

Eine intensivere Bindung an den Lieferanten muss natürlich vom Kunden gewünscht sein. Die Kunden müssen bereit sein, ihrem Lieferanten Informationen über ihre Strategie zu geben. Erforderlich ist ferner eine gemeinsame Vertrauensbasis, denn eine Konzentration der Kräfte auf ausgewählte Kunden bewirkt wenig, wenn diese nicht zur Zusammenarbeit willens sind. Dem Key Account Manager fällt dann die Aufgabe zu, bei seinem Kunden das nötige Vertrauen aufzubauen und seinem Kunden den Nutzen

---

[1] Vgl. Capon (2003), S. 47.
[2] Vgl. Rapp et al. (2002), S. 20.
[3] Vgl. Belz et al. (2004), S. 107.
[4] Vgl. Capon (2003), S. 42.
[5] Vgl. Belz et al. (2004), S. 36, 94 ff.; Ivans (2002), S. 16.
[6] Vgl. Rapp et al. (2002), S. 131 ff.

aufzuzeigen, der für ihn aus der Offenlegung von Informationen und seiner Strategie erwächst.

Aber auch das Interesse der Kunden an einer Zusammenarbeit mit ihren Lieferanten wächst. Seit Mitte der neunziger Jahre, in der „Nach-Lopez-Ära", wird eine zunehmende Verzahnung zwischen Kunden und Lieferanten festgestellt. Laut Sidow und Rapp haben die Kunden die Anzahl ihrer Lieferanten reduziert und die Zusammenarbeit so intensiviert, wie es davor kaum vorstellbar war.[1]

Doch es gibt auch Key Accounts, die eine zu enge Bindung an den Lieferanten ablehnen. Luhmann stellt in den letzten zwanzig Jahren ein sich differenziert entwickelndes Verhältnis zwischen den Kunden und seinem Lieferanten fest. Auf der einen Seite sind die Notwendigkeit und auch die Bereitschaft zu einer engeren Zusammenarbeit zwischen Kunde und Lieferant gewachsen.[2] Auf der anderen Seite versuchen die Kunden, in ein nicht zu enges Abhängigkeitsverhältnis von ihrem Lieferanten zu geraten. Diese kritische Haltung kommt auch in einem Artikel in der Süddeutschen Zeitung zum Ausdruck. „Während die Industrie vom gläsernen Kunden träumte, wollten die Kunden lieber anonym bleiben und geizten mit Informationen."[3]

3. Nutzen für das Unternehmen

Eines der Hauptziele eines Key Account Management Programms ist es, sicherzustellen, dass in einer Beziehung mit einem Key Account die möglichen Geschäftschancen erkannt und genutzt werden[4] und letztendlich über einen langen Zeitraum ein Maximum an Ertrag für das eigene Unternehmen erzielt wird.[5]

Die Betreuung eines Kunden durch das Key Account Management ist kosten- und ressourcenintensiv. Bevor ein Kunde als Key Account entsprechend erschlossen ist und das erwartete Ergebnis bringt, sind zunächst Investitionen seitens des Lieferanten erforderlich.[6] Diese Investitionen sind davon abhängig zu machen, ob aus der Beziehung langfristig ein Ertrag erwirtschaftet werden kann. Eine ausschließliche Betrachtung des Umsatzes kann besonders langfristig zu einem erheblichen Zuschussgeschäft werden.

[1] Vgl. Sidow (2002), S. 54; Rapp et al. (2002), S. 18.
[2] Vgl. Luhmann (2000), S. 70; „Die Vernetzungen zwischen System und Umwelt nehmen nicht ab, sondern zu. Für die industrielle Produktion gilt das zum Beispiel als Folge von technisch komplizierteren Produkten, als Folge des Einsparens von Lagerhaltung und der ‚just in time' Anlieferung benötigter Teilprodukte; aber auch für die zunehmende Einschaltung von Kunden-Kommunikationen in der Produktionsplanung." Vgl. auch Senn (1996), S. 45.
[3] Felixberger (2002), S. VI/19.
[4] Vgl. Rapp et al. (2002), S. 35.
[5] Darüber hinaus hat das Key Account Management noch weiteren, qualitativen Nutzen; siehe Kapitel II, Abschnitt 1.6.
[6] Vgl. Belz et al. (2004), S. 321 ff.

Der Ertrag braucht notwendigerweise nicht nur monetärer Art zu sein, sondern kann z.b. auch aus einer Wissensvermehrung bestehen (z.b. Entwicklung eines Produktes, das dann gewinnbringend vermarktet werden kann) oder als Einstieg in einen Markt oder eine Branche dienen. Diller weist mit Recht darauf hin, dass sich echte Key Accounts zumindest langfristig rechnen müssen, also langfristig lohnende Geschäftsfelder im Sinne der Portfoliotheorie sind.[1]

Deshalb ist eine genaue Analyse durch das Unternehmen darüber zweckmäßig, welche Kunden durch ein Account Management Programm betreut werden.[2] Bei bestehenden Key Accounts wird im Rahmen der Account Planung regelmäßig eine Kosten-/Nutzen-Analyse durchgeführt.[3]

4. Unternehmensorganisation

Die Organisationsdimension des Key Account Managements Konzeptes wurde - zumindest implizit - schon angesprochen. Hier werden die wichtigsten Aspekte zusammengefasst.

Das Key Account Management ist zur Erreichung seiner vorgegebenen Ziele auf die Mitwirkung und Zusammenarbeit vieler Bereiche, Funktionen und Personen in seinem Unternehmen angewiesen. Shapiro/Moriarty stellten anhand einer Studie fest: „In fact, as we found in our study, the ability of a national account manager to gain respect and credibility with the customer, to build a relationship with the customer's buying influences, and to gain sales will be dependent to a great extent upon his or her ability to make things happen in his or her own company."[4] Um dies zu erreichen, ist der Key Account Manager mit der nötigen Kompetenz auszustatten[5] und organisatorisch so einzubinden, dass er kurze Zugriffe auf Ressourcen und Entscheidungsträger hat und funktionsübergreifend agieren kann. Die organisatorischen Belange und die richtige Einbindung haben erheblichen Einfluss, wenn es gilt, ein erfolgreiches Key Account Management zu implementieren.[6]

Im Rahmen dieser Arbeit betrachten wir die Einbindung des Key Account Managements in die Unternehmensorganisation nur soweit, als es für die Untersuchung

---

[1] Vgl. Diller (2003), S. 19.
[2] Vgl. Rapp et al. (2002), S. 14.
[3] Ein Betrachtung von Kosten-/Nutzen-Analysen würde den Rahmen dieser Arbeit überschreiten. Hierzu wird auf Rapp et al. (2002) verwiesen. Dort wird auch ein Kosten-Nutzen-Verfahren (CAMA) beschrieben.
[4] Shapiro/Moriarty (1984), S. 6; Zitat übernommen aus Rieker (1995), S. 151.
[5] Siehe Kapitel II, Abschnitt 1.8.3.
[6] Vgl. Diller (2003), S. 12.

relevant ist. Zur Vertiefung und zur Beurteilung und Abwägung der Vor- und Nachteile der organisatorischen Zuordnung wird auf die umfangreiche Literatur verwiesen.[1]

4.1. Organisatorische Einbindung des Key Account Managements

Auf der organisatorischen Seite benötigen die Key Account Manager die notwendigen Voraussetzungen und das Umfeld, damit sie und das Account Team ihre Aufgabe effizient und erfolgreich erfüllen können.

Das Key Account Management ist zunächst eine Vertriebsfunktion und in der Regel dieser zugeordnet, wobei es grundsätzlich drei Möglichkeiten für die organisatorische Einbindung gibt: Stabs-, Linien- oder Matrixstruktur (siehe Abbildung 23).

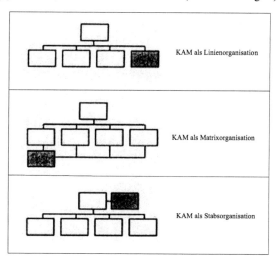

Abbildung 23: Optionen für die Key Account Management Organisation[2]

In manchen Organisationen wird das Key Account Management aus dem Standard-vertrieb ausgegliedert und als eigenständige Einheit geführt,[3] die direkt an die Unternehmensführung berichtet, um die Stellung des Key Account Managements im Unternehmen zu stärken, seine Bedeutung sichtbar zu machen und ihm die nötige Kompetenz zu geben. Innerhalb der Organisation des Unternehmens wird damit deutlich gemacht, dass sich das Key Account Management vom Standardvertrieb unterscheidet.

---

[1] Zur organisatorischen Einbindung siehe u.a.: Ahlert (2004); (Belz (2004); Bickelmann (2001); Biesel (2002); Ebert/Lauer (1988); Diller (2003); Gegenmantel (1996); Geldern (1997); Rieker (1995); Sidow (2002).
[2] Belz et al. (2004), S. 285.
[3] Vgl. Capon (2003), S. 38.

Diese Zuordnung hat für das Key Account Management selbst und in seiner Außenwirkung eine Reihe von Vorteilen. Im Unternehmen sind die funktionalen Hindernisse leichter zu überwinden, die Eskalationswege werden kürzer und die Anliegen sind im Allgemeinen besser durchsetzbar, was die Bearbeitung von Kundenthemen beschleunigt.

In der Außenwirkung wird dem Key Account die Einschätzung des Key Account Managements bei seinem Lieferanten verdeutlicht und damit seine Stellung als Kunde unterstrichen.

Auch für die Führungsebene sprechen einige Aspekte für eine solche Lösung. Der Informationsfluss über den Key Account ist unmittelbarer und wegen der fehlenden Organisationsstufen weniger gefiltert. Veränderungen beim Kunden und im Geschäftsverlauf werden früher sichtbar, was ein schnelleres Gegensteuern und ein rechtzeitiges Ergreifen von Maßnahmen ermöglicht. Besonders wenn man bedenkt, wie groß der Anteil der Key Accounts am Gesamtergebnis eines Unternehmens ist, ist eine engere Führung erwägenswert.

Ein wesentlicher Nachteil einer Ausgliederung aus dem Vertrieb kann allerdings bei regionaler Verteilung eines Key Accounts auftreten, wenn dem Key Account Team mehrere regionale Verkäufer zugeordnet sind, die neben einem Unternehmensteil, einer Beteiligung oder einem Tochterunternehmen des Key Accounts noch mehrere andere Kunden betreuen. In dieser Matrix (Verkäufer hat Ziele für seine lokalen Kunden und für den Key Account) kann ein Interessens- und Zielkonflikt zwischen dem Key Account Manager und der vor Ort zuständigen Vertriebsleitung entstehen.

Eine Zuordnung zum Marketing, die auch als Möglichkeit dargestellt wird, ist für die Konsumgüterindustrie überlegenswert, für die Investitionsgüterindustrie jedoch nicht zweckmäßig.

Einfluss auf die organisatorische Einbindung und Zuordnung hat auch die Aufgabenstellung an das Key Account Management in Bezug auf das Thema Wissenstransfer. Die organisatorische Gestaltung ist davon abhängig, welche Rolle das Key Account Management als Grenzstelle zwischen Unternehmen, Kunden und Märkten als Informationserwerber und -verteiler einnimmt.

4.1.1. Stabsstelle für das Key Account Management[1]

Mit dem Key Account Management Programm sind eine Reihe von organisatorischen und verwaltungstechnischen Aktivitäten verbunden. Dies sind Auswahl und Verwaltung

---

[1] Kieser/Walgenbach (2003), S. 146: „Stabsstellen (...) sind Leitungshilfsstellen, die keine Entscheidungs- und Weisungsbefugnisse besitzen, sondern Instanzen unterstützen.

der Key Accounts (auch die Ernennung von neuen und die Streichung von bestehenden Key Accounts), Bereitstellung der Tools, Überwachung der Erstellung der Account-Pläne und deren Verwaltung, Unterstützung des Planungsprozesses, die Organisation der Account Reviews etc.

Sind in einem Unternehmen eine Reihe von Key Account Manager tätig, so hat sich in der Praxis gezeigt, dass die Einrichtung einer Stabsstelle, die die Implementierung, Umsetzung und Koordination des Key Account Management Programms unterstützt und überwacht, für die erfolgreiche Realisierung sehr vorteilhaft, wenn nicht sogar zwingend notwendig ist. Rapp stellte in seiner Untersuchung fest, dass Unternehmen, die einen Programm Manager ernannt hatten, gute Ergebnisse erzielten.[1]

4.1.2. Der Key Account Manager als Zusatzaufgabe

In der Literatur wird bisweilen vorgeschlagen, Personen im Unternehmen mit der Zusatzaufgabe eines Key Account Managers zu betrauen.[2] Dies wird in manchen Unternehmen bereits praktiziert. Ein Vertriebsleiter, der Geschäftsführer selbst, ein Projektleiter, der häufig beim Kunden ist, oder ein Verkäufer für ein Gebiet betreut dann zusätzlich einen Key Account. Rieker spricht von „Part-Time-Betreuung".[3] Wird diese Aufgabe von einer hierarchisch hochgestellten Person wahrgenommen, ergeben sich hieraus zweifellos Vorteile. Die Integration im Unternehmen und die Umsetzung der aus der Betreuung des Key Accounts anfallenden Aktivitäten können besser durch- und umgesetzt werden. Auch die Abstimmung der Ziele der Key Accounts mit den Strategien und Zielen des eigenen Unternehmens kann besser erreicht werden. Ferner ist in der Regel ein leichterer und besserer Kontakt zu den entsprechenden Hierarchieebenen des Key Accounts möglich, der für den Informationsfluss und die Entscheidungsfindung vorteilhaft sein kann. Diese Form ist sicherlich in kleineren Unternehmen, die sich keine dezidierten Mitarbeiter leisten können, anwendbar.[4]

Geht man von „wirklichen" Key Accounts, im Sinne von großen und komplexen Kunden, aus und stellt diesen Vorteilen die Nachteile gegenüber, überwiegen Letztere bei weitem. Das Key Account Management beinhaltet viel Tages- und Koordinations-arbeit, die von dieser Person nicht ohne weiteres neben ihrer Hauptaufgabe mit erledigt

[1] Vgl. Rapp (2002), S. 158; Digital Equipment hatte in seiner Organisation bereits Ende der 80er Jahre einen „program manager" installiert.

[2] Vgl. Belz et al. (2004), S. 284.

[3] Vgl. Rieker (1995), S. 156, Gegenmantel (1996), S. 230 unterscheidet Teilzeit- und Fulltime-Key Account Management.

[4] Vgl. Minssen (2000), S. 12; Senn stellt zwei Prinzipien gegenüber: das Miliz- und das Spezialisten-Prinzip. Das Miliz-Prinzip bedeutet, dass das Key Account Management als Zusatzaufgabe von einer Linienfunktion während es im Spezialisten-Prinzip von einem dezidierten Spezialisten wahrgenommen wird.

werden kann. Der Tätigkeitsanteil für die Geschäftsführung oder Vertriebsleitung hat im Zweifelsfall immer Priorität. Außerdem will und kann ein Key Account nicht „von oben her" betreut werden, also schwerpunktmäßig durch Kontakte auf hoher Führungsebene. Es ist notwendig, mit allen Ebenen des Kunden, auf der Entscheidungsebene und auf der operativen Ebene, in Verbindung zu treten und zusammenzuarbeiten. Die Aufgabe einer Führungskraft ist eher, als „Ressource" einen Key Account Manager bei der Betreuung des Managements seines Key Accounts zu unterstützen und ihm zu helfen, dessen Management auf breiter Ebene zu betreuen.

Bei einem „wirklichen" Key Account ist bei der Komplexität der Aufgabe die Betreuung als Zusatzaufgabe nicht praktikabel. Die Praxis hat gezeigt, dass bei einer solchen Zusatzbelastung die Kundenbetreuung in der Regel vernachlässigt wird.[1] Besonders kritisch wird es, wenn es sich nicht um eine hochrangige Person handelt (z.B. Projektleiter, Berater), und dieser bei seinem Key Account ein bestimmtes Ergebnis erzielen soll (Umsatz, Marge, Kundenentwicklung etc.). Dieser Mitarbeiter hat immer die Möglichkeit, verfehlte Ziele mit anderen Aufgaben oder sonstigen Belastungen zu begründen.

Ein professionelles Key Account Management ist aus der Sicht des Verfassers immer dann nicht gegeben, wenn durch Doppelbelastung, Überbelastung und mangelnde Konzentration auf die Aufgabe, hervorgerufen durch Anforderungen aus anderen Tätigkeiten und Ablenkungen, die Betreuung des Key Account zu kurz kommt. Ein qualifiziertes Key Account Management bedarf der Spezialisierung[2] und setzt eine bestimmte Qualifikation des Mitarbeiters voraus.[3]

Sicherlich garantiert die Institutionalisierung alleine kein qualifiziertes und erfolgreiches Key Account Management. Hierfür bedarf es noch anderer Faktoren, wie z.B. die Qualifikation des Key Account Managers, die Ausgestaltung der Stelle, die Anerkennung durch die Führung, Mitwirkung der anderen Unternehmensfunktionen etc. Die Spezialisierung ist jedoch eine wesentliche Voraussetzung.

4.1.3. Key Account Management am Beispiel Digital Equipment

Die richtige organisatorische Einbindung und das Bewusstsein der gesamten Organisation von der Bedeutung des Key Account Managements für den Erfolg bei den Key Accounts ist eine wichtige Voraussetzung das Key Account Management. Biesel

---

[1] Vgl. Gegenmantel (1996), S. 230.
[2] Vgl. Sidow (2002), S. 18.
[3] Siehe Kapitel II, Abschnitt 1.8.4.

fordert sogar, die gesamte Ablauforganisation funktional und mental auf die Key Accounts auszurichten.[1]

Diesen Weg ist Digital Equipment mit seinem Modell der „account based organisation" konsequent gegangen, als das Unternehmen 1991 europaweit das Key Account Management einführte.[2]

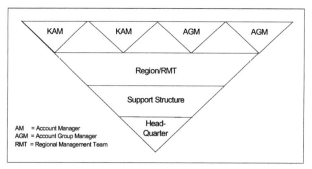

Abbildung 24: Account based organisation von Digital Equipment

Die Organisationsstruktur wurde umgedreht. In der Darstellung der Organisations-Pyramide steht nicht mehr die Führung des Unternehmens an der Spitze, sondern die mit dem Kunden zusammenarbeitenden Funktionen in Form des Account Managements. Das umgedrehte Organigramm verdeutlicht die Bedeutung des Account Managements für das Unternehmen. Die Steuerung im Unternehmen geht vom Account Management aus.

In Abbildung 24 ist die Organisationsstruktur der „account based organisation" dargestellt. KAM ist eine Vertriebseinheit, ein Key Account Team, das für einen Key Account zuständig ist und von einem Key Account Manager geführt wird. AGM ist eine Vertriebseinheit, in der mehrere Kunden möglichst aus einer Branche, die keine Key Accounts sind, zusammengefasst sind.

Der Key Account Manager ist ein *Entrepreneur*[3], der letztendlich für das Ergebnis bei seinem Kunden verantwortlich ist und damit zusammen mit dem Account Team seinen Beitrag zum Unternehmenserfolg leistet. Er ist primär für die Entwicklung von Problemlösungen zuständig. Er erarbeitet die notwendigen Vorschläge und Maßnahmen und setzt diese auch im Rahmen seiner Bevollmächtigung (*Empowerment*) um. Die Bedeutung eines *Entrepreneur* ist in Abbildung 25 dargestellt. In Deutschland hatte der

---

[1] Vgl. Biesel (2002), S. 98.
[2] Die Ausführungen basieren auf dem Sales Update Europe von Digital Equipment vom Mai 1991 und den Unterlagen zum Announcement der Organisation. Die Veröffentlichung erfolgt mit Genehmigung von Hewlett Packard als Nachfolgeorganisation mit Schreiben vom 01.02.2005.
[3] Entrepreneur = Unternehmer

Key Account Manager die offizielle Bezeichnung eines Vertriebsbereichsleiter für einen definierten Kunden.

Account Based Organisation
Der Account-Manager als Entrepreneur

Are You the Entrepreneur for Digital?

- Entrepreneurs can enjoy the full potential of successful, small, simple, efficient, dedicated cost-effective, low-cost, non-bureaucratic organisations.
- Entrepreneurs can really work the basics: selling, servicing, supporting.
- Entrepreneurs can concentrate on real customer satisfaction, because the have to.
- Entrepreneurs can afford just the activities they truly need.
- Entrepreneurs can apply the market economy basics. Entrepreneurs must earn more money than they spend: today, tomorrow, and in the future.
- And entrepreneurs can have fun!
- Now stop worrying: you are not alone. Your concerns are well and widely shared. We take decisive action!
- In this entrepreneurial network, Digital wants and needs your ability to learn, to transform, and to adapt. In this new environment, Digital succeed through your desire to deliver real added value to all customers. In building this "learning organization" for our future, your willingness to take responsibility for success is crucial for Digital and for you.
- The entrepreneurial challenge does not touch us, Digital. Most of all, it touches YOU!

Abbildung 25: Digital Equipment: Account Based Organisation

Auch der Kundenservice wurde in diese Organisation eingebunden. Die Mitarbeiter des Kundendienstes waren Teil des Account Teams. Im ersten Punkt der Anweisung an die Mitarbeiter des Kundendienstes: „Managing the Digital Services Business Units (BUs)" steht: „Listening to customer and account management needs."[1]

Der Grundgedanke dieses Modells ist, dass Mitarbeiter wesentlich bestimmter und zielorientierter handeln, wenn sie sich ihrer Bedeutung für das Unternehmen bewusst sind und sich kompetent fühlen, Entscheidungen im Sinne des Unternehmens treffen zu können.[2]

Durch regelmäßige Account Reviews kann der Vorgesetzte die Entwicklung des Geschäftsverlaufs und der Kundenbeziehung verfolgen und steuern.

---

[1] Digital (1991), S.13.
[2] Vgl. Picot et al. (2003), S. 464.

4.2. Unternehmensfunktionen

Die tayloristische und fordistische Gliederung von Unternehmen in unterschiedliche Funktionsbereiche (Vertrieb, Marketing, Personal, Produktion, Forschung und Entwicklung, etc.) scheint bis heute fest in den Unternehmen verwurzelt. Die meisten Unternehmen sind noch immer streng hierarchisch in Funktionen strukturiert und durch Spezialisierung gekennzeichnet, obwohl man schon Ende der 70er Jahre vom Ende des tayloristischen Rationalisierungsmodells sprach.[1] Die Konsequenz daraus ist, dass die meisten „Spezialisten" funktionsgetrieben sind und es ihnen schwer fällt, die Fragestellungen und Probleme anderer Funktionen zu verstehen. An dieser Situation hat auch die „Welle des Reengineering", nämlich das Unternehmen in horizontalen Geschäftsprozessen zu organisieren, nicht viel verändert,[2] obwohl viele Unternehmen versuchen, mit Business Reengineering die Grenzen zwischen den einzelnen Funktionen aufzubrechen und die Betriebsstruktur umzugestalten. Diese Veränderungen erweisen sich häufig als schwer umsetzbar.[3]

4.2.1. Zusammenarbeit der Funktionen

In einem Unternehmen haben eine Reihe von Funktionen direkten Kontakt zu den Key Accounts.

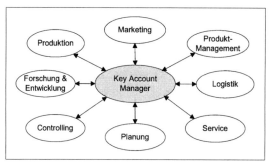

Abbildung. 26: Funktionen mit Kundenkontakt

Um welche Funktionen es sich im Einzelnen handelt, hängt von der Zusammenarbeit, den Produkten und Dienstleistungen und der Intensität der Geschäftsbeziehungen ab. Auf jeden Fall bedarf es bei den wichtigen Kunden einer Koordination der Aktivitäten möglichst unter Führung eines Key Account Managers, um ein einheitliches und

---

[1] Vgl. Senge (1996), S. 11; Kofman/Senge (1996), S. 150 ff.; Bechtle/Lutz (1989), S. 12; Linhart et al. (1989), S. 111.
[2] Vgl. Kofman/Senge (1996), S. 153; siehe grundlegend Hammer/Champy (1993); Kapitel II, Abschnitt 1.2.1.1.
[3] Vgl. Kofman/Senge (1996), S. 153.

abgestimmtes Auftreten beim Kunden sicher zu stellen. Bickelmann weist mit Recht darauf hin, dass ein optimiertes Auftreten beim Kunden ein Funktionieren der innerbetrieblichen Funktionsbereiche und Hierarchien verlangt. Denn wie kann ein Key Account Manager „wirklich überzeugt und überzeugend seine Firma und Produkte vertreten sowie um gute Beziehungen zu seinen Kunden bemüht sein, wenn im eigenen Betrieb keiner dem anderen glaubt, bei jeder Gelegenheit die Kompetenz des Kollegen aus Produkt-Management, Vertrieb oder Produktion in Frage gestellt wird, wenn jeder versucht, Fehler dem anderen in die Schuhe zu schieben, Misstrauen statt Vertrauen die Beziehungen im Unternehmen prägt und im Geschäftsalltag der Kollege als Gegner oder Wettbewerber statt als Partner im eigenen Unternehmen mit gleichen Zielen gesehen wird."[1] Das Key Account Management kann nur dann erfolgreich in der Gestaltung eines Wettbewerbsvorteils und der Erreichung der vorgegebenen Ziele sein, wobei ein einheitliches, koordiniertes Vorgehen beim Kunden und damit ein abgestimmtes Erscheinungsbild Voraussetzung ist, wenn es Einfluss auf die Abteilungen nehmen kann, die für die Erstellung der Leistung verantwortlich sind.[2] Rapp sieht im Key Account Management ein Tool, mit dem sich eine gute Koordination der verschiedenen Funktionen erreichen lässt.[3]

Auch die Notwendigkeit einer verstärkten Koordination erscheint angebracht, da heute in Unternehmen immer noch die funktionale Organisation vorherrscht und Unternehmen in Abteilungsstrukturen denken und arbeiten. Sie sind mehr funktional nach innen gerichtet, als dass sie sich an den Bedürfnissen der Kunden orientieren. Diese Konzentration der Mitarbeiter auf ihre Funktion und Position führt dazu, dass sie sich kaum dafür verantwortlich fühlen, wie sich ihre Handlungsweise auf andere Bereiche des Unternehmens und auf die Kundenbeziehungen auswirkt.[4] Kofman/Senge (1996) konstatieren, dass die Abteilungen konkurrieren, statt zu kooperieren und ihre Informationen auszutauschen. Dieser Konkurrenzkampf und die Trennung zwischen den Funktionen spielen sich hauptsächlich in den Köpfen ab.[5]

Gegen ein Konkurrenzdenken zwischen den Abteilungen ist grundsätzlich nichts einzuwenden, wenn der Gesamtzusammenhang nicht außer acht gelassen wird. Kofman/Senge (1996) weisen allerdings in diesem Zusammenhang auf das Problem hin, dass wir die Balance zwischen Kooperation und Konkurrenz zu einem Zeitpunkt verloren haben, an dem die Zusammenarbeit am notwendigsten wäre.[6]

---

[1] Bickelmann (2001), S. 25.
[2] Vgl. Rieker (1995), S. 158.
[3] Vgl. Rapp et al. (2002), S. 87.
[4] Vgl. Senge (1996), S. 30.
[5] Vgl. Kofman/Senge (1996), S. 154.
[6] Vgl. Kofman/Senge (1996), S. 154.

Obwohl die Entgrenzung einer starren funktionalen Organisation und die Entwicklung einer vernetzten Denk- und Arbeitsweise von entscheidender Bedeutung sind, schließt sich der Verfasser Belz (2004) an, der hier noch keine Veränderung sieht, weil alle Versuche, die Konflikte dieser Organisationsform endgültig zu lösen, bis jetzt zum Scheitern verurteilt waren und Abstimmungsprobleme und Konflikte nach dem jetzigen Stand der Erkenntnisse zur gemeinsamen Arbeit in Unternehmen gehören.[1]

4.2.2. Konflikte in der Zusammenarbeit

Konflikte sind ein allgegenwärtiges Phänomen in jeder Art von Organisation.[2] Aus der Organisationsstruktur einer funktionalen Gliederung ergeben sich strukturinduzierte Konflikte, die aus den unterschiedlichen Zielsetzungen und Interessen der Abteilungen,[3] und verhaltensinduzierte Konflikte, die aus unterschiedlichen Werten, Bedürfnissen, Interessenslagen und Machtausübung der Organisationsmitglieder entstehen. Diese unterschiedlichen Interessenslagen und Ziele der einzelnen Funktionen und deren jeweiligen Mitgliedern und die Identifikation der Mitarbeiter mit ihren Abteilungszielen prägen deren Problembewusstsein und Menschenbild.[4]

Wie die Praxis zeigt, haben die einzelnen Funktionen häufig Ziele, die mit den Zielen anderer Funktionen nicht „harmonisiert" sind. Je stärker die Unterschiede in den jeweiligen Aufgaben und Zielen der Abteilungen sind und je stärker die Abhängigkeit der Abteilungen untereinander oder von gemeinsamen oder gar zu knappen Ressourcen ist, desto konfliktträchtiger ist die Beziehung zwischen ihnen.[5] Aufgrund der derzeitigen Personaleinsparungsmaßnahmen und der Straffung der Ressourcen scheint sich diese Tendenz eher noch zu verstärken.

Für das Key Account Management stellen die Abteilungen Mitarbeiter zur Verfügung, die im Account Team mitarbeiten. Die Abordnung der Mitarbeiter aus den verschiedenen Funktionen ins Account Team und die regelmäßige Teilnahme an den Account Meetings führt schon häufig zu Konflikten, da die Fachabteilungen andere Prioritäten setzen. In der Mitgliedschaft im Account Team und in der Teilnahme an den Account Team Meetings wird oft nur ein zusätzlicher Aufwand gesehen, da für die Fachabteilung nicht immer sofort ein Nutzen für die eigene Zielerreichung erkennbar ist und deshalb diese Tätigkeiten häufig als lästige Zusatzaufgabe gewertet werden.

[1] Vgl. Belz et al. (2004), S. 136.
[2] Vgl. Oechsler (1992), S. 1131.
[3] Vgl. Winswede (1992), S. 746.
[4] Vgl. Kieser (1983), S. 443.
[5] Vgl. Kieser (1983), S. 443.

Die Fokussierung der Funktionen auf die eigenen Ziele führt häufig zum Verlust einer einheitlichen Strategie, was sich wiederum aus der Sicht des Key Account Managements im Außenverhältnis zum Kunden negativ bemerkbar machen kann.

Ein weiteres Problem, das durch die klassischen Abteilungsgrenzen hervorgerufen wird, ist ein erschwerter Informationsaustausch zwischen den Funktionen, verursacht durch die Priorisierung der eigenen Ziele und ein oft anzutreffendes Konkurrenzdenken. Besonders in Konfliktsituationen kommt es leicht zu Informationsverzerrungen, Informationsfilterung und Reduzierung von Information. Der Informationsfluss wird blockiert und es werden nur solche Informationen weitergegeben, die der Stärkung der eigenen Position dienen. Kieser beschreibt die Auswirkung. Alle Bemühungen richten sich darauf, die positiven Aspekte der eigenen Position, des eigenen Lösungsvorschlags und die negativen Aspekte der gegnerischen Lösung hervorzuheben. Überzeichnung der jeweiligen Positionen und Missinterpretationen der gegnerischen Vorschläge sind gebräuchliche, innerhalb jeder Partei als legitim angesehene Manipulationen von Informationen.[1]

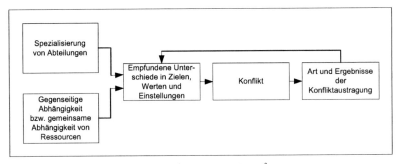

Abbildung 27: Einflussfaktoren von Konflikten zwischen Abteilungen[2]

Die funktionalen Konflikte sind meistens Ausdruck mangelnder Integration und ein fehlendes Verständnis der anderen Funktion. Ein Ansatz zur Verbesserung kann durch eine Zielsetzung, die eine Integration unterstützt, ein prozessorientiertes Denken und durch eine intensivierte Kommunikation erreicht werden. Das Instrument der Job Rotation kann wesentlich zur Verbesserung des Verständnisses der verschiedenen Funktionen beitragen.[3]

---

[1] Vgl. Kieser (1983), S. 445.
[2] Vgl. Kieser (1983), S. 444.
[3] Siehe Kapitel II, Abschnitt 1.8.4.2.

5. Aufgabe des Unternehmens-Managements

Dem gesamten Unternehmens-Management fällt die Aufgabe zu, den gewünschten Stellenwert des Key Account Managements im Unternehmen sichtbar zu machen und in seinem Führungsverhalten zum Ausdruck zu bringen, dass es eine über die reine Vertriebstätigkeit hinausgehende Funktion hat. Der Unternehmens- und Vertriebsleitung obliegt es, die Voraussetzungen und das organisatorische Umfeld zu schaffen, damit das Key Account Management seine Aufgaben erfüllen kann.

Wie in Kapitel III, Abschnitt 2.1 dargestellt, kann das Key Account Management einen erheblichen Beitrag zur Wissensbeschaffung und -verteilung leisten. Sofern das Wissensmanagement im Unternehmen die notwendige Rolle spielt und der entsprechende Beitrag vom Key Account Management gewünscht ist, erfordert dies auch die Unterstützung und Förderung durch das Unternehmens-Management. Nonaka/Takeuchi sehen hier eine Besonderheit in japanischen Unternehmen. Bei diesen wird die Wissensbeschaffung nicht ausschließlich von einer Abteilung oder Expertengruppe getragen, sondern Mitarbeiter, Mittelmanager und Führungskräfte sind in verschiedenen Rollen an diesem Prozess beteiligt und stehen in einer dynamischen Interaktion.[1] Probst nennt als Voraussetzung für eine effiziente Wissensverteilung ein unabdingbares Vertrauensklima, das nicht zuletzt vom Management geschaffen werden muss. Obwohl er die Gestaltungsmöglichkeiten als begrenzt ansieht und es nur langsam aufgebaut werden kann, gibt er zu bedenken, dass dieses durch negative Vorkommnisse schnell und nachhaltig zerstört werden kann.[2]

5.1. Unternehmensführung

Wenn das Key Account Management als Teil der Unternehmensstrategie gesehen wird, ist es im Sinne einer konsequenten Umsetzung zweckmäßig, dass die Initiative für die Implementierung eines Key Account Management Programms von der Unternehmensführung ausgeht.[3] Sie ist für die Schaffung einer Unternehmenskultur zuständig,[4] in der die Rahmenbedingungen und das Verständnis gegeben sind, die für ein erfolgreiches Key Account Management notwendig sind. Zu den wesentlichen Voraussetzungen gehört, dass die Unternehmensführung dessen Bedeutung im Unternehmen sichtbar macht, ihm die nötigen Ressourcen zuordnet, die Unternehmensführung sich als eine Ressource zur Unterstützung des Account Teams in besonderen Situationen (z.B. soziale Kundenkontakte, schwierige Verhandlungen,

---

[1] Vgl. Nonaka/Takeuchi (1997), S. 26; Jürgens (1999), S. 58.
[2] Vgl. Probst et al. (1999), S. 259.
[3] Vgl. Rapp et al. (2002), S .90.
[4] Vgl. Belz et al. (2004); Biesel (2002); Rapp et al. (2002); Schein (1995).

Konfliktsituationen mit dem Kunden und intern) versteht und dass das Key Account Management vor allen Dingen über den Vertrieb hinaus den Stellenwert und die Einflussmöglichkeit in den anderen Funktionen, die beim Kunden agieren, erhält.[1] Starres funktionales Denken ist für das Key Account Management hinderlich. Es ist ein netzwerk- und prozessorientiertes Denken erforderlich.

In einem erfolgreichen Planungsprozess nimmt die Unternehmensführung daran teil, begleitet den Fortschritt und vernachlässigt eine längerfristige Geschäftsentwicklung nicht zugunsten einer kurzfristigen Zielerfüllung oder gibt die langfristige Strategie gar auf.

5.2. Coaching-Aufgabe des Managements

Mit der steigenden Komplexität des Key Account Managements steigen auch die Anforderungen an die Vorgesetzten der Key Account Manager. Sie sind gefordert, durch ein Coaching-Konzept und regelmäßiges Coaching die Key Account Manager bei ihrer Arbeit zu unterstützen, die Entwicklungsschritte zu kontrollieren und bei Abweichungen mit diesen geeignete Maßnahmen zu beschließen. Roehl sieht im Coaching ein sinnvolles und erfolgreiches Konzept, da es den Führungskräften direktes Feedback über die Geschäftsentwicklung und die Kunden gibt, was diesen oftmals fehlt. M.E. ist das Coaching darüber hinaus ein notwendiges Führungsinstrument. Führungskräfte ziehen ihre Informationen häufig nur aus Zahlen, Reports, Konferenzen, Protokollen, Eindrücken, Gesprächen und Notizen, was aber die wirkliche Situation nur begrenzt widerspiegelt.[2] Wenn der Key Account Manager im Coaching-Gespräch erkennt, dass dieses für ihn und seine Arbeit dienlich ist und darüber hinaus eine Vertrauensbasis zum Vorgesetzten besteht, ist der Verfasser überzeugt,[3] dass es dann auch gelingt, ihn zur Reflexion über seine Arbeit und sein Verhalten zu motivieren und die tiefliegenden und „potenziell gefährlichen" Informationen an die Oberfläche zu bringen, Lernprozesse anzuregen und tatsächliche Veränderungen einzuleiten.[4] Rastetter führt dazu aus, dass ein Coaching-Konzept sinnvoll ist, „bei dem explizit Raum für die Thematisierung von emotional sensiblen Ereignissen geschaffen wird, die weniger als Störfaktor denn als normaler Arbeitsinhalt zu gelten haben. Der Manager bietet als Coach und Mentor nicht nur Beratung für Problemfälle, sondern leistet Arbeit am Arbeitsvermögen des Kundenbetreuers."[5] Führungskräfte werden als solche weniger

---

[1] Vgl. Belz et al. (2004), S. 211.
[2] Vgl. Roehl (1999), S. 202.
[3] Auch aus Erfahrung in der Praxis.
[4] Vgl. Argyris (1996), S. 110.
[5] Rastetter (2001), S. 128.

anerkannt, wenn sie hauptsächlich Fachleute sind und sich nur in den Fakten bewegen. Sie sind mehr Moderatoren und Berater der Mitarbeiter.[1]

Der Coaching Prozess ermöglicht einen Wissenstransfer vom Key Account Manager zum Vorgesetzten und umgekehrt. Die Führungskraft kann zwischen den einzelnen Key Account Managern Informationen weiterleiten, die diese wieder zu Ideen und Aktivitäten bei Ihren Kunden anregt; der Vorgesetzte als Coach und „Wissensdrehscheibe". North bezeichnet den Coach als „Katalysator des Wissensmanagements."[2]

---

[1] Vgl. Diebäcker (1996), S. 94.
[2] Vgl. North (1999), S. 245.

III: Key Account Management und Wissensmanagement

1. Wissen in Unternehmen

In Gesellschaft und Unternehmen hat das Wissen bereits heute einen besonderen Stellenwert erlangt und wird zukünftig weiter an Bedeutung gewinnen, was auch an der intensiven Diskussion um die Wissensgesellschaft deutlich wird. In den Unternehmen, darüber sind sich die Autoren heute weitgehend einig, ist die Ressource „Wissen" zu einem bedeutenden, wenn nicht sogar zu dem entscheidenden Faktor geworden.[1] Wissen wird als zusätzlicher Produktionsfaktor neben den traditionellen Faktoren Arbeit, Kapital und Rohstoffe gesehen.[2] Für Probst scheinen die klassischen Produktions-faktoren sogar ausgereizt zu sein[3] und Drucker schreibt: "Das Wissen wird heute immer schneller zum alleinentscheidenden Produktivitätsfaktor und hat das Kapital und die Arbeit längst auf die Erstbank verwiesen."[4]

Wenn Wissen heute für ebenso wichtig oder noch wichtiger für das Unternehmen als die klassischen Faktoren Kapital, Rohstoff und Arbeit angesehen wird, wenn Wissen Gegenstand betrieblicher Leistungserstellung und Voraussetzung zur Verarbeitung von Information und Wissen und somit Basis für neues Wissen ist, hat dies zur Konsequenz, dass Wissen ebenso gemanagt werden muss wie die anderen Faktoren.[5] Dies bezieht sich auf die Wissensgenerierung, -verteilung und -nutzung im Unternehmen und in seinem Umfeld. In den Außenbeziehungen besteht das Wissenskapital aus den wissensspezifischen Komponenten der Beziehungen zu Kunden (Kundenwissen) und deren Märkten, zu Partnern (Kooperationswissen) und zu Konkurrenten (Wissen über Wettbewerber).[6] Die Verknüpfung von Unternehmen und Umfeld ist für Nonaka/Takeuchi die Basis für die ständigen Verbesserungen bei japanischen Wettbewerbern. In den japanischen Unternehmen findet Wissen aus externen Quellen weite Verbreitung in der Organisation, wird Teil der Wissensbasis des Unternehmens und von den Entwicklern neuer Technologien und Produkte genutzt.[7]

---

[1] Vgl. u.a.: Bullinger (2002); Drucker (1993); Mandl/Hense (2004), S. 4; Nonaka/Takeuchi (1997); Pawlowsky (1998); Probst et al. (1999); Reich (1993); Schmiede (1999), S. 136; Willke (1998).
[2] Vgl. Quinn (1995); Willke (2001a).
[3] Probst et al. (1999), S. 17.
[4] Drucker (1993), S. 36.
[5] Vgl. Pawlowsky (1998), S. 13; Schüppel (1996), S. 43; Boch et al. (1997).
[6] Vgl. Willke (2002), S. 130.
[7] Vgl. Nonaka/Takeuchi (1997), S. 16.

1.1. Wissen als Wettbewerbsfaktor[1]

Aus der Fähigkeit eines Unternehmens, Wissen über seine Kunden und deren Märkte zu generieren und es in seine eigene Organisation zu transferieren und zu nutzen, erwachsen Wettbewerbsvorteile. Es gibt daher kaum eine Abhandlung zu dem Thema Wissen in Unternehmen, in der nicht die Bedeutung des Wissens als Wettbewerbsfaktor betont wird.[2] Hansen geht noch einen Schritt weiter.[3] Nach seiner Ansicht sind Unternehmen, die ihre Existenz nicht gefährden wollen, zu gezieltem Wissensmanagement gezwungen. Wie entscheidend spezifisches Wissen für Unternehmen sein kann, stellen Argyris/Schön an den Beispielen General Motors, IBM und Digital Equipment Corporation dar. Diese Unternehmen wurden durch ihre Erfolge Veränderungen gegenüber unsensibel und verharrten in ihren gewohnten Verhaltens-mustern, obwohl diese längst nicht mehr funktionierten. Sie erkannten nicht oder waren nicht in der Lage zu akzeptieren, dass sich das Wettbewerbsumfeld und der Markt grundlegend geändert hatten, wodurch sie in die Verlustzone gerieten oder im Falle Digital Equipment sogar vom Markt verschwanden.[4] Und die Bedeutung des Wissens als Wettbewerbsfaktor, insbesondere am Standort Deutschland, wird weiter zunehmen.[5]

Bei der Fähigkeit eines Unternehmens, Wissen zielgerichtet zu gewinnen, neu zu kombinieren, strukturiert zu transferieren und zu sichern und in Wettbewerbsvorteile umzusetzen, haben der Faktor Zeit und der Wert des Wissens für den Kunden erheblichen Einfluss auf Unternehmens- und Geschäftserfolg. Probst verweist auf den Zeitfaktor, denn einmal erarbeitetes kollektives Wissen kann von Wettbewerbern, auch durch erhöhte Investitionen, nur in begrenztem Maße aufgeholt werden.[6]

1.2. Wissensbedarf

Dies bedeutet, dass Unternehmen einen ausgeprägten Bedarf an Wissen haben und darauf angewiesen sind, dass ihre Mitarbeiter innerhalb des Unternehmens und aus dem Umfeld erstklassige Informationen gewinnen, ausarbeiten und weitergeben.[7] Da ein Großteil des Wissens aus der Beziehung eines Unternehmens mit seiner Umwelt

---

[1] Vgl. Bullinger et al. (1997); Felbert (1998); Nonaka/Takeuchi (1997); Quinn (1995); Reich (1993); Thode (2003), S. 190.
[2] Vgl. u.a. Bullinger (2002); Krogh/Köhne (1998); North (1999); Nonaka/Takeuchi (1997); Pawlowsky (1998); Picot (2003); Schreyögg/Geiger (2003); Wildemann (2003); Willke (2001b).
[3] Vgl. Hansen et al. (1999), S. 85.
[4] Vgl. Argyris/Schön (1999), S. 34;
Digital Equipment hat viel zu spät auf die Marktveränderung von porprietären zu offen Betriebsystemen reagiert.
[5] Bullinger et al. (1997), S. 5.
[6] Vgl. Probst et al. (1999), S. 44; Pawlowsky (1998), S. 13.
[7] Vgl. Argyris (1996), S. 109.

(Märkte, Kunden, Entwicklungen) entsteht, kommt dem Key Account Management hierbei als Grenzstelle der Organisation eine nicht unerhebliche Bedeutung zu.

Der enorme Bedarf an Wissen erfordert, dass die Akteure aufgrund von Hinweisen, Anforderungen und ihrer Erfahrung bei der Wissensauswahl erkennen, was relevantes und zukünftig wertvolles Wissen für das Unternehmen darstellt, und dass sich das Management konsequent der Wissensgenerierung, -verteilung und -verwertung annimmt, um das gewonnene Wissen im Unternehmen zielgerichtet zur Verfügung stellen zu können.

1.3. Die Bedeutung des Wissensmanagements in der IT-Industrie

Für Willke ist organisationales Wissensmanagement aber nur dort bedeutsam und entscheidend, wo es ein kritischer Faktor der Wertschöpfung ist, es also um anspruchsvolle, aufwändige und wissensbasierte Produkte und Dienstleistungen geht.[1] Die IT-Industrie zählt anerkanntermaßen zu den wissensintensiven Industrien, in denen die Entmaterialisierung des Wertschöpfungsprozesses sehr weit fortgeschritten ist. Der Dienstleistungsanteil am Gesamtumsatz ist heute bei vielen Unternehmen größer als der Umsatz mit Produkten, die in Fabriken mit hohem Einsatz der traditionellen Faktoren erzeugt werden. Die meisten Firmen in der IT-Branche besitzen in Deutschland keine Produktion, d.h. sie sind hier weitgehend Vertriebsorganisationen, die die Produkte beziehen und deren Erfolge weitgehend davon abhängen, welchen Nutzen sie mit ihren Produkten und ihrem Wissen für ihre Kunden als kompetenter Lösungsanbieter erzeugen können. Aus diesen Außenbeziehungen sammelt ein Unternehmen Wissenskapital an, das in den wissensspezifischen Komponenten der Beziehungen zu Kunden (Kundenwissen) verkörpert ist.[2] Einen wesentlichen Beitrag hierzu kann das Key Account Management Team liefern, das sich bei den Key Accounts und im Markt bewegt.

Ein qualifiziertes Wissensmanagement ist vor allem in der schnelllebigen Informations- und Kommunikationsindustrie mit ihren zum Teil extrem kurzen Produkt- und Innovationszyklen evident, denn Entscheidungen, die relativ weit in die Zukunft gerichtet und mit erheblichen Investitionsrisiken verbunden sind, sind durch alle verfügbaren Informationen, Kenntnisse und Wissen optimal abzusichern.[3]

Damit Wissensmanagement gelingt und für das Unternehmen Nutzen erzeugt, sind aufwändige Voraussetzungen zu schaffen, die einen hohen finanziellen Einsatz bedingen. Die Unternehmen müssen sich bewusst machen, dass sich die Kosten hierfür

---

[1] Vgl. Willke (2001b), S. 70.
[2] Vgl. Willke (2001b), S. 103.
[3] Vgl. Görner (1998), S. 171.

nicht sofort amortisieren und die Ergebnisse erst später spürbar werden. Diese Zukunftsinvestition erfordert eine längerfristig orientierte, strategische Sichtweise „und eine Vision der Organisation, die über den Tellerrand der tayloristischen Industriegesellschaft hinausgeht."[1]

1.4. Daten/Informationen/Wissen

Die Begriffe Daten, Informationen und Wissen werden im allgemeinen Sprachgebrauch und in vielen Veröffentlichungen nur selten differenziert und deshalb häufig ausgetauscht oder gar gleichgesetzt.[2] Für Kocyba wird zwar inzwischen in der Literatur zwischen Wissen und Information unterschieden; angesichts der Mehrdeutigkeiten in der Verwendung des Wissens- wie des Informationsbegriffs sieht er jedoch noch nicht, dass bereits eine Klärung erreicht worden wäre.[3] Willke aber fordert eine klare Unterscheidung zwischen Daten, Informationen und Wissen, weil aus seiner Sicht das Wissensmanagement ohne diese Differenzierung zum Scheitern verurteilt ist.[4] Diesem Ansatz Willkes wird hier gefolgt. Die Begriffe Daten, Informationen und Wissen werden so weit definiert und abgegrenzt, wie es für die Darstellung des Wissensmanagements und der Rolle, die das Key Account Management dabei übernehmen kann, notwendig ist.

1.4.1. Daten

Durch Syntaxregeln werden Zeichen zu Daten. Sie sind Symbole, die noch nicht in irgendeiner Form interpretiert sind.[5] Sie sind expliziter Natur und bilden den Ausgangspunkt von Wissen.[6] Daten liegen kodiert vor, und nur sie sind speicherungsfähig. Nach Willke gibt es drei Möglichkeiten der Kodierung: Zahlen, Sprache/Text, Bilder.[7]

1.4.2. Informationen

Daten werden zu Informationen, wenn sie gemessen, geordnet strukturiert und in den Kontext eines Systemzusammenhangs gestellt werden.[8] Nach Schmiede ist die Information „ein Resultat einer Handlung, die die in der Information abgebildete

---

[1] Willke (2001b), S. 36.
[2] Vgl. Felbert (1998), S. 121; Thiel (2002), S. 14.
[3] Vgl. Kocyba (1999), S. 95.
[4] Vgl. Willke (2001b), S. 18; ähnlich auch Probst et al. (1999); S. 36.
[5] Vgl. Probst et al. (1999), S. 36.
[6] Vgl. ILOI (1997), S. 1 f.; Felbert (1998), S. 122.
[7] Vgl. Willke (2001b), S. 7.
[8] Vgl. Felbert (1998), S. 122; Schmiede (1992), S. 55.

Tatsache erst bildet, sie gestaltet und formt."[1] „Informationen sind die auf die Manipulation der Sachverhalte gerichtete Formveränderung gedanklicher Inhalte, die generelles Charakteristikum und Ergebnis der Durchsetzung formaler Rationalität ist."[2] Die Umwandlung beruht auf der Basis von Erfahrung und vorhandenem Wissen und stellt durch die Isolierung der Randbedingungen eindeutig konditionale Aussagen dar.[3]

Der Wert einer Information besteht nicht an sich, sondern lässt sich nur system- und situationsspezifisch bestimmen, da aus Daten Informationen erst durch Einbindung in einen Kontext von Relevanzen werden, die für ein bestimmtes System gelten.[4] Für Willke ist „eine Information (..) nur dann konstituiert, wenn ein beobachtendes System über Relevanzkriterien verfügt und einem Datum eine spezifische Relevanz zuschreibt."[5]

Wenn man dies auf das Key Account Management überträgt, muss sowohl der Key Account Manager als auch das Account Team über Kriterien verfügen, die es ihnen ermöglichen zu entscheiden, welche Daten für ihre Aufgabe und das Unternehmen relevant sind und wie hoch deren Bedeutung ist. Im Sinne von Willke stellen das Account Team und der Key Account Manager das „systemische Relevanzfilter" dar.[6]

1.4.3. Wissen

Informationen stellen das Rohmaterial für die Bildung von Wissen dar.[7] Es entsteht durch die Verwendung, Manipulation und Erzeugung von Informationen,[8] allerdings nur, wenn man die Information auf seinen eigenen Erfahrungshintergrund beziehen kann, d.h., wenn solche Informationen in bestimmte Erfahrungskontexte eingebunden werden können. Willke definiert Wissen als in Erfahrung eingebettete Informationen.[9] Wissen entsteht für ihn, „wenn Informationen (erstmalig) zu einem Erfahrungskontext zusammengefügt werden und wenn Informationen sich in einem bestehenden Erfahrungskontext einfügen und in Auseinandersetzung mit diesem Kontext einpassen lassen."[10] Wissen ist also mehr als Information, weil es subjektive intellektuelle Leistungen mit einschließt.[11]

[1] Schmiede (1992), S. 55.
[2] Schmiede (1992), S. 57.
[3] Vgl. Schmiede (1992), S. 63.
[4] Vgl. Willke (2001b), S. 8, 10.
[5] Willke (2001b), S. 8.
[6] Vgl. Willke (2002), S. 16.
[7] Vgl. Thiel (2002), S. 15; Nonaka/Takeuchi (1997), S. 70.
[8] Vgl. Schmiede (1992), S. 60.
[9] Vgl. Willke (2001b), S. 12
Im Rahmen dieser Arbeit kann nicht auf die verschiedenen Definitionen von Wissen eingegangen werden.
[10] Willke (2002), S. 15.
[11] Vgl. Schmiede (1999), S. 135.

Für Picot ist Wissen „daher sehr personen- und organisationsbezogen, während sich Informationen auch losgelöst von Personen interpretieren und verarbeiten lassen."[1] Wissen unterscheidet sich zu Daten und Information durch einen Sinngebungsprozess, normative und emotionale Elemente und durch Kontext- als auch Zeitabhängigkeit.[2]

Die Umsetzung der Daten in Information und Wissen geschieht im Wesentlichen durch eine Interpretationsleistung, das heißt durch eine Einordnung der zahlreichen Daten in den Kontext der Geschäftstätigkeit.[3] Willke spricht von systemisch relevantem Wissen.[4] Informationen werden in den einzelnen Abteilungen durch die Fachkompetenz zu Wissen.

Als Übersicht und Zusammenfassung der Zusammenhänge von Daten, Informationen und Wissen dient die Darstellung von Willke in Abbildung 28.

	Daten	Information	Wissen
Basis-operation	Codierte Beobachtungen	Sytemisch relevante Daten	Einbau von Informationen in Erfahrungs-kontexte
Restrik-tionen	Zahlen Sprache/Texte Bilder	Information ist systemrelevant	Gemeinsame Praxis ,community of practice'
Heraus-forderung	Innovative hybride Formen	Informations-austausch	Wissens-transfer

Abbildung 28: Merkmale der Grundbegriffe[5]

Eine weitere Unterscheidung von Wissen ist für das Key Account Management relevant, nämlich die Unterscheidung in internes und externes Wissen. Externes Wissen geht über die Unternehmensgrenzen hinaus und bindet in den Wissenstransfer den Kunden, seine Märkte und die Umwelt mit ein.

1.4.4. Wissen und Subjekt

Wissen ist stets an das Subjekt gebunden. Schmiede führt dazu aus: „Aktives und damit praktisch relevantes Wissen selbst bleibt (..) unlösbar an das lernende, wissens-verarbeitende und wissende Subjekt gebunden. Es gibt keine Wissensbestände, die nicht durch den Kopf des denkenden Subjekts vermittelt sind; ohne die Bearbeitung durch diese bleiben sie totes Material. (...) Der Umgang mit den außerhalb der Person

---

[1] Picot et al. (2003), S. 118.
[2] Vgl. Wildemann (2003), S. 3; Nonaka/Takeuchi (1997), S. 71.
[3] Vgl. Probst et al. (1999), S. 37.
[4] Vgl. Willke (2001b), S. 37.
[5] Willke (2001b), S. 13.

liegenden Informations- und Wissensbeständen, also aus Information Wissen zu machen und Wissen mit Praxis zu verbinden, bleibt eine vom Subjekt nicht ablösbare intellektuelle Leistung."[1] Das Subjekt selektiert Informationen und transformiert diese unter Einflussnahme seines Blickwinkels und seiner Erfahrung in Wissen. Für Kocyba ist Wissen immer nur Wissen der Wissenssubjekte.[2]

Das Wissen hängt somit von Erfahrungshintergründen oder internen Kontexten der Wissensträger ab und entsteht dynamisch aus sozialer Interaktion.[3] Böhle stellt heraus, dass sich Erfahrungswissen weder auf ein bloßes Ausführungswissen oder Routine noch auf Alltagswissen beschränkt, sondern ein wesentlicher und unverzichtbarer Bestandteil menschlichen Wissens ist.[4]

Es ist Teil des Key Account Managements, bei den Kunden Geschäftschancen zu erkennen, diese zu nutzen und die gewonnenen Informationen an das Unternehmen zurück zu übertragen. Dazu gehören Produktkenntnisse, Lösungsmöglichkeiten, Kenntnisse über die Märkte des Kunden und dessen strategischer Ausrichtung.

Wenn man nun den Zusammenhang zwischen Wissensgenerierung und Erfahrungshintergrund auf das Key Account Management überträgt, stellt sich die Frage, was Key Account Manager und Account Team zur Wissensgenerierung beitragen können und in letzter Konsequenz, wie sich dies auf Struktur und Umsetzung des Key Account Managements auswirkt. Es ist weiter zu untersuchen, wie dieses Wissen weitergegeben werden kann.

1.5. Informationsbedarf

Folgt man Picot, wird unter Informationsbedarf im Allgemeinen die Art, Menge und Beschaffenheit von Informationen verstanden, die ein Individuum oder eine Gruppe zur Erfüllung einer Aufgabe benötigt.[5] Für ein Unternehmen sind Informationen, die sich auf neuartige Entwicklungen in der Umwelt und auf Veränderungen in den Märkten und bei den Kunden beziehen, besonders wertvoll. Hier hat das Key Account Management als Grenzstelle zwischen Unternehmen und Umwelt nicht selten die Funktion einer „Informationsdrehscheibe" zu übernehmen. Die zentrale Aufgabe für das Key Account Management besteht allerdings darin, die Bedürfnisse seines Kunden zu erarbeiten, seine Strategien und Entscheidungsstrukturen zu analysieren und seine Kaufkriterien zu erkennen.

---

[1] Schmiede (1999), S. 144.
[2] Vgl. Kocyba (1999), S. 94; siehe auch u.a. Konrad/Schumm (1999), S. 11; Nonaka/Takeuchi (1997); Picot et al. (2003).
[3] Vgl. Nonaka/Takeuchi (1997), S. 71.
[4] Vgl. Böhle (1992), S. 91; Schüppel (1996), S. 59.
[5] Vgl. Picot (1988) entnommen aus Krcmar (2003), S. 56.

Heute kann man im Allgemeinen nicht von einem Informationsmangel sprechen, sondern eher von einer Überflutung. Es gilt daher die richtigen Informationen zur richtigen Zeit zu erhalten, also die für das Unternehmen relevanten und wichtigen Informationen zu selektieren.

Welche Bedeutung diese Informationen für ein Unternehmen haben, stellt Picot dar, der der Ansicht ist, dass „erfolgreiches Unternehmertum letztlich auf Informationsvorsprüngen beruht."[1]

1.5.1. Relevante Informationen

Wenn wir von relevanten Informationen im Rahmen des Key Account Managements sprechen, sind im Wesentlichen drei Aspekte zu betrachten: Welches sind für das Key Account Management und das Unternehmen relevante Informationen, die beim Umgang mit dem Kunden und dessen Umwelt vorhanden sind und entstehen und welche Voraussetzungen müssen gegeben sein, um sie als solche zu erkennen? Zusätzlich gilt es, die Informationen zur Vermeidung einer Informationsflut zu filtern, d.h. die wertvollen von den wertlosen Informationen zu trennen.

Die für das Key Account Management und das Unternehmen relevanten Informationen beziehen sich schwerpunktmäßig auf die Realisierung der mittel- und langfristigen Zielvorgaben, die Geschäftätigkeit des Kunden, Produktentwicklungen, eintretende Veränderungen, die Richtung, in die sich der Kunde entwickelt oder er sich nach seiner Meinung entwickeln möchte, dessen Märkte und den Wettbewerb.

1.5.1.1. Erkennen und Aufnahme von relevanten Informationen

Tack[2] beschreibt den Menschen als ein "informationsverarbeitendes System", das Informationen aufnimmt, speichert, verarbeitet und produziert, und das dabei sein Wissen nutzt und Ziele verfolgt. Erkennen und Interpretation von Informationen als relevant hängen vom Erfahrungswissen und der Einstellung des Einzelnen und von Relevanzkriterien ab.[3] Nach Willke entsteht Wissen durch Einbindung von Informationen in bedeutsame Erfahrungsmuster, er bezeichnet es als den zweiten Kontext von Relevanzen.[4] Voraussetzung für ihn ist hierbei, dass die Organisation über eigenständige, systemisch übergreifende Beobachtungsregeln und Relevanzkriterien für die Bewertung von Daten und mithin für die Konstruktion von Informationen verfügt, um aus der Datenflut systemspezifisch relevante Informationen generieren zu können,

---

[1] Picot et al. (2003), S. 60.
[2] Vgl. Tack (1990), S. 23.
[3] Vgl. Thode (2003), S. 68; Willke (2001b), S. 11.
[4] Vgl. Willke (2001b), S. 11.

die auf die Strategien und Ziele der Organisation im Kontext ihrer relevanten Umwelten bezogen sind.[1]

Die aufgenommenen Informationen erweitern und verändern das vorhandene subjektive Wissen. Dieser Prozess wird also immer von dem individuellen Wissen, den Werten und den Einstellungen des Wissensträgers beeinflusst (Abbildung 29).

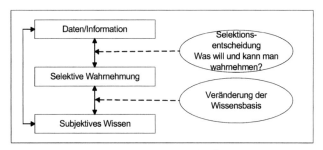

Abbildung 29: Basis: Relevante Informationen - Wissen[2]

Picot beschreibt den Aufbau von Wissen. Es „geschieht schrittweise durch die Assimilation neuer Informationen und Erfahrungen an vorhandenen Wissen sowie durch die Akkomodation des vorhandenen Wissens an neue und aufgrund mangelnder Fassung nicht assimilierbarer Sachverhalte. Daher können neue Informationen nur assimiliert werden, wenn Anknüpfungspunkte an das vorhandene Wissen bestehen. Fehlen solche Anknüpfungspunkte, wird eine neue potentielle Information nicht verstanden werden."[3]

Übertragen auf den Key Account Manager heißt dies, dass er nur solche Informationen aufnehmen kann, die aufgrund seines individuellen Wissens für ihn erkennbar sind.

Er nimmt also nur das wahr, wofür er „Sensoren" hat,[4] es sei denn, dass er ausdrücklich auf etwas hingewiesen wurde. Im Umkehrschluss bedeutet dies, dass relevante Informationen verloren gehen, wenn das spezifisch notwendige Wissen nicht vorhanden ist. Ein Key Account Manager kann kaum Informationen z.B. zu Produktthemen, zukünftigen Lösungen, wirtschaftlichen und technischen Entwicklungen und Finanz-themen erkennen, wenn er darüber keine spezifischen Kenntnisse oder gar Fachwissen besitzt oder nicht tiefer in der Materie steht.

Aufgrund des sehr breiten Aufgabenspektrums des Key Account Managers und der Notwendigkeit eines Wissens über viele Funktionen hinweg wird hier die Frage gestellt,

---

[1] Vgl. Willke (2001b), S. 34.
[2] Nach Schüppel (1996), S. 57.
[3] Picot et al. (2003), S. 86.
[4] Vgl. Willke (2002), S .15 – Fußnote 14; Schüppel (1996), S. 56.

ob ein qualifiziertes Key Account Management bei komplexen Kunden durch eine Person alleine bewerkstelligen werden kann oder ob nicht ein Team sinnvoller oder sogar notwendig ist. Nicht nur diese, sondern auch weitere Überlegungen sprechen für ein Team. Da die Informationsauswahl davon beeinflusst wird, was erkannt und für relevant gehalten wird, können Personen, Teams, Abteilungen, Organisationen etc. völlig unterschiedliche Informationen ableiten. Auch hängt die Qualität der Informationen unmittelbar von den Fähigkeiten der generierenden und übermittelnden Subjekte ab.

Erst wenn die Daten und Informationen als unternehmensrelevant wahrgenommen wurden, können diese dann in der nächsten Stufe gewichtet (relevant, nicht relevant) und bewertet (sehr wichtig für mein Unternehmen bis unwichtig) werden, wobei sich der „Wert" einer Information nur system- und situationsspezifisch bestimmen lässt.[1]

Luhmann weist mit Recht darauf hin, dass den Grenzstellen, die die Umwelt für das System interpretieren, sichten und sieben und sie in eine Sprache bringen, die im System verstanden und akzeptiert wird, eine besondere Verantwortung zukommt.[2] Diese Aussage ist sicherlich auch auf die Aufgabe des Key Account Managements in Bezug auf die Informationsbeschaffung und Weiterleitung übertragbar.

Der Key Account Manager filtert die Informationen, die er wahrnimmt, auch nach Eigeninteresse, Taktik und Erfahrung. Diese Auswahl kann zu Selektionsfehlern führen, was Auswirkungen auf die Qualität der Informationen und nicht selten direkte und indirekte Kosten zur Folge hat.[3]

Der Key Account Manager steht zwei Gefahren gegenüber: Zum einen mit Anforderungen an sein Wissen konfrontiert zu sein, die er nicht erfüllen kann; zum anderen darf man nicht außer acht lassen, dass ein Kunde auch Eigeninteressen vertritt und durch das zur Verfügung stellen und die Art und die Auswahl der Informationen gezielt Einfluss auf seinen Lieferanten ausüben will.

1.5.1.2. Unternehmensvision

Eine weitere Voraussetzung, um die Bedeutung einer Information für das Unternehmen erkennen zu können, ist die Kenntnis der zukünftigen Entwicklungsrichtung, die Vision und die daraus abgeleitete Strategie des eigenen Unternehmens. Für Nonaka/Takeuchi bildet die Unternehmensintention das wichtigste Kriterium zur Beurteilung eines bestimmten Wissens. „Ohne Intention könnte man den Wert von wahrgenommenen

---

[1] Vgl. Willke (2001b), S. 10.
[2] Vgl. Luhmann (1964), S. 224.
[3] Vgl. Tacke (1997), S. 23.

oder geschaffenen Informationen und Kenntnissen nicht erfassen."[1] Für einen Key Account Manager ist diese Kenntnis darüber hinaus wichtig, um seinen Key Account bei seiner Geschäftsentwicklung unterstützen und qualifizierte Gespräche auf höheren Hierarchieebenen, wozu auch Strategiegespräche gehören, führen zu können. Ein wesentliches Element des Key Account Managements im Vergleich zum Standardvertrieb ist gerade seine strategische Ausrichtung.

1.6. Wissensmanagement

Durch ein aktives, zielgerichtetes Wissensmanagement gilt es, alle relevanten Wissenspotenziale eines Unternehmens auszuschöpfen, neues Wissen zu generieren und dieses und bestehendes Wissen anderen Personen, vornehmlich im eigenen Unternehmen, aber auch dem Kunden, zur Verfügung zu stellen. Ziel des Wissensmanagements ist also eine bessere Nutzung der im Unternehmen vorhandenen Wissensarten und -quellen, wobei eine wichtige Quelle das Key Account Management als Grenzstelle zu Kunden und Märkten darstellt. Das vorhandene Wissen wird gemeinsam mit dem neu generierten Wissen für eine kundenorientierte und erfolgreiche Unternehmensführung genutzt.[2] Willke ist der Ansicht, mit den Möglichkeiten des Wissensmanagements ungeahnte Produktivitäts- und Innovationsreserven entdecken zu können.[3] Dafür ist es zwingend notwendig, nicht nur vorhandenes Wissen zu nutzen, sondern Wissensressourcen systematisch zu identifizieren, den Austausch und die Verknüpfung dieser Ressourcen zur Generierung neuen Wissens sicherzustellen, Handlungsroutinen entsprechend der neu gewonnenen Einsichten und Erkenntnisse zu verändern und die Prozesse zu überwachen.[4] Schüppel sieht als Ergebnis der Ausschöpfung aller relevanten Wissenspotenziale und der Optimierung des Wissensflusses entlang der Kernprozesse einer Organisation einen dauerhaften und schwer kopierbaren Wettbewerbsvorteil.[5] Für Willke liegen im Wissensmanagement und im „time to market" die Zauberformeln eines Wettbewerbes.[6]

Als eine exemplarische Definition des Wissensmanagements wird die Definition von Willke angeführt: „Wissensmanagement meint die Gesamtheit organisationaler Strategien zur Schaffung einer »intelligenten« Organisation."[7] Er versteht Wissensmanagement „als interne Leistung einer wissensbasierten Organisation, die auf

---

[1] Nonaka/Takeuchi (1997), S. 89.
[2] Vgl. Wildemann (2003), S. 5.
[3] Vgl. Willke (1998), S. 167.
[4] Vgl. Pawlowsky (1998), S. 15.
[5] Vgl. Schüppel (1996), S. 191, betriebswirtschaftliche Definition.
[6] Vgl. Willke (2002), S. 72.
[7] Willke (2001b), S. 39 weiter Definitionen: u.a. Bullinger (2002), S. 1; Felbert (1998), S.123 entnommen aus: Thiel (2002), S. 26; Probst et al. (1999), S. 47.

alle anderen Prozesse und damit auf die Produkte und Dienstleistungen ausstrahlt, mit denen die Organisation ihre Existenz rechtfertigt."[1]

In Wissenschaft und Praxis wird die Bedeutung von Wissen für Unternehmen und deren wirtschaftlichen Erfolg gesehen und das Management von Wissen damit in den Vordergrund gerückt.[2] Bullinger/Prieto zitieren eine Untersuchung, nach der die Unternehmen die Relevanz von Wissensmanagement für den Standort Deutschland sehr hoch bewerten. Danach halten 96 Prozent der Befragten die Thematik für wichtig bzw. besonders wichtig.[3] Folgt man Willke, muss das Interesse von Unternehmen am Wissensmanagement aus der Erkenntnis resultieren, dass sie es sich wegen der Sensibilität für die Kosten und dem Nutzen von Informationen, Wissen und Expertise nicht mehr leisten können, das vorhandene Wissen ungenutzt zu lassen und das erforderliche Wissen nicht zu generieren.[4]

Bedeutung und Wichtigkeit des Wissensmanagements sind weitgehend anerkannt. Ein Aspekt dieser Arbeit ist aufzuzeigen, welchen Beitrag das Key Account Management innerhalb des Wissensmanagements für das Unternehmen leisten kann und zu untersuchen, wie dies in der Praxis realisiert wird.

Zur Strukturierung des Themas folgen die Ausführungen dem Modell von Probst anhand der einzelnen Bausteine des Wissensmanagements und behandeln diese unter dem Aspekt des Key Account Managements.[5]

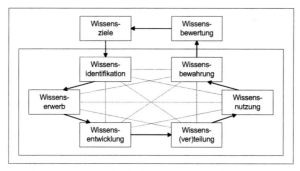

Abbildung 30: Probst Bausteine des Wissensmanagements[6]

---

[1] Willke (2001b), S. 81.
[2] Vgl. Schreyögg/Geiger (2003), S. 3.
[3] Vgl. Bullinger/Prieto (1998), S. 94.
[4] Vgl. Willke (2001b), S. 27.
[5] Vgl. Probst (1999), S. 58 Ziel dieser Arbeit ist es nicht, die verschiedenen Modelle zu dem Thema Wissensmanagement gegenüber zu stellen und zu werten. Dies würde den Rahmen der Arbeit sprengen.
[6] Probst (1999), S. 58.

Ein äußerer Kreislauf mit den Elementen Zielsetzung, Umsetzung und Messung bildet einen traditionellen Managementprozess ab, der die strategischen Aspekte im Wissensmanagement sowie die Bedeutung eindeutiger und konkreter Zielsetzungen verdeutlicht. Der innere Kreislauf besteht aus den Bausteinen Wissensidentifikation, Wissenserwerb, Wissensentwicklung, Wissens(ver)teilung, Wissensnutzung und Wissensbewahrung, die als operative Aufgaben des Wissensmanagements verstanden werden können.[1]

1.6.1. Wissensidentifikation

Ein Teil der Wissensidentifikation liegt in der systematischen Erhellung des relevanten Wissensumfeldes einer Organisation. Informationen beziehen sich auf neuartige Entwicklungen in der Umwelt, von denen die Organisation noch nichts weiß oder die bestehendes Wissen ergänzen.[2] Ziel der Wissensidentifikation ist die Schaffung einer Wissenstransparenz, damit der Einzelne in der Organisation eine bessere Orientierung und einen besseren Zugriff auf das externe Wissensumfeld erhält.[3]

Zu den externen Wissensquellen zählen Kunden und deren Umfeld, die über Kompetenzen und Informationen verfügen, die im eigenen Unternehmen nicht notwendigerweise vorhanden sind.[4] Das Key Account Management hat im allgemeinen Zugang zu diesen Wissensträgern und kann dort neues Wissen identifizieren, das für das Key Account Management im engeren Sinn und darüber hinaus auch für das gesamte Unternehmen von Bedeutung ist. Tacke weist dezidiert auf die Aufgabe der Grenzstelle hin, neue Informationen über die Umwelt für die Organisation zu gewinnen.[5]

Voraussetzung hierfür ist jedoch, dass den Mitarbeitern eine klare Zielrichtung vorgegeben wird. Sie benötigen ausreichende Kenntnisse über Visionen und Ziele des eigenen Unternehmens, um die Relevanz der Informationen erkennen und Unwichtiges ausfiltern zu können.[6]

Das wichtigste Ziel für das Key Account Management ist die Identifikation der Bedürfnisse seines Kunden, wobei Nonaka/Takeuchi externalisierte und implizite Bedürfnisse unterscheiden. Der Key Account Manager und/oder das Account Team müssen dem Kunden auf der Basis ihres Wissens (z.B. Technologievorsprung) helfen, implizite Bedürfnisse zu externalisieren, um einen konkreten Lösungsvorschlag unterbreiten zu können. Nonaka/Takeuchi verweisen besonders auf Kunden, die ihre impliziten

---

[1] Vgl. Probst (1999); Bullinger (1998); Roehl (2000); Schüppel (1996).
[2] Vgl. Probst et al. (1999), S. 105; Tacke (1997), S. 27.
[3] Vgl. Probst et al. (1999), S. 106.
[4] Vgl. Probst et al. (1999), S. 131.
[5] Vgl. Tacke (1997), S. 27.
[6] Siehe Kapitel III, Abschnitt 1.5.1.2.

Bedürfnisse sehr gut externalisieren können. Sie sind der Ansicht, dass diejenigen, die das Wissen dieser kleinen Gruppe kreativer Kunden mobilisieren, sich ein Vorsprung in der Wissensbeschaffung sichern können.[1]

1.6.2. Wissenserwerb[2]

Unternehmen importieren einen wesentlichen Teil ihres Wissens von außerhalb des Unternehmens. Als Quellen dienen z.b. der Erwerb von Wissensprodukten oder Experten, der Kauf von anderen Unternehmen und die Nutzung des Wissens von Lieferanten oder Kunden. Im Rahmen dieser Arbeit ist vor allem die Beziehung zwischen Kunde und Lieferant von Interesse, zumal in den Beziehungen zu Kunden ein erhebliches und sehr oft nur mangelhaft ausgeschöpftes Potenzial liegt.[3] Im Rahmen des Wissensmanagements sind nicht nur das Wissen über die Key Accounts, sondern auch deren Ideen und Kenntnisse von Bedeutung. Auch Probst sieht in den Kundenideen heute die größte Innovationsquelle für die Unternehmen der verarbeitenden Industrie.[4] Dieses Wissenspotenzial kann durch ein qualifiziertes Key Account Management nutzbar gemacht werden.

Als Informationsquellen beim Key Account bieten sich vor allem die Führungskräfte und Mitarbeiter, aber auch eigene Verkaufsdaten, Veröffentlichungen des Kunden, Anlageempfehlungen bei veröffentlichungspflichtigen Kunden, Fachpresse und Medien an.[5]

Der Key Account Manager generiert Kundenwissen und wird durch die Gewinnung dieses Wissens Experte in seinem Unternehmen. Er kann aber nur ein bestimmtes Wissen abhängig von seinem Erfahrungshintergrund erzeugen und vermitteln. Folgt man Nonaka/Takeuchi, bedeutet die Schaffung von Wissen im externen Kontext nicht nur die Verarbeitung objektiver Informationen sondern darüber hinaus auch die Mobilisierung des impliziten Wissens durch soziale Interaktion.[6]

Dem Unternehmen obliegt es, die Voraussetzungen zu schaffen, um das erforderliche Wissen zu erhalten. Wesentliche Faktoren hierbei sind die Qualifikation des Key Account Managers und die Zusammensetzung des Account Teams, die von den Zielsetzungen des Unternehmens beeinflusst werden.[7]

---

[1] Vgl. Nonaka/Takeuchi (1997), S. 265.
[2] Vgl. Bullinger(2002), S. 19; Probst et al. (1999); S. 54; Bullinger spricht in diesem Zusammenhang von Wissensakquisition; Krogh/Köhne (1998), S. 238 sprechen von Wissensinitiierung.
[3] Vgl. Probst et al. (1999), S. 54.
[4] Vgl. Probst et al. (1999), S. 166.
[5] Vgl. Miller/Heiman (1991), S. 72 f.
[6] Vgl. Nonaka/Takeuchi (1997), S. 264.
[7] Manche Branchen bevorzugen z.b. Vertriebsingenieure, die tiefe Produktkenntnisse haben. Hier entsteht häufig das Problem, dass dann die Vertriebs- und Management-Komponente zu schwach ausgeprägt sind.

1.6.3. Wissensentwicklung

Probst beschreibt Wissensentwicklung als einen komplementären Baustein zum Wissenserwerb, bei dem die Produktion neuer Fähigkeiten, neuer Produkte, besserer Ideen, leistungsfähigerer Prozesse und die Frage, wie bringe ich das Wissen an den richtigen Ort, im Mittelpunkt stehen.[1] Die klassischen Bereiche für Wissensentwicklungsaktivitäten sind Forschung und Entwicklung und der Bereich Marketing. Relevantes Wissen kann aber auch in allen anderen Bereichen des Unternehmens entstehen.[2] Besonders, wenn es sich um externes Wissen von und über die Kunden und deren Bedürfnissen handelt, können der Key Account Manager und das Account Management Team zum Aufbau von Unternehmenswissen einen erheblichen Beitrag leisten.

1.6.3.1. Wissensschaffung

Unter der Schaffung von Unternehmenswissen verstehen Nonaka/Takeuchi „die Fähigkeit eines Unternehmens, Wissen zu erzeugen, es in der ganzen Organisation zu verbreiten und ihm in Produkten, Dienstleistungen und Systemen Ausdruck zu verleihen."[3] Dies umfasst im Wesentlichen die Bausteine Wissenserzeugung, -verteilung und -entwicklung des Modells von Probst.

Eine Quelle für die Wissensschaffung ist der intensive Austausch zwischen Kunden und Lieferant, zwischen „Innen und Außen". Dieser Austausch liefert ständige Innovationen und führt durch eine konsequente Umsetzung letztendlich zu Wettbewerbsvorteilen.[4]

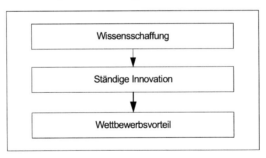

Abbildung 31: Wettbewerbsvorteile

---

[1] Vgl. Probst et al. (1999), S. 54.
[2] Vgl. Probst et al. (1999), S. 55.
[3] Nonaka/Takeuchi (1997), S. 13; Sie entwickeln ein integriertes Fünf-Phasen-Modell zur Wissensschaffung. Vgl. S. 99 ff. Den Erfolg japanischer Unternehmen führen sie auf die besondere Geschicklichkeit zurück, Unternehmenswissen zu schaffen.
[4] Vgl. Nonaka/Takeuchi (1997), S. 16.

Folgt man Nonaka/Takeuchi, setzt sich die Wissensschaffung im Unternehmen aus zwei Hauptelementen zusammen: Die Interaktionsformen von Wissen, explizites und implizites Wissen, und den drei Ebenen der Wissensschaffung: Individuelle Ebene, Gruppen- und Organisationsebene.[1] Der Schlüssel zur Wissensschaffung liegt für sie dabei in der Mobilisierung und Umwandlung von implizitem Wissen.[2]

1.6.3.2. Wissensumwandlung implizit/explizit

Nonaka greift in seinem Modell der Wissensschaffung („organzational knowledge creation") die Unterscheidung von implizitem („tacit") und explizitem („explicit") Wissen von Michael Polanyi auf und interessiert sich vorrangig für die Übergänge zwischen diesen beiden Typen des Wissens einerseits und zwischen personalem und organisationalem Wissen andererseits.[3] Wissen wird danach durch eine Interaktion zwischen implizitem und explizitem Wissen geschaffen und erweitert.[4] Eine wissensbasierte Organisation generiert dann innovatives Wissen, wenn sie die schwierigen und voraussetzungsreichen Übergänge zwischen explizitem und implizitem Wissen in „routinisierte organisationale" Prozesse fasst, durch die individuelles Wissen artikuliert und externalisiert wird.[5] Auch Pawlowsky betont die Schaffung von strukturellen und prozessualen Voraussetzungen als eine zentrale Aufgabe für die Phase der Wissensschaffung.[6]

Nonaka/Takeuchi beschreiben explizites Wissen als Wissen, das problemlos von einem Subjekt zum anderen weitergegeben werden kann, da es sich formal, d.h. in grammatischen Sätzen, mathematischen Ausdrücken, technischen Daten, Handbüchern und dergleichen artikulieren lässt. Es ist beschreibbar, formalisierbar, zeitlich stabil und kann in Dokumentationen, Datenbanken, Produktbeschreibungen, Formeln, aber auch in Systemen, Prozessen oder Technologien angelegt werden und ist somit nicht an ein Subjekt gebunden.[7] Neben Fakten und Regeln umfasst es aber auch dokumentierte Erfahrungen und ist nach bestimmten Konstruktionsregeln reproduzierbar.[8] Nur wenn es gelingt, den für das Wissen konstitutiven Erfahrungskontext in der Repräsentation auszudrücken und transferierbar zu machen, ermöglicht explizites Wissen die

---

[1] Vgl. Nonaka/Takeuchi (1997), S. 9.
[2] Vgl. Nonaka/Takeuchi (1997), S. 68.
[3] Vgl. Willke (1998), S. 165.
[4] Vgl. Nonaka/Takeuchi (1997), S. 73.
[5] Vgl. Wilke (1998), S. 165.
[6] Vgl. Pawlowsky (1998), S. 25.
[7] Vgl. Bullinger et al. (1997), S. 9; Schreyögg/Geiger (2001), S. 10; Polanyi (1985).
[8] Vgl. Schreyögg/Geiger (2003), S. 11.

symbolische Repräsentation von Wissen. Andernfalls reduziert sich die Repräsentation auf Daten, bestenfalls auf Informationen.[1]

Demgegenüber steht das implizite Wissen, das sehr persönlich ist, das sich dem formalen Ausdruck entzieht und sich nur schwer mitteilen lässt. Es ist ein Wissen, das man durch Erfahrung, Lernen und in der Praxis gewinnt und Faktoren wie persönliche Überzeugungen, subjektive Einsichten, Ideale, Werte und Gefühle beinhaltet.[2] Es wird durch persönliche Erfahrung erworben, umfasst wissenschaftliche Sachkunde und operatives Know-how ebenso wie Branchenkenntnisse, geschäftliches Urteilsvermögen und fachbezogene Expertise und ist unmittelbar an den Erfahrungsträger gebunden.[3] Implizites Wissen liegt dem Handeln und Verhalten unbewusst zugrunde und lässt sich schriftlich nur sehr schwer festhalten. Schreyögg/Geiger bezeichnen solches „Wissen" auch als Können oder Intuition, d.h. als etwas, auf das man sich im täglichen Handeln mit Erfolg verlassen kann.[4]

Für Schmiede spielt das implizite Wissen oder ‚tacit knowledge' nicht nur eine wichtige, sondern für viele Unternehmen vielleicht sogar die wichtigste Rolle. Er führt hier Organisationswissen, Marktkenntnisse, Kundenbeziehungen an.[5] Auch für Probst bildet das implizite Wissen einen wesentlichen Teil des Wissensentstehungsprozesses.[6]

Es gilt also für jedes Unternehmen, das erfolgsrelevante Potenzial von implizitem Wissen seiner Mitarbeiter zu aktivieren,[7] denn das Wissen seiner Mitarbeiter nutzt dem Unternehmen nur, wenn es möglichst vielen Mitarbeitern zugänglich und für die Gesamtorganisation nutzbar gemacht wird.[8]

Komplementäre Beziehung	Explizites Wissen	Verstandeswissen (Geist) Sequentielles Wissen (da und damals) Digitales Wissen (Theorie)	Darstellbar: - Technische Daten - Handbücher - Broschüren - Kundendatenbank - Key-Account-Plan etc.
	Implizites Wissen	Erfahrungswissen (Körper) Gleichzeitiges Wissen (hier und jetzt) Analoges Wissen (Praxis)	Überzeugung Perspektive Wertesysteme

Abbildung 32: Explizites/implizites Wissen[9]

[1] Vgl. Willke (2001a), S. 90.
[2] Vgl. Nonaka/Takeuchi (1997), S. 8; Willke (2001b), S. 12.
[3] Vgl. Nonaka/Takeuchi (1997), S. 73.
[4] Vgl. Schreyögg/Geiger (2003), S. 11.
[5] Vgl. Schmiede (1999), S. 136.
[6] Vgl. Probst et al. (1999), S. 195.
[7] Vgl. Nonaka/Takeuchi (1997), S. 86.
[8] Vgl. Nonaka/Takeuchi (1997), S. 22; Felbert (1998), S. 136.
[9] Nach Nonaka/Takeuchi (1997).

Nach Polanyi gibt es kein explizites Wissen ohne implizites Wissen. Er sieht einen untrennbaren Zusammenhang und führt aus: „Ich meine zeigen zu können, daß der Prozeß der Formalisierung allen Wissens im Sinne einer Ausschließung jeglicher Elemente impliziten Wissens sich selbst zerstört."[1]

Für die Bedeutung von Wissen und die Untersuchung im Rahmen des Key Account Managements folgt diese Arbeit der Differenzierung in explizites und implizites Wissen nach Polanyi, der auch Willke eine grundlegende Bedeutung für das Wissensmanagement beimisst, und dem Modell von Nonaka/Takeuchi.[2]

1.6.3.3. Personales/organisationales Wissen

Wissen liegt in Unternehmen als personales oder individuelles Wissen und als organisationales oder institutionelles Wissen vor. Organisationales Wissen ist von Personen unabhängig und steckt in den anonymisierten Regelsystemen, welche die Operationsweise eines Sozialsystems definieren. Vor allem sind dies Standardverfahren, Leitlinien, Kodifizierungen, Arbeitsprozess-Beschreibungen, etabliertes Rezeptwissen für bestimmte Situationen, Routinen, Traditionen, spezialisierte Datenbanken, strukturierte Informationsspeicher, kodiertes Produktions- und Projektwissen und die Merkmale der spezifischen Kultur einer Organisation.[3] Willke fasst zusammen: „Das Wissen der Organisation steckt in der operativ verfügbaren Intelligenz ihrer Struktur und Prozesse."[4]

Für jedes Unternehmen stellen sich im Rahmen der Wissensarbeit folgende Fragen: Welches Wissen ist personengebunden, was lässt sich organisationalisieren, welches personale Wissen wird in organisationales Wissen überführt, auch unter dem Gesichtspunkt von Aufwand und Ertrag und der Wissensbewahrung im Falle von Personalwechsel, und wie kann das Zusammenspiel von personalem und organisationalem Wissen verstanden und organisiert werden?[5] Willke weist darauf hin, dass es nicht ausreicht, wenn nur ein Teil, also entweder die Person oder die Organisation, in welcher eine Person agiert, wissensbasiert operiert. Eine erfolgreiche Wissensarbeit ergibt sich erst, und m.E. ist dies unabdingbar notwendig, wenn Personen und Organisation in komplementärer Weise Wissen generieren, nutzen, und sich wechselseitig ihr Wissenspotenzial zur Verfügung stellen.[6]

---

[1] Polanyi (1985), S. 27.
[2] Vgl. Willke (2001b), S. 12; Argyris/Schön (1999), S. 27; vertiefende Ausführungen siehe Kapitel III, Abschnitt 1.3.
[3] Vgl. Willke (2001b), S. 16, 103.
[4] Willke (2002), S. 79.
[5] Vgl. Willke (2002), S. 79.
[6] Vgl. Willke (2001b), S. 29.

1.6.4. Wissenstransfer/Wissensverteilung

Wissenstransfer ist die organisationale Seite der Wissenserzeugung.[1] Ein funktionierender Wissenstransfer ist eine wesentliche Voraussetzung für ein erfolgreiches Wissensmanagement, denn ausschlaggebend ist die Nutzbarmachung des in der Organisation vorhandenen Wissens, also auch das des Key Account Managements beim Umgang mit dem Kunden extern gewonnene Wissen.[2] Thiel zitiert hierzu Szulanski: „The ability to transfer knowledge within a firm is emerging as one of the most important management issues of the late 1990's."[3]

Die zentralen Fragen bei der Wissensverteilung sind: Wer sollte was und in welchem Umfang wissen, wie kann man erfolgsrelevantes Wissen zum richtigen Zeitpunkt, in der richtigen Quantität und Qualität sowie am richtigen Ort verfügbar machen und wie kann man die Prozesse der Wissensverteilung optimal gestalten?[4] Dabei ist darauf zu achten, das Wissen effizient und kreativ weiter gegeben wird.[5] Zusätzlich spielt der Faktor Zeit, besonders in den sich schnell verändernden Märkten und bei kurzen Produktzyklen, eine immer wichtigere Rolle. Die Funktionen und Abteilungen benötigen einen möglichst schnellen Zugang zu den Informationen über Veränderungen bei den Kunden und den Märkten, denn entscheidend für die Unternehmen ist heute nicht mehr ihre Größe, sondern die Fähigkeit, schnell auf Veränderungen zu reagieren oder gar bereits im Vorfeld zu agieren.[6]

Ein im Sinne des Unternehmens funktionierender Wissenstransfer erfordert eine Reihe von Voraussetzungen. Diese sind vor allem: Ein Management, das hinter dem Wissensmanagement steht, eine entsprechende organisatorische Ausgestaltung mit geeigneten Transfermethoden, eine unterstützende Unternehmenskultur, aber auch Verständnis für die Belange des anderen, ein Anreizsystem, Motivation der Beteiligten, Offenheit der Beteiligten und die erforderliche Zeit für den Wissenstransfer.[7]

Im Rahmen dieser Arbeit interessieren vor allen Dingen geeignete Transfermethoden für einen effektiven Übergang des Wissens, der dann gegeben ist, wenn der Empfänger in der Lage ist, das betreffende Wissenselement annähernd so zu konstruieren, wie es der ursprüngliche Wissensinhaber in der Lage ist.[8] Belz kann gefolgt werden, aus dessen Sicht sich ein professionelles Wissensmanagement auf zwei Säulen stützt: „Der

---

[1] Vgl. Hart (1999), S. 34.
[2] Vgl. Krogh/Köhne (1998), S. 235; Probst et al. (1997), S. 221 ff.
[3] Vgl. Thiel (2002), S. 2.
[4] Vgl. Felbert (1998), S. 125; North (1999), S. 49; Probst et al. (1999), S. 55; Schein (1993), S. 42; Schüppel (1996), S. 53.
[5] Vgl. Reich (1993), S. 203.
[6] Vgl. Sackmann (1993), S. 228; sie bezieht sich auf Barlett u. Ghosal (1989); Peters (1989).
[7] Vgl. Krogh/Köhne (1998), S. 243.
[8] Vgl. Picot et al. (2003), S. 121.

- 97 -

persönlichen Weitergabe von Informationen und einem technischen System."[1] Auch Schmiede ist der Auffassung, dass „Wissen (...) weder ohne die organisatorischen Dimensionen und die Techniken der Informatisierung noch ohne die Subjektivität, das heißt Rezeptivität, die Reflexivität und damit die Interpretationstätigkeit seiner Träger denkbar [ist]."[2] Es ist also notwendig, im Unternehmen beide Wege zu implementieren und zu pflegen.

Grundsätzlich besteht, wie in Abbildung 33 dargestellt, die Wahl zwischen zwei Vorgehensweisen: Kodifizierung und Personalisierung. Die Kodifizierung, bei der Wissen erfasst, in verschiedenen Formen gespeichert wird und dadurch von anderen Personen immer wieder genutzt werden kann, eignet sich zur Übertragung von explizitem Wissen. Explizites Wissen ist weniger kontextgebunden. Bei der Personalisierung bleibt das Wissen im Besitz des Einzelnen und wird direkt von einer Person auf die andere übertragen. Besonders die impliziten Wissensteile benötigen zur Übertragung die persönlichen Kontakte.[3]

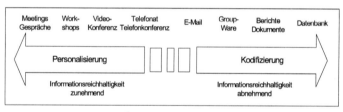

Abbildung 33: Transfermethoden[4]

Abbildung 33 zeigt weiter die verschiedenen Methoden des Wissenstransfers. Bei der Personalisierung sind es letztendlich die verschiedenen Formen des Gesprächs und bei der Kodifizierung institutionalisierte Strukturen. Je größer die impliziten Anteile beim Wissenstransfer sind, desto breiteren Raum muss der interpersonelle Wissensaustausch einnehmen.

---

[1] Belz et al. (2004), S. 312; Nonaka/Takeuchi (1997), S. 81.
[2] Schmiede (1999), S. 134.
[3] Vgl. Hansen et al. (1999), S. 85; Krogh/Köhne (1998), S. 240.
[4] Quelle Thiel (2002), S. 37, verändert übernommen; Hart (1999), S. 34.
Thiel führt hierzu aus: Die Zuordnung bestimmter Methoden zur Personalisierungs- oder Kodifizierungsstrategie ist nicht eindeutig. „Beispielsweise stellt ein Wissenstransfer unter Verwendung von E-Mails zwischen zwei Transferpartnern einen (IT-basierten) persönlichen Kontakt dar. Ein Transferpartner kann bei einem Austausch von E-Mails auf den Wissensbedarf des anderen Partners eingehen, womit dieser Transfer der Personalisierungsstrategie zugerechnet werden kann. Im Fall eines Wissenstransfers per E-Mail erfolgt andererseits aber auch die Kodifizierung von Wissen in der E-Mail und dieses kodifizierte Wissen kann an mehrere Empfänger versendet oder gar in eine Datenbank eingestellt werden. Daher kann ein Wissenstransfer unter Verwendung einer E-Mail auch der Kodifizierungsstrategie zugeordnet werden." Die Übergänge zwischen den Methoden der Personalisierung und Kodifizierung sind fließend.

Ein Wissenstransfer setzt voraus, dass die abgebende und die aufnehmende Seite der Informationen ein ähnliches Verständnis vom Inhalt haben und von identischen Relevanzkriterien ausgehen,[1] da Wissenstransfer nie kontextfrei verlaufen wird.[2] Gerade diese Voraussetzungen sind häufig nicht gegeben, was oft zu Interpretations-schwierigkeiten und Bedeutungsverschiebungen von Wissensinhalten führt, da sich jeder zunächst von seinem Fach-, Organisations- und Erfahrungswissen leiten lässt und sich primär für Fragen seines eigenen Bereichs interessiert.[3] Erschwerend kommt hinzu, dass der Wissenstransfer im Unterschied zur Informationsverteilung aufwändig ist. Nur explizites Wissen lässt sich gezielt transferieren.[4]

Wissenstransfer im Key Account Management erfolgt immer in zwei Richtungen. Das Unternehmen erhält über den Key Account Manager und das Account Team Informationen über die Kunden und Märkte, aber auch dem Kunden müssen vom Lieferanten über das Account Team Informationen zufließen, um damit einen Nutzen für ihn zu erbringen. Dazu benötigen Key Account Manager und Account Team qualifizierte Informationen aus der eigenen Organisation. Nur so ist eine erfolgreiche Kundenbetreuung, Zielerreichung und Kundenentwicklung sicherzustellen.

1.6.4.1. IT-Unterstützung

IT-Unterstützung für das Key Account Management ist nicht zuletzt wegen der oben beschriebenen Zunahme an Komplexität und Vielschichtigkeit notwendig. Benötigt werden Instrumente aus der Informations- und Kommunikationstechnologie wie Datenbanken, Expertensysteme, Groupware, E-Mail, Intranet und das Internet mit seinen Suchmaschinen für Wissenserwerb, -speicherung und -verteilung. Im Rahmen dieser Arbeit sind besonders Datenbanken als Personen ungebundene Wissensspeicher und Groupware sowie E-Mail als Kommunikationsmedium von Bedeutung.

1.6.4.1.1. Kundendatenbanken[5]

Eine Kundendatenbank stellt strukturiertes und zielgerichtetes Rohmaterial dar, dass zunächst nur ein passiv existierendes Angebot von Daten und Informationen ist.

---

[1] Vgl. Willke (2001b), S. 9; Krogh/Köhne (1998), S. 238.
[2] Vgl. Krogh/Köhne (1998), S. 242.
[3] Vgl. Nonaka/Takeuchi (1997), S. 87.
[4] Vgl. Kies (1998), S. 177.
[5] Krcmar (2003), S. 96 „Unter einer Datenbank wird ein auf Dauer strukturierter Datenbestand (Datenbasis) verstanden. Dieser Teil eines Datenbanksystems (DBS) wird auch als permanenter oder materialisierter Speicher bezeichnet (Härder, T./Rahm, E. 1999, Datenbanksysteme: Konzepte und Techniken der Implementierung, S. 456).

Kundendatenbanken haben vor allen Dingen zwei Aufgaben: Die kollektive zur Verfügungsstellung des Wissens, da immer mehr Funktionen/Abteilungen des Unternehmens in den Vertriebsprozess einbezogen werden und direkt am Kunden operieren, und die Sicherung des expliziten Wissens, damit es beim Ausscheiden des Wissenssubjektes nicht verloren geht.[1] Eine Kundendatenbank ermöglicht in der Regel eine einfachere Verteilung des expliziten Wissens und eine bessere Inhalts- und Qualitätskontrolle. Den berechtigten Mitarbeitern erlaubt sie einen ungehinderten und jederzeitigen Zugriff auf das Wissen.

In einer Datenbank wird vorkodiertes Wissen oder Wissen, von dem der Abgebende glaubt, dass es relevant und wichtig sei, gespeichert. Die Probleme einer Kunden-datenbank liegen in der allgemeinen Schwierigkeit begründet, Wissen zu explizieren, da immer ein großer Teil des Erfahrungsschatzes als tazites (stilles) Wissen verbleibt,[2] die Datenbank also immer nur ein Teilwissen enthalten kann. Krog/Köhne weisen darauf hin, dass während der Übertragung des Wissens von der individuellen auf die kollektive Ebene Teile des Wissens verloren gehen.[3] Aus diesen Grenzen der Standardisierbarkeit von Wissen erwächst auch der begrenzte Einsatz von Datenbanken.[4]

Probst gibt zu bedenken, dass der Aufwand, Wissen in eine explizite Form zu übertragen und über ein Medium verfügbar zu machen, extrem hoch sein und in keinem Verhältnis zum Ertrag stehen kann.[5] Er zitiert aber auch führende Management-Theoretiker, die Investitionen in die Wissensressourcen eines Unternehmens, und dazu gehört auch eine Kundendatenbank, für ungleich profitabler als solche in materielles Anlagekapital halten. Er zitiert den amerikanischen Management-Professor James Brian Quinn, der der Ansicht ist, dass bei vielen Unternehmen bereits heute drei Viertel des generierten Mehrwertes auf spezifisches Wissen zurückzuführen sind.[6]

Ein Vorteil einer Kundendatenbank ist, dass das „Teilwissen" kollektiv zur Verfügung gestellt und auch Personen zugänglich gemacht wird, die außerhalb des „Informationskreises" liegen, die daraus Anregungen und Ideen generieren und diese dann im personellen Informationsaustausch vertiefen können.

Wissen, das für andere darüber hinaus von Interesse sein könnte, bleibt häufig ungenutzt. Deshalb ist zusätzlich ein elektronischer Dialog über E-Mail oder Groupware oder besser persönliche Gespräche notwendig, damit auch der Teil des Wissens, der erst durch Hinterfragen, ausgelöst durch Wissen und Erfahrung des Hinterfragenden sichtbar

---

[1] Vgl. Rapp et al. (2002), S. 19.
[2] Vgl. Kremar (2003), S. 425.
[3] Vgl. Krogh/Köhne (1998), S. 238.
[4] Vgl. Konrad (1999), S. 10.
[5] Vgl. Probst et al. (1999), S. 115.
[6] Vgl. Probst et al. (1999), S. 20.

wird, exploriert wird. Der Wissenstransfer mittels einer Datenbank bedeutet, dass sich der Informationsaustausch auf den Austausch von Daten reduziert, die bei den austauschenden Akteuren dann zu Informationen aufgearbeitet werden,[1] welche sich wiederum abhängig von der Erfahrung und dem Wissensstand durchaus unterscheiden können.

Für Drucker ist Wissen nicht in einer Datenbank oder einem Softwareprogramm zu finden, sondern Wissen wird immer von einem Menschen verkörpert.[2] Das in Worten und Zahlen darstellbare Wissen bildet für Nonaka/Takeuchi nur die Spitze des Eisbergs.[3]

Bei einer Kundendatenbank besteht die Gefahr, dass der Schwerpunkt des Wissenstransfers auf den Austausch von Informationen über eine Datenbank reduziert wird, weil das Unternehmen einen Fokus auf die Systempflege zur Sicherung des vorhandenen Wissens legt, der Benutzer von der Verfügbarkeit des benötigten Gesprächspartners unabhängig ist und man nicht zuletzt den zeitlichen Aufwand für die Informationsübertragung gering halten will.[4] In diesem Zusammenhang wird auf Schmiede verwiesen, der ausführt, dass „der Umgang mit den außerhalb der Person liegenden Informations- und Wissensbeständen, also aus Information Wissen zu machen und Wissen mit Praxis zu verbinden, eine (..) vom Subjekt nicht ablösbare intellektuelle Leistung [bleibt]. Diese ist, wie alle bisherigen Erfahrungen zeigen, nur in begrenztem Umfang durch intelligente technische Systeme, also künstliche Intelligenz, ersetzbar. Wie im Fall anderer Techniken auch ist diese Umformung von Information in Wissen durch Produktionsmittel unterstützbar, sie ist aber nie völlig oder sie ist nur in Teilbeständen substituierbar. Dieser Sachverhalt ist nach meinem Verständnis der Hintergrund für die intensivierten Bemühungen, Subjekte, lebendige Personen mittels der schon genannten betriebsorganisatorischen Formen sowie der Methoden des Soft Management in die aktive Gestaltung und die Funktion von Organisationen einzubeziehen."[5]

Für Bullinger ist der Wissensmanagement-Erfolg zu 80 Prozent organisatorischen und kulturellen und nur zu 20 Prozent technologischen Ursprungs.[6] Schreyögg spricht in diesem Zusammenhang von zwei Generationen von Wissensmanagement. In der ersten Generation stand die Organisation von unternehmensrelevanten Informationen in

---

[1] Vgl. Willke (2002), S. 146.
[2] Vgl. Drucker (1993), S. 229.
[3] Vgl. Nonaka/Takeuchi (1997), S. 72.
[4] Vgl .Kies (1998), S. 181; „...daß man in Informations- und Kommunikationstechnik investiert, Lernen als einen kumulativen Vorgang versteht, den Wissensstrukturen und ihrer Abbildung in Softwareprogrammen mehr Aufmerksamkeit schenkt als den Personen, die das Wissen nutzen."
[5] Schmiede (1999), S. 144.
[6] Vgl. Bullinger (2002), S. 43.

Datenbanken im Vordergrund. Diese Überlegungen zum Wissensmanagement stießen jedoch auf erhebliche Umsetzungs- und Akzeptanzprobleme. Die Hauptgründe für das Scheitern werden in der vollständigen Vernachlässigung des sozialen organisatorischen Kontextes und den Grenzen menschlicher Informationsverarbeitung gesehen. In der zweiten Generation wird der soziale Entstehungs- und Verwendungszusammenhang von Wissen in den Vordergrund gerückt.[1]

Damit eine Kundendatenbank den erwarteten Nutzen für das Unternehmen bringt, sind zwei wesentliche Voraussetzungen erforderlich: Sie bringt denjenigen, die die Eingaben leisten müssen, auch einen persönlichen Nutzen für ihre eigene Arbeit, und sie ist aktuell. Beide Forderungen hängen eng miteinander zusammen. Wenn Mitarbeiter nur für das Management, andere Funktionen oder Kollegen die Daten pflegen müssen, ohne selbst Vorteile daraus ziehen zu können, werden Datenqualität und Aktualitätsgrad schnell nachlassen. In eine nicht aktualisierte Datenbank schwindet sehr schnell das Vertrauen und die Bereitschaft der Nutzer, Aufwand in die Pflege zu investieren, was weiter die Datenqualität verschlechtert. Probst spricht hier von einer „Todesspirale". Verwertbares Wissen ist in zeitlicher Hinsicht volatil und veraltet rasch. Willke sieht den Grund darin, dass das Wissen kontextabhängig ist und die relevanten Kontexte sich gerade durch das Einspielen neuen Wissens kontinuierlich ändern.[2] Deswegen wird eine Prozedur benötigt, die veraltete Daten entweder aktualisiert oder entfernt, um Attraktivität und Akzeptanz der Datenbank zu erhalten.[3]

Auf der anderen Seite hat das Key Account Management mit der Pflege der Kunden-datenbank allerdings auch eine Verpflichtung gegenüber den anderen Funktionen seines Unternehmens. Es ist gezwungen, die Daten immer aktuell zu halten, damit die Kollegen nicht mit veralteten oder gar falschen Daten arbeiten, was zu erheblichen Kosten und Fehlinvestitionen führen kann. Der Anreiz zur Datenbankpflege ist mit hinreichender Selektion, datengerechter Speicherung und einem nutzenorientierten Design der Datenbank zu erreichen.

Ein weiteres Problem einer Kundendatenbank liegt in einer mehr Vergangenheits- und weniger in einer Zukunftsausrichtung der Datenbasis.

1.6.4.1.2. Computerisierte Kommunikation

Computerisierte Kommunikation, und hier insbesondere Groupware und E-Mails, dient der unmittelbaren und schnellen Informationsverteilung innerhalb des Account Teams, im Unternehmen und zum Kunden. Eine IT-basierende Kommunikation ist immer eine

---

[1] Vgl. Schreyögg/Geiger (2003), S. 4.
[2] Vgl. Willke (2001b), S. 126.
[3] Vgl. Krcmar (2003), S. 425; Probst et al. (1999), S. 315.

formalisierte Kommunikation, die durch die Ausdrucksmöglichkeit formaler Sprachen und deren Charakterisierungsmodelle begrenzt ist.[1] Obwohl computerisierte Kommunikation als soziale Aktivität gelten kann, ist sie gegenüber natürlicher Kommunikation einigen Restriktionen unterworfen, denn vor allem ist auch hier nur explizites Wissen kommunizierbar.[2]

Willke sieht eine zusätzliche Erschwernis. Vielen Menschen fällt es schon schwer, ihr implizites Wissen mit sprachlichen Mitteln zum Ausdruck zu bringen, obwohl die Sprache gerade auch in ihren nonverbalen Komponenten der Kommunikation reiche Ausdrucksmöglichkeiten für emotive Qualitäten bietet. Schwieriger wird es, wenn man statt der Sprache auf Text oder andere Formen angewiesen ist. Diese Art der Kommunikation wird notwendig, wenn der Wissensaustausch nicht zwischen Anwesenden stattfindet, sondern sich über ein IT-basiertes System an einen weiteren Kreis von Personen richtet.[3]

1.6.4.1.3. IT-basierte Wissensverteilung

Der Einsatz von Informations- und Kommunikationstechnologien wird allgemein als wichtige Voraussetzung und notwendige Komponente für einen optimalen Wissenstransfer angesehen[4] und ist in den meisten Unternehmen in Form von Datenbanken und flächendeckenden Vernetzungen realisiert.

Für einen funktionierenden und erfolgreichen Wissenstransfer ist jedoch neben der organisatorischen auch eine personale Komponente erforderlich, denn Technologielösungen alleine sind nicht in der Lage, die Kommunikation zwischen Personen zu ersetzen. Für Willke liegt in der Verknüpfung der organisatorischen und personalen Elemente das Kernproblem des Wissensmanagements.[5] Folgt man ihm, lassen sich die „emotiven Komponenten" des Wissens nur mit besonderer Anstrengung und Sorgfalt transportieren, wobei es aber für eine Dokumentation gelingen muss, „auch den Erfahrungskontext, die soziale Praxis, in welcher das Lernen und die Generierung von Wissen stattgefunden haben, so darzustellen, dass wiederum Leser und Adressaten neben den kognitiven Momenten auch die emotiven und sozialen Fundierungen rekonstruieren können."[6] Er macht deutlich, dass es nicht genügt, noch so elegante technische Lösungen für Datenbanken zur Verfügung zu stellen, wenn diese den

---

[1] Vgl. Picot et al. (2003), S. 213.
[2] Vgl. Roehl (1999), S. 166.
[3] Vgl. Willke (2002), S. 169.
[4] Vgl. u.a. Bullinger/Prieto (1998); Krcmar (2003); Miller/Heiman (1991); Pawlowsky (1998); Probst et al. (1999); Willke (2001b).
[5] Vgl. Willke (2001b), S. 18.
[6] Willke (2002), S. 170.

„Nutzern" nicht ermöglichen, aus den Dokumenten Informationen und Wissen zu generieren.[1]

Schreyögg/Geiger stellen zwei Kernprobleme der Kritik an den computergestützten Wissensmanagementsystemen in den Vordergrund. Zum einen wird angenommen, dass sich Wissen problemlos von seinen Trägern und Kontexten ablösen, speichern und auf andere Nutzer übertragen lässt. Zum anderen gehen sie davon aus, dass Wissen ein Pool aus unbestrittenen, objektiven Elementen darstellt und verweisen u.a. auf die Arbeiten von Probst et al. (1997) und insbesondere auf Nonaka und Takeuchi (1994, 1995), die den sozialen Entstehungs- und Verwendungszusammenhang von Wissen in den Vordergrund rücken.[2]

Technologielösungen beinhalten „Wissen", das nach bestimmten Kriterien und Regeln ausgewählt, explizit gemacht und dokumentiert wurde. Die impliziten Anteile von Wissenselementen zu bestimmten Themen sind hier kaum sichtbar und gehen meist ohne persönliche Kommunikation verloren. Deshalb ist es notwendig, reine Technologielösungen immer durch den Faktor Mensch zu ergänzen, der seine Expertise im persönlichen Gespräch anderen Organisationsmitgliedern zur Verfügung stellt.[3] Im Hinblick auf den Wissenstransfer werden die Grundlagen der zwischenmenschlichen Kommunikation und sozialpsychologische Faktoren häufig unterschätzt und missachtet.[4]

1.6.4.2. Personaler Wissenstransfer

Man kann davon ausgehen, dass nicht alles Wissen in Systemen niedergelegt wird und niedergelegt werden kann, dass noch ein Großteil in den Köpfen der Mitarbeiter vorhanden ist und dass dieses Wissen oft nur im persönlichen Austausch zwischen Individuen übertragen werden kann.[5] Der personale Wissenstransfer durch Dialog und Gespräch ist somit ein elementarer Bestandteil der Wissensübertragung im Einzel-kontakt oder innerhalb der Gruppe.

Der Dialog[6] wirkt in zwei Richtungen. Die Teilnehmer leiten nicht nur Informationen weiter, sondern nehmen gleichzeitig auch Informationen auf.

---

[1] Vgl. Willke (2002), S. 170.
[2] Vgl. Schreyögg/Geiger (2003), S .5.
[3] Vgl. Bullinger/Prieto (1998), S. 98.
[4] Vgl. Pawlowsky (1998), S. 27.
[5] Vgl. Probst et al. (1999), S. 224 – bezieht sich hier auf Nonaka.
[6] Isaacs (1996), S. 181 beschreibt Dialog als eine Disziplin des kollektiven Denkens und Erkundens, ein Prozess, bei dem die Qualität des Gespräches und ganz besonders des dahinter liegenden Denkens transformiert wird.

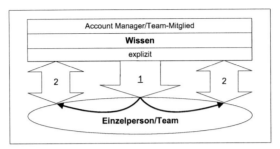

Abbildung 34: Wissensweitergabe

Gemäß Abbildung 34 wird im Gespräch nicht nur Wissen weitergegeben, von dem der Abgebende glaubt, dass es für die andere Person oder Gruppe relevant und wichtig ist, sondern auch Wissen übertragen, das erst durch Hinterfragen (2), ausgelöst durch eigenes Wissen oder durch die ursprüngliche Information (1), weitergegeben wird. Wissen kann sich durch Dialog, Diskussion, Erfahrungsaustausch und Beobachtung verstärken oder herauskristallisieren. Wissensverteilung und Wissensschaffung sind somit im Unternehmen nicht ohne Einzelinitiative und Interaktion innerhalb einer Gruppe möglich.[1]

Isaacs zitiert A. Weber, den früheren Herausgeber des Harvard Business Review, für den das Gespräch den Menschen erst ermöglicht, ihr Wissen miteinander zu teilen und oft auch zu entwickeln. Er ist der Ansicht, dass es die wichtigste Aufgabe ist, Gespräche in Gang zu bringen. Isaacs stellt die Bedeutung von Gesprächen dadurch heraus, dass einige Autoren die Organisation selbst als Gespräche ermöglichende Netzwerke sehen.[2]

Nonaka/Takeuchi weisen darauf hin, dass Menschen neues Wissen nicht einfach passiv aufnehmen, sondern es auch aktiv für ihre eigene Situation und Perspektive interpretieren. Ein Dialog vermeidet weitgehend, dass Wissen, das in einem Kontext sinnvoll ist, in einen anderen Kontext gestellt wird und sich dadurch verändert oder sogar als völlig sinnlos erscheint.[3]

1.6.5. Wissensnutzung

Der zentrale Baustein und letztendlich Ziel und Zweck des Wissensmanagements ist die Wissensnutzung, also der produktive Einsatz organisationalen Wissens zum Nutzen des Unternehmens.[4] Erst durch die Anwendung von Wissen wird Nutzen für das

---

[1] Vgl. Nonaka/Takeuchi (1997), S. 24; sie führen dies im Zusammenhang mit der Gruppe an, dies lässt sich m.E. auch auf das Einzelgespräch übertragen.
[2] Vgl. Isaacs (1996), S. 181.
[3] Vgl. Nonaka/Takeuchi (1997), S. 26.
[4] Vgl. Probst et al. (1999), S. 55.

Unternehmen erzeugt.[1] Probst weist darauf hin, dass alle Bausteine auf die effiziente Nutzung des individuellen und organisatorischen Wissens ausgerichtet sein müssen und dass eine erfolgreiche Identifikation und Verteilung zentraler Wissensbestandteile alleine die Nutzung im Unternehmen noch lange nicht sicherstellt.[2] Der Grad der Umsetzung hängt in einem hohen Maße von der Qualität des erworbenen Wissens und von dem individuellen und kollektiven Nutzen ab und sollte genau so wie die klassischen Produktionsfaktoren Kapital, Rohstoff und Arbeit behandelt werden.[3] Das Management hat dabei die Aufgabe, bewusst ein Arbeitsumfeld zu schaffen, in dem Lernen und die Anwendung des neuen Wissens gefördert werden und die auftretenden Barrieren möglichst gering gehalten werden.[4]

1.6.5.1. Key Account Management und organisationales Lernen

Die Lernfähigkeit einer Organisation wird allgemein als ein Schlüsselkriterium für den Erfolg eines Unternehmens gesehen. Senge zitiert Arie De Geus, den Planungsleiter von Royal Dutch/Shell, für den das erfolgreichste Unternehmen der neunziger Jahre eine so genannte „lernende Organisation" ist. Der Wettbewerbsvorteil liege in der Fähigkeit, schneller zu lernen und zu reagieren als die Konkurrenz.[5] Diese Aussage, dass Lernen den einzigen überdauernden Wettbewerbsvorteil der Zukunft darstellt, kann sicherlich auch auf die laufende Dekade übertragen werden. Spitzenorganisationen werden sich zukünftig dadurch auszeichnen, dass sie wissen, wie man das Engagement und das Lernpotenzial auf allen Ebenen einer Organisation erschließt.[6]

Unter einer Vielzahl von Definitionen folgen wir Probst/Büchel, die unter organisationalem Lernen den Prozess der Erhöhung und Veränderung der organisationalen Wert- und Wissensbasis, die Verbesserung der Problemlösungs- und Handlungskompetenz sowie die Veränderung des gemeinsamen Bezugsrahmens von und für Mitglieder innerhalb der Organisation verstehen.[7] „Organisationales Lernen beschreibt die Veränderungsprozesse des organisationalen Wissensbasis,"[8] wobei neues Wissen dann das Ergebnis ist.[9]

Welchen Anteil das Key Account Management an diesem Prozess haben kann und welche Voraussetzungen gegeben sein sollten, soll nun näher untersucht werden. Dieser

---

[1] Vgl. Bullinger/Prieto (1998), S. 113.
[2] Vgl. Probst et al. (1999), S. 271.
[3] Vgl. Schüppel (1996), S. 43; Boch et al. (1997).
[4] Vgl. Probst et al. (1999), S. 275.
[5] Vgl. Probst/Büchel (1994), S. 9; Senge (1996), S. 11.
[6] Vgl. Senge (1996), S. 12.
[7] Vgl. Probst/Büchel (1994), S. 17.
[8] Probst et al. (1999), S. 61.
[9] Vgl. Willke (2001b), S. 39.

Betrachtung wird das Lernmodell von Klimecki et al. zugrunde gelegt (siehe Abbildung 35).

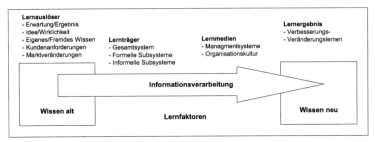

Abbildung 35: Organisationales Lernmodell[1]

Basis für organisationales Lernen ist die Kommunikation zwischen den Organisationsmitgliedern.[2] Informationen, die der Key Account Manager und das Account Team von extern oder intern erhalten, sind in der Regel Lernauslöser[3], die dann direkt oder kanalisiert über die Account Team Mitglieder als „neues Wissen" gezielt an die verschiedenen Funktionen weitergeleitet werden. Das Key Account Management Team hat dabei als formelles Subsystem die Rolle des Lernträgers. In der Praxis sind für ein funktionierendes und erfolgreiches Key Account Management auch die informellen Subsysteme, also abteilungs- und funktionsübergreifende Kommunikationsnetzwerke wichtig.

Lernmedien sind innerhalb dieses Modells Managementsysteme und die Kultur der Organisation. Die in den Managementsystemen angelegten Lernmedien haben gemein-sam, dass sie institutionalisiertes Wissen transportieren, wobei sich Unterschiede danach ergeben, ob dies auf der Mikro-, Meso- oder Makro-Ebene geschieht. Auf das Key Account Management übertragen sind personell orientierte Lernmedien (Mikroebene) z.B. Stellenbeschreibung, Qualifizierungsmaßnahmen, Zielvorgaben (Balanced Scorecard) und Karrierepläne. Auf der Meso-Ebene (gruppenorientiert) ist dies z.B. der Account Plan.[4]

In allen Phasen des Informationsverarbeitungsprozesses, der organisationalem Lernen unterliegt, treten Faktoren auf, die dessen Zustandekommen und Verlauf nachhaltig beeinflussen.[5] Neben den Faktoren wie Eindeutigkeit, Deutlichkeit, informationelle Sicherheit werden Weitergabe und organisatorisches Lernen besonders stark durch Wissens- und Lernbarrieren beeinflusst.

---

[1] Basis Vgl. Klimecki et al. (2000), S. 73.
[2] Vgl. Klimecki et al. (2000), S. 70.
[3] Vgl. Klimecki et al. (2000), S. 69.
[4] Vgl. Klimecki et al. (2000), S. 71.
[5] Vgl. Klimecki et al. (2000), S. 71.

Um die Voraussetzung für ein individuelles und organisationales Lernen und die Bereitschaft zu schaffen, das vorhandene Wissen zu nutzen, können Anreize gegeben und die Hindernisse herabgesetzt werden, denn das Engagement einer Organisation zu lernen kann nur so groß sein, wie das ihrer Mitglieder.[1]

1.6.5.2. Wissens- und Lernbarrieren

Im Umgang mit Wissen und bei Lernprozessen gibt es in allen Organisationen Hindernisse auf individueller und kollektiver Ebene, die aus funktionalen und hierarchischen Quellen herrühren.[2] In Abbildung. 36 sind beispielhaft Hindernisse dargestellt, die den Umgang mit Wissen und den Wissenstransfer in Organisationen behindern.

Hindernisse für Wissensmanagement

In der Organisation
- Fehlender Wissensaustausch zwischen und innerhalb von Unternehmen
- Fehlende Mechanismen zur Wissensakquisition, -speicherung und -transfer
- Fehlendes Schnittstellenmanagement
- Unflexible Strukturen
- Konkurrenz der Abteilungen/Funktionen

Informations- und Kommunikationstechnologien
- Ungeeignete System
- Inkonsistente Daten
- Starre Wissensaufbereitung
- Mangelhafte Informations- und Kommunikationsflüsse

Human Ressource Management
- Wissensverlust durch Personalfluktuation
- Wissen als persönliches Eigentum - Einstellung'Wissen ist Macht'
- Ungeeignete Unternehmenskultur
- Legitimations- und Rechtfertigungsprozesse
- Fehlende Anreizsysteme
- Zeitknappheit
- Fehlende Vertrauensbasis

Abbildung 36: Hindernisse/Barrieren für das Wissensmanagement[3]

Es ist Aufgabe der Unternehmensführung, die notwendigen Rahmenbedingungen in der Organisation und vor allem im Bereich der Mitarbeiterführung sowie in Hinsicht auf unternehmenskulturelle Aspekte zu schaffen. Dabei bildet die Erzielung einer ausreichenden Teilungsbereitschaft das Leitbild aller Interventionen.[4] Die Nutzung der individuellen und organisationalen Fähigkeiten und Wissensbeständen muss sichergestellt werden.

Brödner[5] weist dezidiert auf die Tücken der Kooperation und die sozialen Barrieren bei der Teilhabe am Wissen hin, die einem effektiven Wissensmanagement im Wege

---

[1] Vgl. Senge (1996), S. 16.
[2] Vgl. Probst et al. (1999), S. 56, 257.
[3] Vgl. Bullinger/Prieto (1998), S. 110; Bullinger (2002), S. 2; Sackmann (1993), S. 233.
[4] Vgl. Probst et al. (1999), S. 257.
[5] Vgl. Brödner et al. (1999), S. 6.

stehen. Für viele Menschen bedeutet es Überwindung, das Wissen ‚fremder' Wissensträger zu nutzen, oder sie werden durch mangelnde Fähigkeiten oder fehlendes Wissen daran gehindert. Außerdem wollen sie nach Möglichkeit nicht sichtbar machen, dass sie fremdes Wissen übernehmen. Die Beibehaltung ‚bewährter' Routinen bildet eine Art Sicherheitsmechanismus, der den Mitarbeiter vor Überfremdung schützt und seine Identität aufrechterhält.[1]

Vertrauen ist ein bedeutsames Element für ein funktionierendes Wissensmanagement. Pawlowsky weist auf Untersuchungen hin, die zeigen, dass die freiwillige Form der Kooperation und der Austausch von Wissen vor allem vom gegenseitigen Vertrauen der Arbeitnehmer zueinander abhängt. Der Austausch und die Bereitschaft zur Kommunikation relevanten Wissens werden demnach stark von einer Vertrauensbasis und von einem kooperativen Organisationsklima geprägt. Ein Mitarbeiter gibt sein Wissen nur dann weiter, wenn dies im Sinne einer gemeinsamen Zielsetzung nützlich und sinnvoll und für ihn persönlich nicht von Nachteil, sondern möglichst von Nutzen ist.[2]

Eine stabile Vertrauensbasis, gepaart mit einem funktionierenden Beziehungsmanagement, ist auch ein wichtiges Element für einen erfolgreichen Informationstransfer mit den Kunden.[3]

1.6.6. Wissensbewahrung/Wissenssicherung

Viele Industriebereiche und insbesondere die Unternehmen der IT-Industrie unterliegen heute verstärkten Reorganisationsprozessen, die teilweise mit umfangreicher Personalfluktuation (z.B. Personalabbau, Altersteilzeit, Outsourcing) verbunden sind, was nicht zuletzt zu erheblichen Wissensverlusten führt. Aber auch Versetzungen und Beförderungen entziehen häufig bestimmten Bereichen und Abteilungen wertvolles Wissen, Expertise und persönliches Wissen. Um alles dies nicht gänzlich zu verlieren, müssen geeignete Speicherungsformen implementiert und eine regelmäßige Aktualisierung organisiert werden, damit die Wissensbasis für die Benutzer attraktiv bleibt.

Probst unterschiedet drei Speicherungsformen: Die individuelle, die kollektive und die elektronische Bewahrung von organisationalem Wissen.[1]

---

[1] Vgl. Bullinger/Prieto (1998), S. 113.
[2] Vgl. Pawlowsky (1998), S. 27; Felbert (1998), S. 139; Gebert/Rosenstiel (2002), S. 169; Gebert/Rosenstiel (2002), S. 170 zitieren Rippberger: „Vertrauen ist die freiwillige Erbringung einer riskanten Vorleistung unter Verzicht auf explizite vertragliche Sicherungs- und Kontrollmaßnahmen gegen opportunistisches Verhalten in der Erwartung, daß sich der Andere, trotz Fehlen solcher Schutzmaßnahmen, nicht opportunistisch verhalten wird."
[3] Vgl. Diller (2003), S. 22.

Der Key Account Manager konzentriert in der Regel das meiste Wissen über den Kunden, das Umfeld und das Geschäft in seiner Person. Daraus ergibt sich für jedes Unternehmen die Zielsetzung, einen qualifizierten Key Account Manager längerfristig in seiner Position zu halten. Dies ist nicht nur für die Wissensbewahrung, sondern auch für das Beziehungsmanagement beim Kunden notwendig. Besonders ein Wechsel zum Wettbewerber hat erhebliche geschäftliche Auswirkungen, da ein guter Key Account Manager die Kontakte und häufig auch Teile des „Geschäftes mitnimmt".

Im Rahmen des Key Account Managements kann man das Account Team als eine Form kollektiver Speicherung auffassen. Durch den ständigen Kommunikationsprozess im Account Team wird das individuelle Wissen kollektiviert. Das Wissen der einzelnen Team Mitglieder wird im Zuge der Diskussion und/oder Dialogen aufeinander übertragen und damit auf eine breitere Basis gestellt.[2]

Eine elektronische Bewahrung als zentraler Wissensspeicher über Kunden stellt, wie ausgeführt, die Kundendatenbank dar. In den meisten Unternehmen, die ein Key Account Management implementiert haben, ist heute eine Kundendatenbank installiert. Durch die Entwicklung immer kostengünstigerer Speichermöglichkeiten wird diese Form zukünftig noch weiter an Bedeutung gewinnen.

Ein weiteres Feld der Speicherung von Know-how sind z.B. Zeichnungen, Präsentationen, Formulare, Berichte, die immer mehr in digitalisierter Form vorliegen und damit leicht auffindbar und zugängig sind. Probst weist auf Wichtigkeit einer systematischen Ablage der Dokumente hin.[3] Im Key Account Management ist speziell der Account Plan einen Wissensspeicher, der vorhandenes Kundenwissen personenunabhängig zur Verfügung stellt. In ihm wird individuelles, explizierbares Wissen des Key Account Managers und der Account Team-Mitglieder soweit als möglich und sinnvoll gespeichert.

Bei allen diesen Speicherungsformen muss allerdings ein ausgewogenes Verhältnis zwischen Aufwand und Nutzen für den einzelnen Benutzer als auch für das Unternehmen und auf der Aktualität erreicht werden.

Ferner ist bei der Wissensbewahrung darauf zu achten, dass diese nicht zu einseitig auf den Ausbau von technischen Speicher- und Verarbeitungssystemen ausgerichtet ist, denn damit können in keiner Weise die umfassenden kognitiven Aspekte individuellen Wissens und der damit verbundenen Emotionen erfasst werden.[4]

---

[1] Vertiefende Ausführungen zu dem Thema Bewahrung von individuellem und kollektivem Wissen siehe Probst et al. (1999) S. 301 ff.
[2] Vgl. Schüppel (1996), S. 211.
[3] Vgl. Probst et al. (1999), S. 311.
[4] Vgl. Schüppel (1996), S. 188.

1.6.7. Wissensziele

Die Definition von Zielen zur Festlegung des Handlungsrahmens für die Mitarbeiter und zur Ausrichtung der Unternehmensprozesse gehört zu den Kernaufgaben des Managements. Die Ziele werden auf Basis der Unternehmensvision und der daraus abgeleiteten Strategien definiert. Teil der Zieldefinition sind auch Wissensziele, durch die für die Aktivitäten des Wissensmanagements eine Richtung beschrieben wird.

Im Rahmen des Key Account Managements sind zwei Zielbereiche für das Wissensmanagement vorzugeben: Zum einen die Weiterentwicklung der eigenen Fähigkeiten für Key Account Manager und Account Team, zum anderen Umfang und Zielrichtung für die Wissensgenerierung und Wissenstransfer zwischen Kunden und Unternehmen, also die Frage, was das Unternehmen vom Key Account Management über die Kunden und deren Umfeld wissen will und wohin es weitergeleitet wird.

Die Jahresziele für Key Account Manager und Account Team werden in Ziel-formulierungen (z.B. Balanced Scorecard) festgehalten und sind Bestandteil des Account Plans. Neben einer qualitativen oder quantitativen Beschreibung der Zielsetzung können in diesem Rahmen auch Maßnahmen, Verantwortliche und Termine definiert werden.[1] Wissensziele können beispielsweise eine Ergänzung dieser Jahreszielsetzung sein.

1.6.8. Wissensbewertung[2]

Bei der Definition von Wissenszielen werden auch die Möglichkeiten einer abschließenden Erfolgsbewertung festgelegt, um die Qualität der formulierten Zielvorstellungen überprüfen zu können.[3] Bei der Wissensbewertung innerhalb des Key Account Managements ist nicht nur der Erfolg der persönlichen Lernprozesse zu bewerten, sondern auch was das transferierte Wissen zum Unternehmenserfolg beigetragen hat.

Bereits im Vorfeld wird jede Information, die über Key Accounts gesammelt wird, auf ihren Nutzen überprüft: Brauchen wir diese Information, um mit dem Key Account bessere Geschäfte zu machen? Was nutzt diese Information dem Unternehmen und können wir diese Information auch anderweitig mit geringerem Aufwand beschaffen?

---

[1] Vgl. Probst et al. (1999), S. 90.
[2] Zur Problematik und zu Ansätzen der Wissensbewertung siehe beispielsweise Probst et al. (1999), S. 321 ff.; North (1999), S. 183 ff.
[3] Vgl. Probst et al. (1999), S. 57; zu dem Thema „Wissensmessung" wird auf Probst et al. (1999) verwiesen.

1.7. Wissen und Unternehmenskultur

Die Unternehmenskultur hat einen entscheidenden Einfluss auf das Wissensmanagement, da sie den Wissenstransfer fördern oder ihn behindern kann. Schein definiert Unternehmenskultur als „ein Muster gemeinsamer Grundprämissen, das die Gruppe bei der Bewältigung ihrer Probleme externer Anpassung und interner Integration erlernt hat, das sich bewährt hat und somit als bindend gilt, und das daher an neue Mitglieder als rational und emotional korrekter Ansatz für den Umgang mit diesen Problemen weitergegeben wird."[1]

Die Unternehmenskultur schafft Rahmenbedingungen und ein Klima, das Handlungsfähigkeit, Konfliktfähigkeit, Lernbereitschaft sowie Problemlösungsorientierung der Mitarbeiter fördert und unternehmerisches Handeln bei gleichzeitiger offener, reibungsloser Kommunikation unterstützt,[2] damit die Mitarbeiter im Unternehmen bereit sind, ihr Wissen zu (ver-)teilen.[3] Hierfür ist das entscheidende Element, ein Klima des Vertrauens im Unternehmen. Nur, wenn Mitarbeiter Vertrauen ins Unternehmen haben, sind sie bereit, ihr Wissen weiter zu geben.

Fehlen diese Voraussetzungen und werden die Mitarbeiter, deren Wissen in der Gesamtheit die eigentliche organisationale Wissensbasis eines Unternehmens darstellt, so mit ihren Ängsten und Bedürfnissen allein gelassen, sind jegliche Konzepte oder Denkansätze für ein effektives und damit erfolgreiches Wissensmanagement von Beginn an zum Scheitern verurteilt. Der gesamte Prozess des Wissensmanagements ist in hohem Maße von der frühzeitigen Einbindung und der Bereitschaft der Mitarbeiter abhängig.[4]

Unternehmen sind heute noch weitgehend nach Funktionen gegliedert. Aus der technologischen und beruflichen Kultur des Funktionsbereichs entstehen nach Schein funktionsgebundene Subkulturen. Die Unterschiede entstehen zum einen aus der Eigenart des einzelnen Mitarbeiters, der über sein Interesse für ein bestimmtes Gebiet entscheidet, und andererseits aus der beruflichen Sozialisation, die sich aus den unterschiedlichen Vorstellungs- und Orientierungsmustern ergibt, die durch die Besonderheiten der Funktion geprägt werden.[5] Diese Barrieren müssen durch eine aktive Gestaltung der Unternehmenskultur durch das Management besonders zum Gelingen des Wissensmanagements überwunden werden, da sie die Wissens(ver)teilung entscheidend behindern.

---

[1] Schein (1995), S. 25; zur Gestaltung der Unternehmenskultur siehe z. B. Belz et al. (2004), S. 298.
[2] Vgl. Wildemann (2003), S. 18.
[3] Vgl. Bullinger/Prieto (1998), S. 88.
[4] Vgl. Bullinger/Prieto (1998), S. 88.
[5] Vgl. Schein (1995), S. 207; Schreyögg (1996), S. 427; positive und negative Wirkung von Unternehmenskultur siehe vertiefend Schreyögg (1996).

Eine Unternehmenskultur mit gegenseitigem Vertrauen - Vertrauen in die Mitarbeiter durch Vorgesetzte und unter den Kollegen - trägt auch zur Bildung von informellen Netzwerken bei, die eine wesentliche Rolle für ein effektives Wissensmanagement spielen. Für Bullinger/Prieto besitzen diese informellen Netzwerke „höchste Relevanz" bei der Identifikation von Wissen. Im Rahmen eines zielorientierten Wissensmanagements wird die Unternehmenskultur als ein entscheidender Erfolgsfaktor dementsprechend gestaltet.[1] Diese informellen Netzwerke helfen auch, funktionale Barrieren zu überwinden.

1.8. Interaktionen zwischen Key Account und Lieferant

Zwischen Lieferant und Key Account gibt es zahlreiche Interaktionen, die dem Informationsaustausch dienen. In Abbildung 37 sind Interaktionen zwischen Lieferant und Kunde und unternehmensinterne Prozesse zusammengestellt, die das Key Account Management steuernd beeinflussen kann. Teil des Key Account Managements ist Aufgabe, den Key Account bei seinen Prozessen im Rahmen der gemeinsamen Geschäftsfelder beratend zu unterstützen.

Lieferant	Interaktion	Key Account
• Unternehmensstrategie • Kundenstrategie • Kundenplanung • Vertriebsstrategie • Kommunikationsstrategie • Produktstrategie • Produktplanung • Produktentwicklung • Produktion • Distribution	• Strategiegespräche • Entwicklungsgespräche • Erstellung Account-Plan • Verkaufsgespräche • Rahmenvereinbarungen • Koordination • Auftragsabwicklung • Reklamationsbearbeitung • Technischer Support	• Strategische Planung • Operative Planung • Einkaufsentscheidung • Produktentwicklung • Produktion • Lagerhaltung

Abbildung 37: Unternehmensinterne Prozesse und Interaktionen zwischen Lieferant und Key Account[2]

Eine erfolgreiche Interaktion und ein optimaler Informationsfluss sind sicherlich nur dann gewährleistet, wenn Informationen in beide Richtungen fließen, also auch der Kunde davon profitiert. Rapp sieht in der Initiierung eines Dialogs die Voraussetzung für eine dauernde Verbesserung der Kommunikationsinhalte und einen beiderseitigen Lernprozess.[3]

Bei der Interaktion mit dem Key Account besteht die Aufgabe für das Key Account Management, die große Anzahl von Kanälen, über die ein Kundendialog initiiert

---

[1] Vgl. Bullinger/Prieto (1998), S. 99.
[2] Entnommen Gegenmantel (1996), S. 79; Darstellung verändert und an die Investitionsgüterindustrie angepasst.
[3] Vgl. Rapp et al. (2002), S. 136.

werden kann, zu koordinieren, die Informationen, die an den einzelnen Kontaktpunkten entstehen, im Sinne einer profitablen Nutzung zusammenzufügen und für heutige sowie zukünftige Aktionen auszuwerten. Viele Unternehmen stehen vor dem Problem, dieses Ziel zu erreichen und gegenüber dem Kunden mit einem einheitlichen Konzept und abgestimmten Botschaften und Aussagen aufzutreten.[1]

Miller/Heiman empfehlen, dass der Key Account Manager mindestens einen Ansprechpartner beim Key Account aufbaut. Sie nennen ihn den „Coach", der ihm Zusatzinformationen beschafft, die er sonst nicht ohne Weiteres erhält, der Informationen beurteilt und der ihn in schwierigen Situationen „führt".[1] Wichtig für das Key Account Management ist es, „echte" Rückmeldungen über die Qualität seiner Tätigkeit vom Key Account zu erhalten.

2. Auswirkungen des Wissensmanagements auf das Key Account Management

Eine wesentliche Teilaufgabe für das Key Account Management als Grenzstelle zu Kunden und Markt besteht in der Beschaffung, Auswertung und/oder Vermittlung von Informationen. Sidow bezeichnet das Key Account Management als ein „riesiges Informations-Beschaffungssystem."[3]

Ausgehend von den in Kapitel III, Abschnitt 1.6 gemachten Ausführungen zum Thema Wissensmanagement ist zu untersuchen, welche Auswirkungen dies auf das Key Account Management hat und welche Konsequenzen sich daraus ergeben.

2.1. Die Rolle des Key Account Managements bei der Wissensbeschaffung

In Kapitel III, Abschnitt 1.4.4 wurde dargelegt, dass Informationen vom Subjekt selektiert und diese unter Einflussnahme seines Blickwinkels und seiner Erfahrung in Wissen transformiert werden. Übertragen auf den Key Account Manager heißt dies, dass er nur solche Informationen aufnehmen kann, die aufgrund seines individuellen Wissens für ihn erkennbar sind. Er kann also nur solche Daten als Information entschlüsseln, für welche sich nach seinen eigenen Erfahrungen und Relevanzkriterien eine Bedeutung ergibt.[4] Ein Key Account Manager kann folglich in den Bereichen, in denen er nicht kompetent ist, Wissen nur eingeschränkt erzeugen und übermitteln.

Bei der Komplexität der Geschäftsbeziehungen mit Key Accounts ist der Key Account Manager kaum in der Lage, alle Gebiete umfassend zu beherrschen und immer auf dem

[1] Vgl. Rapp (2001), S. 111.
[2] Vgl: Miller/Heiman (1991).
[3] Vgl. Sidow (2002), S. 123.
[4] Vgl. Nonaka/Takeuchi (1997), S. 70; Willke (2001a), S. 89.

aktuellen Wissensstand zu sein. Wenn z.B. in der Forschungs- und Entwicklungs-abteilung des Lieferanten über neue Leistungen nachgedacht wird, die in zukünftige Produkte oder Dienstleistungen Eingang finden können, kann der Key Account Manager nicht den gleichen Wissensstand haben. Falls sein Kunde Entwicklungen betreibt, für die diese Leistungen interessant sein könnten, ist äußerst fraglich, ob der Key Account Manager dies erkennen kann. Wichtige Informationen gehen verloren, es sei denn, der Kunde fragt ausdrücklich nach und gibt ihm die Chance, das Thema in seinem Unternehmen abzuklären.

Wenn man weiter der Auffassung folgt, dass Wissenserzeugung und -erweiterung personengebunden ist[1] und dies unter Einflussnahme des eigenen Blickwinkels und der individuellen Erfahrung und nur in sozialer Interaktion entsteht, bei der implizites und explizites Wissen strukturell gekoppelt sind, kann der Key Account Manager das implizite Wissen den anderen Funktionen nur eingeschränkt zur Verfügung stellen. Nonaka/Takeuchi vertreten hier die Ansicht: „Den Schlüssel zum Erwerb von implizitem Wissen bildet die Erfahrung. Ohne eine Form gemeinsamer Erfahrung ist es äußerst schwer, sich in die Denkweise eines anderen hineinzuversetzen. Der bloße Informationstransfer ohne den dazugehörigen Erfahrungskontext ergibt meist nur wenig Sinn."[2] Die Produktion validen Wissens wird umso mehr beeinträchtigt, je mehr Grundkenntnisse und Erfahrung fehlen.[3]

Wenn man diese Ausführungen zugrunde legt und der These folgt, dass der Key Account Manager eine eingeschränkte Fähigkeit besitzt, alle Informationen zu erkennen, diese bewerten und als relevant einstufen zu können, hat dies Auswirkung auf die Rolle des Key Account Managers als Wissensbeschaffer für sein Unternehmen und auf die Gestaltung der Organisation des Key Account Managements.

Für die Betreuung eines komplexen Key Accounts ist aus diesem Grund der Einsatz eines Key Account Management Teams, in dem alle kundenrelevanten Funktionen und Unternehmensteile vertreten sind, nicht nur empfehlenswert, sondern erforderlich. Der Key Account Manager selbst deckt die Bereiche ab, in denen er über das erforderliche Wissen und Erfahrung verfügt und ist für die anderen Bereiche Mittler zwischen Kunden und den Unternehmensfunktionen.

2.2. Die Bedeutung des Key Account Management Teams

Die Betreuung eines Key Accounts mit einem Account Team bietet für das Wissens-management wesentliche Vorteile.

---

[1] Vgl. Nonaka/Takeuchi (1997); Schmiede (1999); siehe Kapitel III, Abschnitt 1.4.4.
[2] Nonaka/Takeuchi (1997), S. 75.
[3] Vgl. Scholl (1992), S. 903.

Durch das Account Team können aufgrund der in der Summe der Mitglieder breiteren und tieferen Wissensbasis mehr relevante und qualifiziertere Informationen aufgenommen und für die verschiedenen Funktonen des Unternehmens zur Verfügung gestellt werden. Den gleichen Nutzen kann ein Kunde aus der Betreuung durch ein Account Team ziehen.

Allerdings hat das Unternehmen die Aufgabe, das Account Team mit qualifizierten Mitarbeitern aus den Funktionen zu besetzen, da die Fähigkeiten der Mitglieder des Account Teams erheblichen Einfluss in der Innen- und Außenwirkung haben. Die Aussage von Probst, dass ein Wettbewerbsvorteil in erster Linie durch die Fähigkeit kompetenter Mitarbeiter entsteht, trifft sicherlich in besonderem Maße auf das Account Team zu.[1]

Das Account Team kann als „Wissensdrehscheibe" die unterschiedlichen Wissensstände, die durch Interaktion jedes einzelnen Team Mitgliedes mit dem Kunden entstanden sind, abgleichen und dadurch neues Wissen generieren. Folgt man Nonaka/Takeuchi, dann ist Wissensschaffung im Unternehmen nicht ohne Einzelinitiative und Interaktion innerhalb einer Gruppe möglich. Auf Account Team Ebene kann sich Wissen dann durch Dialog, Diskussion, Erfahrungsaustausch und Beobachtung verstärken oder erst herauskristallisieren.[2]

Die notwendigen Diskussionen im Account Team über Ziele, Vorgehensweisen, Maßnahmen, Problemlösungen tragen auch dazu bei, neues Wissen zu generieren und die Wissensbasis jedes einzelnen und des gesamten Teams auszubauen. Eine konstante gemeinschaftliche Problemlösung erhöht nach Probst die Effizienz bestehender Aktivitäten und kombiniert individuelle Fähigkeiten und organisationale Prozesse zu neuem organisationalen Wissen.[3]

2.3. Wissenstransfer/Wissensaustausch mit anderen Funktionen

Eine weitere Funktion des Account Teams ist eine schnelle, qualifizierte und zielgerichtete Verteilung von relevantem Wissen in die Unternehmensfunktionen. Das Wissen an die Stelle zu bringen, an der es gebraucht wird, ist eine der schwierigsten Ausgabe und das am meisten unterschätzte Hindernis für ein erfolgreiches Wissensmanagement.[4]

Die Account Team Mitglieder können den Wissenstransfer für ihre Funktionen auf personaler und organisationaler Ebene sicherstellen.

---

[1] Vgl. Probst et al. (1999), S. 37.
[2] Vgl. Nonaka/Takeuchi (1997), S. 24.
[3] Vgl. Probst et al. (1999), S. 44.
[4] Vgl. Probst et al. (1999), S. 224.

Um seinen Kunden erfolgreich managen zu können und einen optimalen Informationsfluss im Sinne seines Unternehmens nach innen und außen sicher zu stellen, benötigt auch der Key Account Manager intensiven Kontakt zu den kundenrelevanten Funktionen.

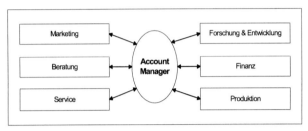

Abbildung 38: Funktionale Kontakte

Für den Key Account Manager ist es wichtig, direkten Kontakt zu den anderen Abteilungen und Funktionen zu halten, um diese verstehen und um die richtigen Informationen erkennen und herausfiltern zu können. Die Wissensidentifikation und Wissensentwicklung erfordert eine intensive und anstrengende Interaktion der Unternehmensangehörigen.[1]

Die Schaffung und Pflege eines Netzwerkes innerhalb seines Unternehmens ist eine notwendige Voraussetzung für den Key Account Manager, um seine Aufgabe erfolgreich erledigen zu können.[2] Luhmann weist darauf hin, dass der Begriff des Netzwerkes nicht schon durch die formale Organisation definiert ist, „sondern durch eine Art Vertrauen, das sich auf erkennbare Interessenslagen und wiederholte Bewährung stützt."[3] Diese Vertrauensbasis benötigt der Key Account Manager für den formellen, aber besonders auch für den informellen Informationstransfer, um die für ihn wichtigen Informationen zur Wissenserzeugung als Grundlage seines Handelns zu erhalten. Auf dem informellen Weg erhält er Hintergrundinformationen, die er auf dem Wege der formellen Organisation nicht oder nur schwierig erhalten würde. Hier verweist der Verfasser auf Luhmann, der ausführt, dass Informationen bewertet werden müssen und typisch nicht so genommen werden, wie sie sich geben, sondern einen zweiten Blick aushalten müssen. Sie werden nochmals gefiltert unter dem Gesichtspunkt: Von wem kommen sie? Kann man ihnen trauen? Was lassen sie ungesagt? Was steckt dahinter?"[4]

---

[1] Vgl. Nonaka/Takeuchi (1997), S. 21.
[2] Netzwerke folgen nicht der formalen Organisation, sind nicht deckungsgleich.
[3] Luhmann (2000), S. 25.
[4] Luhmann (2000), S. 118.

IV: Die Umsetzung des Key Account Managements in der Praxis
Eine empirische Untersuchung

1. Untersuchungsdesign

Damit das dargestellte Konzept den Unternehmen den größtmöglichen Nutzen bringen kann, müssen bei der Implementierung folgende Fragen beachtet werden: Welche Voraussetzungen und Bedingungen sind bei der Implementierung zu schaffen und wie werden die beschriebenen Elemente in der Praxis umgesetzt? Um dies herauszufinden, wurde eine Umfrage in Unternehmen der IT-Industrie durchgeführt.

In der Umfrage wurden als zusätzliche Schwerpunkte folgende Punkte thematisiert: Welche Faktoren beeinflussen die Umsetzung und wie finden die Ergebnisse der Key Account Planung Eingang in die eigene Unternehmensplanung? Ein Teil der Umfrage beschäftigt sich mit dem Thema, inwieweit das Key Account Management als Grenzstelle zu Kunden und Markt zum Wissenserwerb beiträgt und wie der Transfer dieses Wissens innerhalb des Unternehmens zu den Funktionen, die in das Key Account Management eingebunden sind, organisiert und sichergestellt wird.

1.1. Empirisches Forschungsdesign und methodische Vorgehensweise

Als Voraussetzung für die Untersuchung bedurfte es der Klärung von Methodik und Vorgehensweise. Es musste entschieden werden, welches Instrumentarium empirischer Forschung sich eignet und welche Unternehmen und welcher Personenkreis einbezogen werden sollen.

1.1.1. Form der Datenerhebung

Für die Datenerhebung wurde als Methodik die Befragung in Form des Leitfaden geführten, persönlichen Einzelinterviews gewählt.[1] Dem persönlichen Interview wurde der Vorzug gegeben, weil die zu untersuchenden Themen sehr komplex sind und teilweise subjektive, emotionale Bereiche des Befragten berühren. Darüber hinaus sind sehr sensible Informationen betroffen, die im Unternehmen des Befragten nicht weitergeleitet werden dürfen. Aus diesen Gründen und weil sich die Situation, in der die Zielperson den Fragebogen ausfüllt, nicht kontrollieren lässt[2] und Einflussnahmen anderer Personen nicht auszuschließen sind, erscheint eine schriftliche Befragung für diese Arbeit weniger geeignet.

---

[1] Vgl. Kromrey (2002), S. 377.
[2] Vgl. Kaase (1999), S. 14.

Demgegenüber müssen als Nachteil eines persönlich-mündlichen Interviews der Aufwand für die zu führenden Interviews und der Zeitbedarf für die Befragten gesehen werden. Es wurde trotzdem die Interviewmethode gewählt, weil sich hiervon bessere Ergebnisse versprochen wurden.

In Erwägung gezogen wurde auch, in jedem Unternehmen eine Gruppenbefragung von zwei Key Account Managern mit dem zuständigen Vorgesetzten durchzuführen. Für diese Vorgehensweise wurde erwartet, dass es durch eine Gegenüberstellung der unterschiedlichen Betrachtungsweisen der Befragten möglich wäre, in der Diskussion die Erkenntnisse und die Informationen zu verbessern. Ein Vergleich der Aussagen der Teilnehmer kann auch besonders dann neue Aspekte liefern, wenn mit den Beteiligten einzelne Themen vertieft werden.

Nach einer Analyse der Methode und Rücksprache mit Key Account Managern und Vertriebsleitern wurde diese Vorgehensweise als für diese Arbeit ungeeignet verworfen. Die Gründe hierfür sind:

- Aufgrund des Vorgesetzten-Mitarbeiter-Verhältnisses der Befragten entsteht ein Rollenverhalten mit der Gefahr, dass der Vorgesetzte die Themen maßgeblich beeinflusst und das Interview dominiert.

- Die Teilnehmer, vor allem die Key Account Manager, werden sich in der Gruppe weniger offen und kritisch äußern und

- Schließlich pragmatisch: Ein Gruppeninterview ist kaum durchführbar, weil es äußerst schwierig ist, in einer Vertriebsorganisation alle Beteiligten zu einem Termin zusammenzufassen.

Als Erhebungsinstrument wurde ein vollstandardisierter Fragebogen mit offenen und geschlossenen Fragen benutzt. Geschlossene Fragen mit vorformulierten Antwortalternativen wurden gewählt, wenn konkrete, vergleichbare Sachverhalte zu erfragen waren. Bei den Fragen wurden Ja- / Nein-Fragen gestellt und Selektivkategorien angeboten, bei denen die Wahl einer oder mehrerer Antworten unter einer Auswahl von möglichen Antworten bestand.

Offene Fragen wurden bei eher qualitativ, diskursiv und „kommunikativen" Fragen und Themen bevorzugt.

Diese Kombination liefert auf der einen Seite strukturierte, direkt vergleichbare Ergebnisse; auf der anderen Seite boten die offenen Fragen darüber hinaus die Chance, auch sensible Aspekte thematisieren und persönliche, kritische Informationen erhalten zu können.

1.1.2. Fragebogendesign

Es wurden zwei unterschiedliche Fragebögen erstellt, der eine für die Interviews mit den Key Account Managern und ein weiterer für die Interviews mit den Vertriebs-leitern.[1] Die Fragebögen sind inhaltlich so aufeinander abgestimmt, dass auch festgestellt werden kann, ob Key Account Manager und Vertriebsleiter zu bestimmten Themen in ihren Aussagen übereinstimmen oder divergieren.[2]

Bei der Gestaltung des Fragebogens wurde besonders auf folgende Elemente geachtet:[3]

- Die Fragen wurden nicht zu lang formuliert und doppeldeutige Formulierungen vermieden.

- Die offenen Fragen wurden konkret und spezifisch formuliert, aber nicht zu eng gefasst, um auch Spielraum für zusätzliche „überschüssige" Informationen zu ermöglichen.

- Es wurde versucht, die Fragen so zu stellen, dass die Formulierungen keine bestimmte Richtung begünstigen.

- Durch abwechselnde offene und geschlossene Fragen wurde Monotonie im Interviewverlauf verhindert und mehr der Charakter eines Gesprächs erzielt.

- Um eine Konsistenz der Aussagen überprüfen zu können, wurden die Themen in unterschiedlichen Zusammenhängen und Formulierungen in die Interviews eingebaut.

Zur Überprüfung der Eignung der Fragebögen wurden vor der eigentlichen Befragung Probeinterviews mit zwei Personen, einem Key Account Manager und einem Vertriebsleiter hinsichtlich der Verständlichkeit, des logischen Aufbaus der Fragen und der Bearbeitungsdauer durchgeführt.

1.2. Interviewter Personenkreis (Zielgruppen)

Vor der Datenerhebung war zu klären, ob die Interviews branchenübergreifend oder branchenspezifisch erfolgen sollen.

Um eine Vergleichbarkeit der Ergebnisse sicherzustellen und um die Ergebnisse und Aussagen auf eine breitere Basis stellen zu können, wurden Interviewpartner ausschließlich aus der IT-Industrie gewählt.

Die Bereitschaft zur Gewährung von Interviews war durchweg gegeben. Mit einer Ausnahme haben sich alle angesprochenen Unternehmen dazu bereit erklärt. Lediglich

---

[1] Siehe Anhang A und B.
[2] Siehe Anhang C.
[3] Vgl. Kaase (1999), S. 22; Schrader (1971), S. 107.

ein Unternehmen lehnte ab, weil es sich gerade in einer intensiven Umorganisation (Merger) befand.

1.2.1. Ausgewählte Firmen

Bei vielen Unternehmen in der Informationstechnologie ist eine deutliche Verschiebung vom Produkthersteller („Hardware") zum Dienstleister (Service- und Lösungsanbieter) – einem Solution Provider - festzustellen. Dies bewirkt auch eine Steigerung der Anforderungen an das Key Account Management.

Für die Interviews wurden Unternehmen nach folgenden Kriterien ausgewählt:
- Führende Unternehmen der IT-Branche[1]
- Zusätzlich Unternehmen der IT-Branche, die in dem Zeitraum vor dem Start der Erhebung im Stellenmarkt Key Account Manager gesucht haben (Presse und Internet)
- Unternehmen, die auch Lösungsanbieter sind

1.2.2. Befragte Funktionen

Erhebungseinheiten waren mit einer Ausnahme in jedem Unternehmen zwei Key Account Manager und der jeweilige Vorgesetzte. In einem Unternehmen wurde nur ein Key Account Manager interviewt. Lediglich in den Firmen, in denen nach dem Interview mit der Führungskraft (Vertriebsleiter oder Geschäftsführer, wenn er in Personalunion auch Vertriebsleiter war) eindeutig festgestellt wurde, dass sie zwar Vertriebsmitarbeiter mit dem Titel Key Account Manager in der Vertriebsorganisation haben, aber keine Elemente des Key Account Managements implementiert waren und die Aufgaben der Vertriebsmitarbeiter nicht im Entferntesten den Anforderungen eines Key Account Managers entsprachen, wurde auf ein Interview mit den ‚Key Account Managern' verzichtet.

Generell wurden zunächst die Vertriebsleiter interviewt. Diese wurden dann gebeten, zwei Key Account Manager für die weiteren Interviews in dem Unternehmen zu benennen.

Es wurden folgende Interviews durchgeführt:

---

[1] Interviewt wurden die Marktführer ihrer jeweiligen Marktsegmente.

Durchgeführte Interviews	39
• Anzahl der interviewten Unternehmen	16
• Unternehmen mit Schwerpunkt HW-Hersteller	4
• SW-Hersteller	8
• Dienstleister	2
• HW-Hersteller mit „embedded" Produkten	2
• Interviewte Vorgesetzte	16
• Interviewte Key Account Manager	23
• Firmen, bei denen das KAM nicht implementiert war	2

Abbildung 39: Durchgeführte Interviews[1]

Die Befragung wurde weitgehend in dem Zeitraum Juni bis September 2005 durchgeführt.

2. Key Account Management in der Umsetzung

In den folgenden Abschnitten wird dargestellt, wie das Key Account Management Modell in der Praxis am Beispiel der IT-Industrie realisiert wird. Die zentrale Frage bei der Untersuchung ist, ob in den Unternehmen alle Chancen und, wenn nicht, welche genutzt werden, die sich aus den Möglichkeiten des Key Account Managements ergeben und wie die Qualität der Umsetzung ist.

2.1. Die Bedeutung des Key Account Managements im Unternehmen

Um festzustellen, welche Bedeutung das Key Account Management im Unternehmen hat und wie seine Stellung gesehen wird, wurde die Frage gestellt, ob im Unternehmen ein Unterschied in der Behandlung von Key Account Management und Normal-Vertrieb besteht.[2]

Prozent	Hindernisse	Sehr hoch	Hoch	Mittel	Gering	Sehr gering
57	Vertriebsleiter	13	13	13	13	50
55	Key Account Manager	36	36	9	0	18

Tabelle 1: Unterschied zwischen KAM und Normal-Vertrieb

---

[1] Die beiden Firmen, bei denen kein Key Account Management implementiert war, haben über Stellenanzeigen Key Account Manager gesucht. Die Verkäufer in diesen Unternehmen trugen jedoch lediglich den Titel eines Key Account Managers. In Wirklichkeit handelte es sich um einen Standard-verkäufer.
Embedded products: Dies sind Produkte, die als fester Bestandteil in das Produkt des Kunden eingehen und meist nicht mehr als „Fremdprodukt" im Endprodukt erkennbar sind.
[2] Siehe Fragen D13 (KAM) und D1 (VL).

Gemäß Tabelle 1 beurteilen Vertriebsleiter und Key Account Manager (57 bzw. 55 Prozent) die Gleichbehandlung von Key Account Management und Normal-Vertrieb als Hindernis für die Umsetzung des Key Account Managements.

Bei der Einschätzung der Auswirkungen der Gleichbehandlung des Key Account Managements und des Normal-Vertriebs auf die Umsetzung des Key Account Managements gehen die Meinungen der Vertriebsleiter und Key Account Manager deutlich auseinander. Die Key Account Manager sehen hierin mit 72 Prozent ein ‚sehr hohes' und ‚hohes' Hindernis, während die Vertriebsleiter zu 50 Prozent meinen, dass die Gleichbehandlung nur einen ‚sehr geringen' Einfluss auf die Qualität der Umsetzung des Key Account Managements hat. Hier kann man die Vermutung anstellen, dass dieser Teil der Vertriebleiter nicht den nötigen Fokus auf der Umsetzung des Key Account Managements hat, die Bedeutung und den Nutzen nicht sieht oder das Unternehmen ihnen keine Möglichkeit (Ressourcen Zumessung, Zielsetzung, Einfluss auf andere Vertriebsbereiche und Funktionen) gibt, das Modell entsprechend umzusetzen.

Allerdings sieht auch ein Viertel der Vertriebsleiter (26 Prozent) in einer fehlenden Unterscheidung des Key Account Managements und Normal-Vertrieb ein ‚sehr hohes' und ‚hohes' Hindernis.

Wie dargestellt, wird eine Einbindung des Key Account Managements in das Unternehmen über den Vertrieb hinaus und die Sichtbarmachung seiner Bedeutung durch das Top-Management als Voraussetzung für eine erfolgreiche Umsetzung gesehen,[1] was besonders für die Durchsetzung von Anliegen im Unternehmen und bei Interessenkonflikten mit anderen Funktionen wichtig ist.

Auf die Frage nach dem Stellenwert des Key Account Managements beim Top-Management des Unternehmens und danach, ob dies für den Fall eines geringen Stellenwertes, ein Hindernis für die Umsetzung bedeuten könnte, geben 45 Prozent der Key Account Manager und 57 Prozent der Vertriebsleiter an, dass das Key Account Management beim Top-Management „keinen hohen Stellenwert" habe und dass dies ein Hindernis darstelle. In der Auswirkung auf das Key Account Management sehen 50 Prozent der Key Account Manager und 38 Prozent der Vertriebsleiter dieses Hindernis als ‚sehr hoch' und ‚hoch' an. Fasst man die Kategorien sehr hoch, hoch und mittel zusammen, sehen beide die Auswirkungen gleich (ca. 60 Prozent). Dies lässt vermuten, dass die Verankerung des Key Account Managements in den Unternehmen defizitär ist.

---

[1] Siehe Kapitel II, Abschnitt 4.

Prozent	Kein hoher Stellenwert des KAM	Sehr hoch	Hoch	Mittel	Gering	Sehr gering
45	Key Account Manager	20	30	10	10	30
57	Vertriebsleiter	25	13	25	13	25

Tabelle 2: Stellenwert des Key Account Managements beim Top-Management

Trotz einer kritischen Einschätzung des Stellenwerts des Key Account Managements im Unternehmen durch die Vertriebsleiter (38 Prozent) schätzen 64 Prozent der Key Account Manager das Ansehen ihrer Funktion im Unternehmen als ‚sehr hoch' und ‚hoch' ein (siehe Abbildung 40).[1]

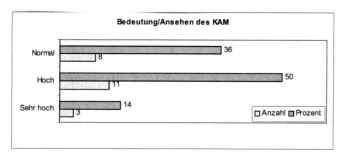

Abbildung 40: Bedeutung und Ansehens des Key Account Managers im Unternehmen in der Einschätzung durch die Key Account Manager

Interessant ist der Vergleich mit der Frage nach der Unterstützung des Key Account Managers durch das Top-Management bei Kundenbesuchen und bei der Durchsetzung des Planungsprozesses im Unternehmen. Obwohl ‚insgesamt' kein hoher Stellenwert für das Key Account Management gesehen wird, geben auf diese Frage 59 Prozent der Key Account Manager an, eine ‚sehr hohe' bzw. ‚hohe' Unterstützung bei den Kunden-Besuchen und 55 Prozent im Planungsprozess zu erfahren.[2]

Die Bedeutung der Key Accounts für das Unternehmen und der Planungsprozess für das Management werden als wichtig erachtet, was sich aber scheinbar nicht auf das gesamte Key Account Management niedergeschlagen hat.

2.2. Die Elemente des Key Account Managements

2.2.1. Der Key Account Manager

In den Unternehmen werden die verschiedensten Bezeichnungen für den Key Account Manager verwendet. Um einige Beispiele zu nennen: Enterprise Account Manager,

---

[1] Siehe Frage B6 (KAM).
[2] Siehe Fragen D14 a und b (KAM).

Client Executive, Business Development Manager, Vertriebsmanager, Relationship Manager, Engagement Manager und andere mehr. In vielen Bezeichnungen, besonders mit dem „Engagement Manager", wird die innere Bindung an Kunde und Unternehmen, das Gefühl der inneren Verpflichtung und der persönliche Einsatz als wesentliche Bestandteile der Aufgabe des Key Account Managers zum Ausdruck gebracht.

2.2.1.1. Der Unterschied zum Standardverkäufer

Von nahezu zwei Drittel der Key Account Manager (64 Prozent) wurde ihr Ansehen im Unternehmen als ‚hoch' und ‚sehr hoch' eingestuft. 36 Prozent von ihnen bezeichneten es als ‚normal'.[1]

Auf die Frage, wie sie sich im Vergleich zum Standard Produktverkäufer positionieren, geben 18 Prozent ‚kein Unterschied' an. Der Rest nennt als wesentliche Unterscheidungsmerkmale beratungs-/lösungsorientiert, prozessorientiert, das Beziehungsmanagement, strategisches Denken und die Beschäftigung mit dem Geschäft des Kunden.[2]

Der Key Account Manager sieht sich als *Relation Manager*, der ein hohes Maß an Kompetenz benötigt, um Vertrauen zu seinem Kunden aufbauen zu können, während beim Standardverkäufer mehr das Verkäuferische und das Denken in Produkten und Volumen im Vordergrund stehen. Ausgehend vom Kunden denkt er in Geschäfts-prozessen, ist lösungsorientiert und versucht, neue Wege zu beschreiten. Ein Key Account Manager fasste zusammen: „Key Account Management ist die Kunst, den Kunden im Unternehmen zu vertreten und das Unternehmen beim Kunden."[3]

Besonders herausgehoben wird von den Key Account Managern das strategische Denken. Er muss sich überlegen, wie er seinen Kunden aufbaut, ausbaut und wie sich sein Geschäft in zwei bis drei Jahren entwickelt. Er bewegt sich beim Kunden insgesamt auf „höherer" Ebene. Der Standardverkäufer ist bei seiner Vorgehensweise in der Kundenbetreuung mehr opportunistisch orientiert und auf das kurzfristige, schnelle Geschäft ausgerichtet.

Der Key Account Manager hat auch eine Führungsaufgabe. Er ist Leiter des Account Teams und häufig auch bei Key Accounts mit geografischer Verteilung fachlicher Leiter für die regional zuständigen Verkäufer.

Wegen dieser breiten Anforderungen an die Funktion des Key Account Managers und der sich daraus abzuleitenden Qualifikation bieten sich ihm beste Entwicklungschancen

---

[1] Siehe Frage B6 (KAM) und Abbildung 40.
[2] Siehe Frage B7 (KAM).
[3] Interview Nr. 15-002 mit KAM am 02.09.2005.

im Unternehmen. Aussage eines Key Account Managers: „Key Account Manager ist der beste Job, den es gibt. Sie haben die besten Möglichkeiten, sich intern zu platzieren."

Die Ergebnisse der Frage nach den Anforderungsschwerpunkten an einen Key Account Manager und deren Gewichtung aus der Sicht der Vorgesetzten der Key Account Manager ist in Abbildung 41 dargestellt.[1]

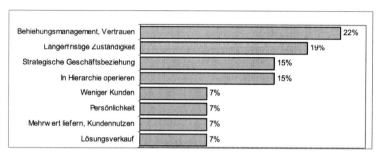

Behiehungsmanagement, Vertrauen	22%
Längerfristige Zuständigkeit	19%
Strategische Geschäftsbeziehung	15%
In Hierarchie operieren	15%
Weniger Kunden	7%
Persönlichkeit	7%
Mehrwert liefern, Kundennutzen	7%
Lösungsverkauf	7%

Abbildung 41: Schwerpunkte des KAM aus der Sicht der Vertriebsleiter

Die Antworten der Key Account Manager zu der gleichen Fragestellung und die der Vorgesetzten weichen nicht sehr voneinander ab. Lediglich der lösungsorientierte Verkauf wurde von den Key Account Managern höher eingestuft. Auch die Führungskräfte sehen das Beziehungsmanagement und die längerfristige Zuständigkeit für einen Kunden, die sich wie dargestellt gegenseitig bedingen, als oberste Priorität an.

Verfolgt man die Stellenangebote für Key Account Manager im Internet und in überregionalen Zeitungen und vergleicht dabei die dort beschriebenen mit den von den interviewten Key Account Managern genannten und in Kapitel II, Abschnitt 1.8 beschriebenen Anforderungen, kann man die Vermutung äußern, dass der Begriff des Key Account Managers häufig, besonders bei mittleren und kleineren Unternehmen, als Synonym für einen Standardverkäufer verwendet wird.

2.2.1.2. Dauer der Kundenzuständigkeit

Bei der Zusammenarbeit mit Key Accounts ist Betreuungskontinuität erforderlich.[2]

28 Prozent der interviewten Key Account Manager geben an, erst relativ kurz mit ihrem Key Account zusammenzuarbeiten. Der Schwerpunkt der Angaben liegt bei einer Zuständigkeit zwischen drei und fünf Jahren (50 Prozent). Allerdings sind 19 Prozent der Key Account Manager schon fünf und mehr Jahre für ihren/ihre Kunden zuständig,

---

[1] Siehe Frage B4 (VL).
[2] Vgl. Belz et al. (2004), S. 210.

davon 14 Prozent bereits über 10 Jahre. Dieses Ergebnis weist im Durchschnitt auf eine relativ lange Zuständigkeit hin[1] (siehe Abbildung 42).

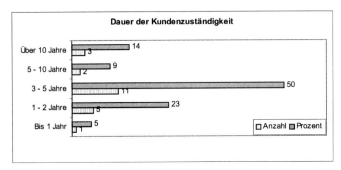

Abbildung 42: Die Dauer der Kundenzuständigkeit

Anders wird die Dauer der Kundenzuständigkeit von den Vertriebsleitern beurteilt. Bei der Frage an die Vertriebsleiter nach der durchschnittlichen Verweildauer der Key Account Manager gaben diese an, dass 71 Prozent der Key Account Manager erst drei Jahre und weniger für ihren Key Account verantwortlich seien.[2] Dies deutet auf häufige Wechsel hin, denn die meisten befragten Unternehmen haben das Key Account Management schon deutlich länger implementiert. Der Unterschied scheint daran zu liegen, dass die Vertriebsleiter für die Interviews nicht ihre neu ernannten, sondern mehrheitlich die erfahrenen Key Account Manager vorgeschlagen haben.

Grundsätzlich hat die Aussage von Senn aus dem Jahre 1996 Bestand, dass es in vielen Unternehmungen infolge der hohen Fluktuation bei jungen Spitzenkräften an der notwendigen Konstanz fehlt, ohne die sich langfristige Kundenbeziehungen nicht aufbauen lassen.[3] Im Gegensatz dazu steht die Aussage von 43 Prozent der Vertriebsleiter, dass die Verweildauer länger geworden ist (29 Prozent haben unverändert angegeben), was diese auf die Einsicht der Geschäftsführung in die Notwendigkeit einer längeren Verweildauer, aber auch auf die Situation im Arbeitsmarkt zurückführen.[4] Das Job-Angebot im Markt ist zurückgegangen und die Unternehmen expandieren weniger, was geringere Umbesetzungen zur Folge hat. Gegenläufig hierzu ist ein stärkerer Betreuungswechsel, der durch Umorganisationen (Business-Reengineering, flachere Hierarchien, Personalabbau, Divisionalisierung, Outsourcing) und Firmenzusammenschlüsse (Merger) verursacht wird. Generell sehen

---

[1] Siehe Frage C2 (KAM).
[2] Siehe Frage B2 (VL).
[3] Vgl. Senn (1996), S. 4.
[4] Siehe Frage B3 (VL).

die Vertriebsleiter die derzeitige durchschnittliche Verweildauer aber immer noch als zu kurz an.

Da nicht alles Wissen in kodierter (expliziter) Form vorliegt, geht beim jedem Wechsel des Key Account Managers ein Teil davon verloren. Dem Unternehmen muss also daran gelegen sein, die Wissensträger langfristig in ihrer Position zu halten und an das Unternehmen zu binden. Dies ist nicht nur aus der Sicht des Wissenserhalts, sondern auch zur Erhaltung eines dauerhaften Beziehungsnetzwerkes zu dem Key Account erstrebenswert. Um dieses Ziel zu erreichen, bedarf es eines innovativen Personalmanagements, das dem Mitarbeiter eine individuelle Entwicklung aufzeigt und der Aufgabe den entsprechenden Stellenwert im Unternehmen gibt.

2.2.1.3. Ausbildung der Key Account Manager

In Kapitel II, Abschnitt 1.8.2 wurden die hohen Anforderungen an einen Key Account Manager dargestellt.

Die interviewten Key Account Manager weisen in der Mehrheit eine qualifizierte Ausbildung auf. 73 Prozent der Key Account Manager haben ein abgeschlossenes Studium an einer Universität oder Fachhochschule. Auch blicken die meisten auf eine langjährige praktische Erfahrung zurück. 55 Prozent sind bereits mehr als 10 Jahre im Vertrieb tätig, und wenn man die Grenze bei fünf Jahren zieht, erhöht sich dies auf 87 Prozent. Als Key Account Manager sind 72 Prozent schon fünf Jahre und mehr tätig.[1]

Interessant ist die Frage, ob die Key Account Manager auch schon in anderen Funktonen gearbeitet haben. Diese Erfahrung wäre sicherlich hilfreich für die Zusammenarbeit im Key Account Management Team, mit den Funktionen im eigenen Unternehmen und auch besonders im Kontakt mit den verschiedenen Abteilungen beim Kunden.

Durch eine Tätigkeit in anderen Funktionen kennt der Key Account Manager deren Aufgabenstellungen und Besonderheiten und kann ihnen mit Verständnis und Einfühlungsvermögen entgegentreten.

Diese Erfahrung dient auch dem Wissenserwerb und Wissenstransfer. Auf der Basis dieses Wissens erkennt der Key Account Manager relevante Informationen besser und kann diese intern wie extern gezielter weitergeben.

95 Prozent der Key Account Manager geben an, bereits in einer anderen Funktion, manche in mehreren, gearbeitet zu haben. Abbildung 43 zeigt die Verteilung über die

---

[1] Siehe Fragen B1, B2, B3 (KAM).

verschiedenen Funktionen. Aufgrund der Vertriebsstruktur liegt ein Schwerpunkt im Bereich Consulting.[1]

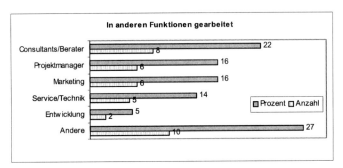

Abbildung 43: Key Account Manager mit Erfahrung in anderen Funktionen

Prozent	Zu wenig auf die Aufgabe als KAM vorbereitet	Sehr hoch	Hoch	Mittel	Gering	Sehr gering
23	Key Account Manager	0	20	20	20	40

Tabelle 3: Vorbereitung der KAM auf ihre Aufgabe

In dem Fragenkomplex nach den auftretenden Hindernissen für die Umsetzung des Key Account Managements sehen nur 23 Prozent der Key Account Manager ein Hindernis in einer mangelhaften Vorbereitung auf ihre Aufgabe. Von diesen wird der Einfluss auf ihre Arbeit mit 60 Prozent als ‚sehr gering' bzw. ‚gering' bewertet. Dies scheint kein nennenswertes Hindernis auf die Umsetzung des Key Account Managements zu haben.

2.2.1.4. Trainingsmaßnahmen für Key Account Manager

Im nächsten Schritt galt es festzustellen, was das Unternehmen für die laufende Weiterbildung der Key Account Manager unternimmt. Es wurde deshalb die Frage gestellt, an wie vielen Trainingstagen sie in den letzten 24 Monaten teilgenommen haben und wie viele Tage sich davon speziell auf die Weiterentwicklung der Skills eines Key Account Managers bezogen.

Vier von 19 Key Account Managern (21 Prozent) erhielten keinerlei Training. Die restlichen 15 Key Account Managern haben an 159 Tagen an einem Training teilgenommen,[2] wovon 42 Tage (26 Prozent) speziell für das Key Account Management waren, die allerdings auf nur neun Key Account Manager (durchschnittlich 4,7 Tage)

---

[1] Siehe Frage B4 (KAM).
[2] Siehe Frage B5 (KAM); von den Befragten machten zwei keine Angaben; für einen KAM wurde eine spezielle Trainingsmaßnahme durchgeführt.

fallen. Nur 60 Prozent der trainierten Key Account Manager erhielten ein spezielles Training.

Weniger als die Hälfte (47 Prozent) aller Key Account Manager wurde also in den letzten beiden Jahren nicht in für das Account Management speziellen Themen unterrichtet. Dies muss in Anbetracht der Bedeutung für das Ergebnis eines Unternehmens als kritisch angesehen werden. Der Schwerpunkt der Weiterbildungs-maßnahmen lag vorwiegend auf Produktschulungen und allgemeinen Themen.

Als Instrument, das Erfahrungswissen der Mitarbeiter systematisch erweitern zu können, eignen sich Job-Rotationen. Eine Job-Rotation bietet den Mitarbeitern die Möglichkeit, in verschiedenen Funktionen tätig zu sein, dadurch die Aufgaben eines Unternehmens aus den unterschiedlichsten Perspektiven wahrzunehmen und so zu lernen, funktionsübergreifend und ganzheitlich zu denken, sowie zusätzliche fachliche Qualifikationen aufzubauen.[1] Eine Job-Rotation hilft besonders dem Account Manager in verschiedener Hinsicht. Für die Führung des Account Teams kann er den Mitgliedern aus anderen Funktionen ein besseres Verständnis entgegenbringen und deren Zielsetzung besser einschätzen. Auch wird sein Wissen auf eine breitere Basis gestellt, die es ihm ermöglicht, relevante Informationen besser zu erkennen. Probst erwähnt noch einen weiteren Aspekt. Durch eine gezielte Job-Rotation kann es gelingen, den Aufbau von Wissensnetzwerken gezielt zu fördern.[2] Bei der Bedeutung der Funktion des Key Account Managers wäre der Aufwand für ausgewählte Kunden durchaus gerechtfertigt. Ein solches Instrument war jedoch in keinem der untersuchten Unternehmen institutionalisiert. Lediglich in einem Fall wurde der Key Account Manager als Vorbereitung auf seine Aufgabe in einem Kurzdurchlauf mit den Abteilungen vertraut gemacht.

2.2.1.5. Anteil des Key Account Managers an laufenden Projekten

In nahezu allen IT-Unternehmen werden größere Projekte abgewickelt. Zwei Fragen dienen der Feststellung, welche Rolle der Key Account Manager nach Erhalt des Auftrags für das Projekt bei der Implementierung einnimmt und welchen Einfluss er auf die Realisierung hat.[3] Ein zufrieden stellender Projektverlauf ist für die Kunden-zufriedenheit und den Geschäftsverlauf und damit für den weiteren Erfolg des Key Account Managers von Bedeutung.

Alle Key Account Manager geben an, bei ihren Kunden laufende Projekte zu haben, deren Laufzeit zwischen sechs Monaten und drei Jahren beträgt.

---

[1] Vgl. Felbert (1998), S. 138.
[2] Vgl. Probst et al. (1999), S. 241.
[3] Siehe Fragen D15 und D16 (KAM).

- 130 -

Eine aktive Rolle haben dabei nur 18 Prozent der Key Account Manager. Die meisten, drei Viertel (77 Prozent), haben eine begleitende Aufgabe. Lediglich 5 Prozent (ein Key Account Manager) haben mit der Abwicklung nichts mehr zu tun.

Der Grad der Einbeziehung der Key Account Manager ist unterschiedlich. Sie nehmen an entscheidenden Besprechungen (*Milestones*) teil und werden aktiv, wenn sie vom Projektverantwortlichen eingeschaltet werden oder wenn sie sehen, dass größere Abweichungen bei der Projektabwicklung entstehen. Meist erst in kritischen Situationen werden die Key Account Manager auch vom Kunden aufgefordert, sich in das Projekt einzuschalten. Um einer solchen Situation vorzubeugen, wäre es sinnvoll, wenn der Projektverantwortliche den Key Account Manager früher einbeziehen würde. Besonders bei schwierigen Situationen ist der Key Account Manager aufgrund seiner Kundenbeziehung gefragt, eine vermittelnde Rolle zu übernehmen.

Welche Rolle der Vertrieb bei der Abwicklung von Projekten spielen soll, ist in der Praxis ein häufig diskutiertes Thema. Grundsätzlich gibt es zwei Ansichten: Mit dem Gewinn des Projektes gibt der Vertrieb die Verantwortung und das Projektmanagement an die ausführende Abteilung (z.B. Professional Services) ab. Die Aufgabe des Vertriebs beschränkt sich auf die Akquise und die Gewinnung von Projekten; er kümmert sich nicht mehr um die Realisierung. Das andere Konzept sieht im Vertrieb einen permanenten Begleiter der laufenden Aktivitäten auch während der Realisierungsphase.

Hier wird die Meinung vertreten, dass besonders bei Key Accounts der Key Account Manager immer eine begleitende Rolle einnimmt, so wie es von den meisten auch angegeben wurde. Er ist für die Entwicklung der Kundenbeziehung verantwortlich, die in nicht unerheblichem Maße von der Abwicklung der Projekte beeinflusst wird. Außerdem ist ein Projekt in der Realisierung häufig der Ausgangspunkt für neue Geschäftschancen.

2.2.2. Account Planungsprozess

In diesem Abschnitt werden die Ergebnisse der Untersuchung dargestellt, wie der Account Planungsprozess mit den Elementen Account Analyse und Account Strategie umgesetzt wird, wie die Ergebnisse in den Account Plan einfließen, ob und wie der Account Review implementiert ist und wie dieser durch das Management und die Funktionen wahrgenommen wird. Ferner wird dargestellt, wie der Prozess gehandhabt wird und welchen Nutzen Key Account Manager und Unternehmen aus dem Account Planungsprozess sehen.[1]

---

[1] Siehe Abbildung 11.

2.2.2.1. Account Plan

Der Account Plan, in dem die Ergebnisse des Account Planungsprozesses zur Strategie, die Ziele und Maßnahmen und das Wissen über den Kunden zusammengefasst sind, stellt die Grundlage der Aktivitäten für den Key Account Manager und das Account Team für die laufende Periode dar und zeigt die Planung für den nachfolgenden Planungszeitraum auf.

Das Instrument des Account Plans wird von den meisten Key Account Managern genutzt und geschätzt. 91 Prozent gaben an, einen Account Plan zu erstellen.[1]

Der Key Account Manager bezieht möglichst alle Funktionen in die Account Planung ein, die mit dem Kunden zusammenarbeiten, damit diese ihr Wissen einbringen können, ihre Anregungen und Ziele im Account Plan berücksichtigt werden und die Ziele und geplanten Maßnahmen von diesen dann mitgetragen werden. Deshalb wurden die Vertriebsleiter gefragt, welche Funktionen an der Account Planung und damit an der Erstellung des Account Plans teilnehmen.[2] Das Ergebnis ist in Tabelle 4 dargestellt.

Funktionen	Immer	Meistens	Häufig	Selten	Gar nicht	Gesamt
Vorgesetzter	55	0	15	15	15	100
Consultants	58	8	8	18	8	100
Marketing	8	8	26	8	50	100
Service	15	15	8	15	47	100
Entwicklung	8	0	8	17	67	100

Tabelle 4: Teilnahme der Funktionen an der Account Planung nach
Einschätzung der Vertriebsleiter

Mitarbeiter der Entwicklungsabteilung nehmen zu 84 Prozent ‚selten' oder ‚gar nicht' an der Planung teil. (Nähere Ausführungen hierzu in Kapitel IV, Abschnitt 2.8.3.3). Bemerkenswert ist, dass vom Service-Bereich, dessen Mitarbeiter häufigen Kunden-kontakt haben, und insbesondere auch von Marketing jeweils deutlich mehr als die Hälfte der Bereiche nicht am Planungsprozess teilnimmt. Die Zusammenarbeit mit Marketing wurde häufiger kritisch beurteilt. Auf die Frage, wie generell die Zusammenarbeit mit den Funktionen funktioniert,[3] geben die Vertriebsleiter für Marketing 39 Prozent ‚weniger gut' und ‚nicht gut' an, obwohl doch gerade Marketing, das auf Markt- und Kundeninformationen angewiesen ist, vom Wissen des Key Account Management Teams profitieren könnte (siehe auch Kapitel IV, Abschnitt 2.7). Ein ähnliches Bild ergibt sich bei der Teilnahme an den Account Meetings (siehe Kapitel IV, Abschnitt 2.2.4).

---

[1] Siehe Frage C5 (KAM).
[2] Siehe Frage B7 (VL).
[3] Siehe Frage B15 (VL).

Prozent	Funktionen nehmen zu selten an der Account Planung teil	Sehr hoch	Hoch	Mittel	Gering	Sehr gering
50	Key Account Manager	18	36	9	18	18
64	Vertriebsleiter	11	11	44	11	22

Tabelle 5: Teilnahme der Funktionen an der Account Planung

In der Frage nach den Hindernissen für die Umsetzung des Key Account Managements wird auch die mangelnde Teilnahme der Funktionen an der Account Planung als Hindernis angegeben. 64 Prozent der Vertriebsleiter und 50 Prozent der Key Account Manager haben dies als Hindernis bewertet.[1] Die Auswirkungen werden allerdings deutlich unterschiedlich eingestuft. Die Key Account Manager sehen eine ‚sehr hohe' bzw. ‚hohe' Beeinflussung der Account Planung, während die Vertriebsleiter die Beeinflussung deutlich geringer (22 Prozent) einschätzen.

Wie aus Abbildung 44 ersichtlich, wird der Account Plan von 38 Prozent vierteljährlich und häufiger überarbeitet. Die knappe Hälfte (43 Prozent) passen den Account Plan nur halbjährlich an.[2] Nahezu ein Fünftel nimmt keine Änderung vor.

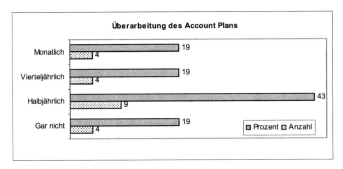

Abbildung 44: Überarbeitung des Account Plans im Planungszeitraum (N=21)

Diese Überarbeitungsintensität ist für die Steuerung eines Key Accounts nicht ausreichend. Ein Account Plan ist ein Arbeitspapier an dem sich die Kundenaktivitäten orientieren. Er darf nicht als Alibi-Funktion erstellt und im Schrank hinterlegt werden. Ein Key Account Manager formulierte es so: „Erstellt, abgeliefert und vergessen!" Wenn Key Account Manager den Eindruck erhalten, dass mit dem Account Plan nicht gearbeitet wird, besteht die Gefahr, dass Qualität und Aktualität sehr schnell abnehmen.

Die Ergebnisse des Account Planungsprozesses, die im Account Plan festgehalten werden, werden schwerpunktmäßig durch die Verteilung des Account Plans (44 Prozent) oder durch die Eingabe in die Kundendatenbank (28 Prozent) weitergegeben

---

[1] Siehe Tabellen 25 und 26.
[2] Siehe Frage C6 (KAM).

(Abbildung 48).[1] Eine Weitergabe von ausgewählten Informationen über eine spezielle Wissensdatenbank ist in keinem Fall vorgesehen.

2.2.2.2. Account Review

Wie in Kapitel II, Abschnitt 1.7.1.4 dargestellt, hat der Review des Account Plans durch das Management die Aufgabe festzustellen, ob die erzielten Ergebnisse im Plan liegen, ob die Gesamtziele erreicht werden können und ob neue oder andere Ziele gesetzt werden müssen.

Der Account Review ist ein wichtiger, vom Management einzuhaltender Prozess. Falls der Key Account Manager und das Account Team das Gefühl haben, dass das Management nicht voll und ganz hinter dem Modell steht und keine Überprüfung, möglichst verbunden mit Unterstützungsmaßnahmen (Coaching), stattfindet, wird die Akzeptanz sehr schnell abnehmen und das Werkzeug Key Account Management zu einer leeren Hülse.

Aus praktischer Erfahrung sind drei bis vier Account Reviews pro Jahr für die wichtigsten Key Accounts angemessen. Inwieweit dies eingehalten werden kann, hängt nicht unerheblich von der Kontrollspanne des Vorgesetzten des Key Account Managers und der beteiligten Funktionen ab.

Von den interviewten Key Account Managern gaben 37 Prozent an, dass ein Review vierteljährlich und häufiger durchgeführt wird. Bei der größten Gruppe (41 Prozent) findet der Account Review nur halbjährlich statt (siehe Abbildung 45).[2]

Der jährliche Account Review dient bei 9 Prozent der Genehmigung des Account Plans nach dessen Erstellung bzw. jährlichen Überarbeitung. Bei diesen und weiteren 14 Prozent, d.h. insgesamt 21 Prozent, findet während des Jahres überhaupt kein Soll-/Ist-Vergleich durch das Management in einem Account Review satt. In diesen Fällen wird die Kontroll-Funktion des Vorgesetzten auf eine reine Zahlenbetrachtung reduziert.

---

[1] Siehe Frage C8 (KAM).
[2] Siehe Frage C16 (KAM).

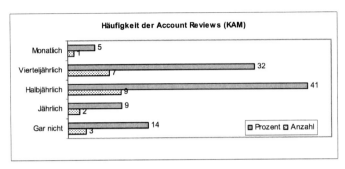

Abbildung 45: Wie häufig werden Account Reviews durchgeführt?
(Angabe Key Account Manager)

Stellt man diesen Angaben die Aussagen der Vorgesetzten gegenüber, ergibt sich ein etwas verschobenes Bild (Abbildung 46).[1]

Nur in dem Ergebnis, dass keine Account Reviews durchgeführt werden, besteht bei beiden Gruppen mit 14 Prozent Übereinstimmung.

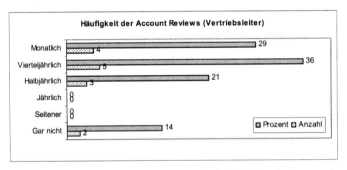

Abbildung 46: Wie häufig werden Account Reviews durchgeführt? (Angabe Vorgesetzte)

Die Angaben, dass Account Reviews halbjährlich und häufiger durchgeführt werden, liegen bei den Key Account Managern bei 78 Prozent und bei den Vorgesetzten bei 86 Prozent. Interessant dabei ist jedoch, dass die Vorgesetzen der Ansicht sind, dass sie häufiger Account Reviews durchführen, als es von den Key Account Managern gesehen wird. Besonders beim monatlichen Account Review ist der Unterschied zwischen 5 Prozent und 29 Prozent extrem. Die Frage, was hierfür die Ursache sein könnte, kann anhand der Interviews nicht beantwortet werden. Es besteht im Allgemeinen der Eindruck, dass die Vertriebsleiter die kritischen Punkte tendenziell positiver darstellen als die Key Account Manager.

---

[1] Siehe Frage B10 (VL).

Funktionen	Immer	Meistens	Häufig	Selten	Gar nicht	Gesamt
Vorgesetzter	83	0	11	0	6	100
Consultants	28	5	11	28	28	100
Marketing	0	5	17	22	56	100
Service	22	14	14	7	43	100
Entwicklung	0	0	6	6	88	100

Tabelle 6: Teilnahme der Funktionen am Account Review
nach Einschätzung der KAM

Bei der Teilnahme der Funktionen am Account Review (siehe Tabelle 6: Einschätzung durch die Key Account Manager) zeigt sich die gleiche Tendenz wie bei der Teilnahme an der Account Planung (Tabelle 4: Einschätzung durch die Vertriebsleiter). Marketing (78 Prozent) und die Entwicklungsabteilung (94 Prozent) nehmen ‚selten' oder ‚gar nicht' an Account Reviews teil.[1]

Selbst die Service-Abteilung und die Consultants, die noch häufiger an der Account Planung teilnahmen, nehmen nur relativ ‚selten' oder ‚gar nicht' am Account Review - 50 Prozent (Service) bzw. 78 Prozent (Marketing) - teil.

Hier stellt sich die Frage, ob das Key Account Management in den Unternehmen auf ein reines Vertriebstool reduziert wurde.

Die Einsicht in die Notwendigkeit einer Account Planung ist allgemein vorhanden und wurde in den Interviews immer wieder von den Key Account Managern und den Vertriebsleitern herausgestellt. Trotzdem werden die Aufgabe und die daraus resultierenden Tätigkeiten häufig nicht mit großer Sorgfalt und nur mit Widerwillen vorgenommen. Zwei wesentliche Gründe hierfür dürften sein: Der Zeitaufwand und, dass der Key Account Manager die Planung weniger als Hilfe anerkennt, sondern mehr als Einengung empfindet.[2] Beides wird oft durch den Umgang des Managements mit dem Key Account Management hervorgerufen. Wenn das Management selbst die Planung nicht ernst nimmt, keine Account Reviews stattfinden und strategische Ansätze sofort den kurzfristigen Tagesergebnissen untergeordnet werden, wird dem Key Account Manager damit das Gefühl vermittelt, dass das Instrument nicht den nötigen Stellwert hat und sein Aufwand und Einsatz nicht anerkannt werden.

Bei der Frage an die Vertriebsleiter, welche Hindernisse sie bei der Umsetzung des Key Account Managements sehen, geben 79 Prozent an, dass zu wenig Account Reviews durchgeführt werden. Etwas mehr als die Hälfte (54 Prozent) der Vertriebsleiter stufen dieses Hindernis als ‚sehr hoch' und ‚hoch' ein. Dies lässt den Schluss zu, dass die Vertriebsleiter zwar die Notwendigkeit einer Intensivierung der Account Reviews sehen, dieser Aufgabe jedoch im Tagesgeschäft eine geringere Priorität zuordnen,

---

[1] Siehe Fragen C17 (KAM) und B7 (VL).
[2] Vgl. Miller/Heiman (1991), S. 234.

obwohl den Account Reviews eine wichtige Kontrollfunktion über den Status der Zielerfüllung, über die Zusammenarbeit der Funktionen und als Informationstransfer zukommt.

Ein knappes Fünftel (18 Prozent) bewertet die zu selten durchgeführten Account Reviews zwar als Hindernis, sieht die Auswirkung auf die Umsetzung des Key Account Managements jedoch nur als ‚sehr gering' an.

Prozent	Zu selten Account Reviews	Sehr Hoch	Hoch	Mittel	Gering	Sehr gering
55	Key Account Manager	8	25	25	17	25
79	Vertriebsleiter	18	36	18	9	18

Tabelle 7: Zu selten Account Reviews

Die Key Account Manager sehen in den zu selten durchgeführten Account Reviews zwar auch ein Hindernis (55 Prozent), schätzen den Einfluss auf die Umsetzung des Key Account Managements jedoch geringer als die Vertriebsleiter ein (33 Prozent sehen einen ‚sehr hohen' und ‚hohen' Einfluss). 42 Prozent sehen zwar das Hindernis, werten die Auswirkungen jedoch als ‚gering' und ‚sehr gering' ein.

Dieser Unterschied in der Einschätzung zu den Vertriebsleitern rührt wahrscheinlich aus der unterschiedlichen Bedeutung des Account Reviews für die Aufgabe. Bei den Vertriebsleitern ist der Soll/Ist-Vergleich zum Account Plan für die Einschätzung der Zielerreichung wichtig, was von den Key Account Managern eher als Kontrolle und als ein Abfragen von Zahlen und damit häufig als lästige „Veranstaltung" gewertet wird.

2.2.2.3. Nutzen für den Key Account Manager

Die Key Account Manager wurden gefragt, ob sie der Account Planungsprozess bei ihrer Arbeit als Key Account Manager unterstützt und welchen Nutzen sie für ihre Tätigkeit und für ihre Zielerreichung daraus ziehen. Hieraus lässt sich ableiten, wie nachhaltig sie diesen Planungsprozess betreiben, denn nur, wenn sie einen Nutzen für sich selbst sehen, werden sie bereit sein, Zeit und Aufwand in die Erstellung zu investieren. Voraussetzung ist, dass die Key Account Manager eine hohe Qualität anstreben und der Account Plan ein begleitendes Werkzeug für ihre Arbeit wird. Wenn der Key Account Manager der Meinung ist, wie in einem Fall geäußert: „Der Account Plan dient in erster Linie nicht uns, sondern der Geschäftsführung, man kann nicht alles reinschreiben,"[1] dann verfehlt das Instrument der Account Planung seinen Zweck und ist auch für das Unternehmen wenig nutzbringend.

---

[1] Interview Nr. 09-002 mit KAM am 13.09.2005.

Die Key Account Manager geben zu 82 Prozent an, Nutzen für sich aus der Account Planung zu ziehen[1]. Nur 9 Prozent (zwei Key Account Manager) sehen keinen Nutzen und ebenfalls 9 Prozent führen keinen Planungsprozess durch. Hier erstellt der Key Account Manager ohne Zusammenarbeit mit anderen Kollegen lediglich einen Plan für sich.

Einige Key Account Manager wiesen darauf hin, dass der Account Planungsprozess mit einer jährlichen Erstellung und periodischer Überarbeitung des Account Plans, einen wesentlichen Vorteil hat, nämlich dass sie gezwungen werden, sich aus dem Tagesgeschäft zu lösen und über ihren/ihre Kunden nachzudenken.

Die wichtigsten Aussagen über den von ihnen gesehenen Nutzen sind in Abbildung 47 zusammengefasst.

- Notwendigkeit, sich mit dem/den Kunden auseinander zu setzen
- Gute Standortbestimmung - Kontrollfunktion für Zielerreichung
- Erarbeitung einer strategischen, zielgereichteten Vorgehensweise
- Neue Ideen zu generieren
- Arbeit besser zu strukturieren und auf die wichtigen Dinge fokussieren
- Alle Beteiligten haben die gleiche Sichtweise - abgestimmtes Vorgehen
- Fördert die Relation der Team-Mitglieder untereinander

Abbildung 47: Nutzen für den Key Account Manager aus dem Planungsprozess

2.2.2.4. Nutzen für das Unternehmen

Von Interesse ist auch die Frage, ob die Key Account Manager in dem Account Planungsprozess einen Nutzen für ihr Unternehmen sehen. Dabei wurde besonderes Augenmerk darauf gerichtet, ob sie den Account Planungsprozess als Instrument für Wissenstransfer sehen, ob das Thema Wissenstransfer in ihrem Bewusstsein ist und ob es von ihnen angesprochen wird.

Ein wesentlicher Nutzen des Account Planungsprozesses wird in der größeren Planungssicherheit für das Unternehmen gesehen. Als wichtig ist auch die Dokumentation der Kundenarbeit eingestuft worden, die dem Management gleichzeitig Überblick über die Kundensituation und die geplante Umsetzung der Ziele gibt, denn für ein Unternehmen ist es sicherlich notwendig, bei dem Anteil der Key Accounts am gesamten Geschäftsvolumen, Geschäftsverlauf und Zielerreichung zu verfolgen, um bei Abweichungen ggf. Maßnahmen ergreifen zu können. Einige Key Account Manager sehen durch den Account Planungsprozess einen positiven Einfluss auf den Geschäftsverlauf.

---

[1] Frage C7 (KAM).

Zwei wesentliche Aspekte des Key Account Managements wurden gar nicht oder nur selten angesprochen: Wissenstransfer und strategische Ausrichtung. Das Thema Wissenstransfer oder eine vergleichbare Formulierung wurde in den Aussagen der Key Account Manager nicht ein einziges Mal genannt. Ein Einfluss der Account Planung auf die strategische Ausrichtung ihres Unternehmens ist nur von drei Key Account Managern erwähnt worden.

Dies wirft die Frage auf, warum die Unternehmen dieses Wissen aus dem Key Account Management nicht nutzen. Eine mögliche Erklärung könnte sein, dass dazu die Prozesse aufgrund der starken funktionalen Orientierung der Unternehmen fehlen.[1]

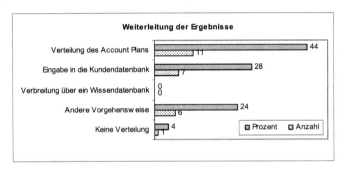

Abbildung 48: Weiterleitung der Ergebnisse des Account Plans

In diesem Zusammenhang wurde von den Key Account Managern auf die Themen Datenschutz und Vertraulichkeit hingewiesen. Der Account Plan beinhaltet oft vertrauliche Informationen über die Geschäftstätigkeit, wie Zahlen, Strategien, Produktentwicklungen, Projekt des Kunden und über die Planung des Lieferanten. Deshalb ist ein kontrollierter Verteilungsprozess für den Account Plan notwendig, damit die Daten nicht an den Mitbewerb der Kunden und des Lieferanten gelangen. Dies betrifft in gleicher Weise das Einstellen der Daten in eine Kundendatenbank und behindert damit den Wissenstransfer über diesen Kanal.

2.2.2.5. Einbeziehung des Kunden in den Planungsprozess

In Kapitel II, Abschnitt 2 wird der Nutzen einer Einbeziehung des Kunden in den Account Planungsprozess für Lieferanten und Kunden dargestellt.

Bei genau der Hälfte der Key Account Manager hat der Kunde an der Account Planung teilgenommen, 73 Prozent einmal jährlich, 18 Prozent haben sogar einmal im Quartal bei der Überarbeitung teilgenommen.[1]

---

[1] Siehe Kapitel IV, Abschnitt 2.7.

Einige Key Account Manager, die ihren Kunden bis jetzt nicht in die Account Planung einbezogen, nahmen die Fragen als Anregung auf, dies zukünftig anzustreben.

Der Nutzen durch die Teilnahme des Kunden wird allgemein ‚sehr hoch' eingeschätzt und als positives Zeichen seitens des Kunden gewertet. Als wichtigste Gründe hierfür werden genannt: Bessere Planungssicherheit, die Wertigkeit des Account Plans wird höher und besser an die Realität angepasst, ein gewisses Commitment seitens des Kunden wird erreicht, ebenso wie eine Reflektion, ob die Betreuung kundengerecht ist.

Als Vorteile für den Kunden werden genannt: Der Kunde kann den Partner besser einschätzen, er hat frühen Einblick in dessen Planungsprozesse und die Möglichkeit, auf die zur Verfügungsstellung von Ressourcen in Bezug auf Skills, Qualität und Zeit Einfluss zu nehmen. Aufgrund der funktions- und hierarchieübergreifenden Tätigkeit bei seinem Kunden hat der Key Account Manager oft bessere Informationen über den Kunden als gerade die zentrale IT-Abteilung. Für die Kundenmitarbeiter ist es interessant zu erfahren, „was sonst noch in ihrem Unternehmen läuft".[2]

Die Teilnahme des Kunden wird als Kundenbindungsmaßnahme gesehen: Kunde und Lieferant öffnen sich, die partnerschaftlichen Beziehungen werden ausgebaut und beide partizipieren von einem intensiveren Informationsaustausch. Der Kunde kann sich besser auf seinen Lieferanten verlassen; dies hilft, Lieferant und Key Account enger aneinander zu binden.

2.2.3. Das Account Management Team

In den vorausgegangen Ausführungen wurde die Zweckmäßigkeit, fast sogar die Notwendigkeit, dargestellt, für die Betreuung von Key Accounts ein aus den verschiedensten Funktionen zusammengesetztes Team einzusetzen.[3] Der Verfasser teilt die Auffassung von Bußmann/Rutschke, die nach einer empirischen Untersuchung den generellen Einwand, dass der angeblich zusätzliche Aufwand für Abstimmungen, Meetings und Diskussionen den Nutzen der Teamarbeit bei weitem übersteige, nicht bestätigt sahen.[4]

Die beiden wesentlichen Faktoren hierfür sind, abgesehen von der unzureichenden *Kapazität* eines Einzelnen, dass der Key Account Manager nicht in allen Bereichen die erforderliche Kompetenz hat und die Erfahrung mitbringen kann, relevantes Wissen zu

---

[1] Siehe Fragen C9 und C10 (KAM).
[2] Aussage eines KAM: „Der KAM hat mehr Informationen über den Kunden als 90 Prozent der Kunden-mitarbeiter selbst; diese schauen selten über den *Tellerrand* hinaus." Interview Nr. 08-003 mit KAM am 24.08.2005.
[3] Siehe Kapitel II, Abschnitt 1.9.
[4] Vgl. Bußmann/Rutschke (1998), S. 29.

erkennen und für andere nutzbar zu machen. Belz führt hierzu aus, „dass eine Teamstruktur an sich schon ein wesentlicher Bestandteil eines Wissensmanagement ist."[1] Die „Fachleute" besitzen für Quinn die Fähigkeit, ein Verständnis für die systemischen Zusammenhänge zu entwickeln. Er versteht darunter die fundierte Kenntnis vom Geflecht der Ursache-Wirkungs-Beziehungen. Mit diesem Wissen können „Fachleute" feinste Wechselwirkungen und unbeabsichtigte Handlungsfolgen gedanklich vorwegnehmen und dadurch Mehrwert schaffen.[2] Ein Key Account Manager kann kaum ein so tief greifendes und aktuelles Wissen über alle Funktionen haben, auch wenn er über ein funktionierendes Netzwerk verfügt.

Ein Team ist durch eine umfassende Mischung von Fähigkeiten und Know-how in der Lage, vielfältigen Herausforderungen zu begegnen wie etwa Innovation, Qualität und Kundenservice, und flexibel auf sich verändernde Gegebenheiten und Anforderungen zu reagieren.[3] Für Senge gibt es im Geschäftsleben eindrucksvolle Beispiele dafür, dass die Intelligenz des Teams die Intelligenz des Einzelnen bei weitem überschreitet und dass ein Team außergewöhnliche Fähigkeiten zum koordinierenden Handeln entwickelt.[4]

Die Untersuchung ergibt, dass die Mehrheit der Key Accounts (73 Prozent) von einem Account Team betreut werden, wobei der Schwerpunkt mit 36 Prozent auf einer Teamgröße von vier bis sechs Mitarbeiter liegt. Allerdings betreut ein Viertel (27 Prozent) der Key Account Manager seine Kunden alleine, d.h. ohne direkte Unterstützung durch ein Team.[5]

Nur 18 Prozent der Key Account Manager haben disziplinarische Verantwortung für die Account Team Mitglieder und sind diesen gegenüber weisungsbefugt.

Hier ist abzuwägen zwischen einem Team mit disziplinarischer Verantwortung des Key Account Managers und einer fachlichen Zuordnung zu den benötigten Funktionen oder umgekehrt. Mitarbeiter sind „leichter" zu führen, wenn man auch disziplinarisch verantwortlich und die „Heimat" der Mitarbeiter das Team ist. Andererseits ist zu bedenken, dass es für die Teamarbeit und den Wissenstransfer vorteilhaft ist, wenn die Mitglieder fest in ihrer Funktion verankert sind, weil dies normalerweise zu einem aktuelleren funktionalen und fachlichen Wissensstand führt und die Wissensverteilung in die Funktionen erleichtert wird.

---

[1] Belz et al. (2004), S. 309.
[2] Vgl. Quinn (1996), S. 96.
[3] Vgl. Katzenbach/Smith (1993), S. 36.
[4] Vgl. Senge (1996), S. 19.
[5] Siehe Frage C3 (KAM).

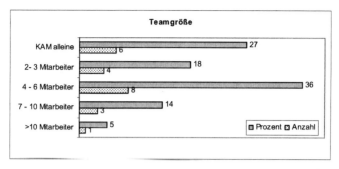

Abbildung 49: Größe der Account Management Teams

2.2.3.1. Hindernisse in den Account Teams

Für das Funktionieren des Account Teams sind notwendigen Voraussetzungen zu schaffen und mögliche Hindernisse zu beachten.

Entscheidend für das „Funktionieren" des Account Teams ist die richtige Zusammensetzung. In der Praxis werden die Teams oft falsch gebildet. Team-Mitglieder werden nicht nach Aufgabe und benötigter Qualifikation ausgesucht, sondern von den Funktionen abkommandiert,[1] was für Motivation und Engagement nicht förderlich ist. Außerdem müssen die Funktionen ihre Mitarbeiter, die sie für das Account Team abstellen, entsprechend von anderen Aufgaben entlasten und können ihnen die Mitarbeit im Account Team nicht einfach als zusätzliche Aufgabe aufbürden. Da man davon ausgehen kann, dass die Mitarbeiter im Allgemeinen ein hohes Pensum zu erledigen haben, besteht sonst sehr leicht die Gefahr für Konflikte.[2]

Ein weiteres Konfliktpotenzial entsteht, wenn für die Mitglieder des Account Teams Ziele definiert wurden, die nicht mit den funktionalen Zielen in Einklang stehen, da das Account Team aus Mitgliedern zusammengesetzt wird, von denen in der Regel einige anderen Funktionen angehören. Dieses Problem wurde von Key Account Managern und Vertriebsleitern wiederholt thematisiert. Es ist Aufgabe der Unternehmensführung, abgestimmte Ziele zu definieren, richtungweisende Impulse zu setzen und die erforderlichen Maßnahmen zu veranlassen, damit die Key Account Manager und das Account Team erkennen, dass das Zusammenwirken der Funktionen Teil des Unternehmenskonzeptes ist, dass es von den Vorgesetzten selbst so gelebt wird und dass es sich nicht nur um Lippenbekenntnisse handelt. Es ist notwendig, dass Konsens zwischen der Führung der einzelnen Funktionen besteht.[3]

---

[1] Vgl. Senn (1996), S. 109.
[2] Vgl. Belz et al. (2004), S. 158.
[3] Vgl. Willke (2002), S. 138.

2.2.3.2. Informelle Organisation

Die Intensität der Zusammenarbeit und die Ergebnisse der Account Teams hängen nicht zuletzt von der sozialen Beziehung (Freundschaft, Sympathie, Feindseligkeit, Interessen, Einstellungen etc.) der Account Team Mitglieder ab. Diese Beziehungen können die Ziele der formalen Organisation stützen oder ihnen zuwiderlaufen und die Mitglieder zu Leistungen oder zum Zurückhalten von Leistungen motivieren.[1]

Eine erfolgreiche Zusammenarbeit mit offener Diskussion und gemeinsamer Problem-lösungskompetenz setzt eine Vertrauensbasis innerhalb des Account Teams voraus. Vertrauen und Anerkennung spielen auch eine wichtige Rolle bei der Übernahme von implizitem Wissen. Diese persönlichen Kontakte bauen Hemmschwellen ab und unterstützen den Informationstransfer.

Nach einer Umfrage von Bullinger/Prieto besitzen die in den Unternehmen existierenden informellen Netzwerke und deren Nutzung beispielsweise in der Kantine, auf Dienstreisen oder im Rahmen von Gesprächen in lockerer Atmosphäre die höchste Relevanz, während die technischen Hilfsmittel der Datenverarbeitung, wie zum Beispiel Intranet, Erfahrungsdatenbank etc., bei der Identifikation von Wissen aus Sicht der Industrie eine eher nebensächliche Rolle spielen.[2] Digital Equipment hatte, um den informellen Informationsaustausch zu fördern, eine „Open Bar" eingerichtet.[3] Sie diente dazu, dass sich Mitarbeiter aller Funktionen freitags nach Arbeitsschluss zwanglos zusammenfanden, um sich näher kennen zu lernen und die verschiedensten Themen zu diskutieren. Diese Einrichtung wurde von den Mitarbeitern rege in Anspruch genommen.

2.2.4. Account Team Meetings

Wie in Kapitel II, Abschnitt 1.9.4 ausgeführt, sind Teambeziehungen notwendig und können nicht durch elektronische Kommunikation und Datenbanken ersetzt werden. Wenn ein Account Team wirkungsvoll zusammenarbeiten will, ist ein regelmäßiger Face-to-face-Kontakt notwendig, auch um das Vertrauen der Team-Mitglieder untereinander aufzubauen. Picot führt aus: „Da sich interpersonelles Vertrauen vor allem mithilfe analoger Medien im Face-to-face-Kontakt entwickeln kann, ist bei der Gestaltung des organisatorischen Kommunikationssystems auch aus wirtschaftlichen Gründen auf eine ausreichende Gewährleistung von mündlichen, insbesondere Face-to-face-Kommunikationsmöglichkeiten, zu achten."[4] Ein Key Account Manager

---

[1] Vgl. Luhmann (2000), S. 22.
[2] Vgl. Bullinger/Prieto (1998), S. 105.
[3] Getränke und kleine Knabbereien wurden vom Unternehmen gestellt.
[4] Picot (1984), S. 133.

formulierte: „Informationen, die über das normale Maß hinausgehen, erhält man nur auf dem zwischenmenschlichen Bereich."[1]

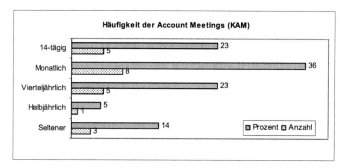

Abbildung 50: Häufigkeit der Account Meetings (Angaben der Key Account Manager)

Abbildung 50 zeigt, dass sich 23 Prozent der Account Teams alle zwei Wochen und 36 Prozent ein Mal monatlich zu einem Team Meeting treffen. 23 Prozent kommen nur viermal jährlich zusammen. In der Kategorie ‚seltener' sind auch die Key Account Manager enthalten, die über kein Team verfügen.[2]

Die Key Accounts haben meist mehrere Standorte, denen zur Betreuung meist regionale Mitarbeiter (Verkäufer, Consultants) des Lieferanten zugeordnet sind. Deshalb wird als Hindernis für häufigere Account Meetings oft der zeitliche und finanzielle Aufwand für die damit verbundene Reisetätigkeit genannt. Der Verfasser kann hier die Ausführungen von Picot betätigen, der demgegenüber zu bedenken gibt, dass sich im Face-to-face-Kontakt Vertrauen aufbauen kann, was sich dann wieder Transaktionskosten mindernd auswirkt.[3]

Funktionen	Immer	Meistens	Häufig	Selten	Gar nicht	Gesamt
Vorgesetzter	23	9	18	32	18	100
Consultants	50	10	20	10	10	100
Marketing	0	0	20	40	40	100
Service	39	17	22	5	17	100
Entwicklung	0	0	11	22	67	100

Tabelle 8: Teilnehmende Funktionen am Account Meeting

Auch beim Account Meeting ist wieder festzustellen, dass die Funktionen Marketing und Entwicklung nur ‚selten' oder ‚gar nicht' teilnehmen (siehe Tabelle 8).[4]

---

[1] Interview Nr. 05-003 mit KAM am 23.06.2005.
[2] Siehe Frage C13 (KAM).
[3] Vgl. Picot (1984), S. 133.
[4] Siehe Frage C14 (KAM).

	Account Planung	Account Review	Account Meeting
Marketing	58	78	80
Service	62	50	22
Entwicklung	84	94	89

Tabelle 9: Teilnahme der Funktionen an KAM-Aktivitäten
in den Einstufungen ‚selten' oder ‚gar nicht'

Die Teilnahme der Funktionen Marketing, Service und Entwicklung an Account Planung, Account Review und Account Meeting in der Einstufung ‚selten' oder ‚gar nicht' ist in Tabelle 9 gegenübergestellt. Bemerkenswert ist die geringe Teilnahme der Funktionen Marketing und Entwicklung an Aktivitäten des Key Account Managements. Selbst die Service-Abteilung bringt sich nicht so intensiv ein, wie man es aufgrund ihrer Kundenaktivitäten, einer erforderlichen Abstimmung und einer gemeinsamen Zielsetzung erwarten könnte, wenn man einmal von der Teilnahme an den Account Meetings absieht.

Bewertet man die relativ seltenen Account Meetings und die geringe Teilnahme verschiedener Funktionen, ergeben sich Zweifel, ob überhaupt eine zielgerichtete Zusammenarbeit zustande kommt und die Möglichkeiten des Account Meetings ausgeschöpft werden. Diese trifft besonders zu, wenn man das Account Meeting unter dem Gesichtspunkt seiner Bedeutung für Wissensgenerierung und Wissenstransfer betrachtet.[1]

Nach Aussage verschiedener Key Account Manager werden die Account Meetings schnell den Anforderungen des Tagesgeschäfts untergeordnet und die Durchführung hinten angestellt. Diesem Effekt kann entgegengewirkt werden, wenn die Account Team Meetings zu einer Pflichtveranstaltung gemacht und sie in einem fest terminierten Turnus abgehalten werden.[2]

2.3. Management - Vertriebsleitung

Für Umsetzung und Intensität, mit der das Key Account Management „gelebt" wird, ist es auch wichtig, welchen Nutzen die Vertriebsleiter im Vergleich zu den Key Account Managern in dem Instrument für ihre Zielerreichung sehen.

2.3.1. Dauer der Zuständigkeit des Vorgesetzten

Für die Kontinuität in der Umsetzung des Key Account Managements und für den Aufbau von Kundenbeziehungen ist die Verweildauer nicht nur des Key Account

---

[1] Siehe Kapitel III, Abschnitt 1.6.
[2] Vgl. Senn (1996), S. 113.

Managers, sondern auch seines Vorgesetzten in dieser Position entscheidend, zumal jeder Vorgesetzte die Akzente und Ziele etwas anders setzt. Nach Aussage einiger Key Account Manager hängt die Intensität der Umsetzung des Key Account Managements, und wie es gelebt wird, maßgeblich von der Einstellung des jeweiligen Vertriebsleiters ab.

Bei einer gut funktionierenden Kundenbearbeitung sieht sich der Vorgesetzte des Key Account Managers als *Ressource* im Vertriebsgeschehen. Besonders notwendig ist dies bei den Key Accounts, die sehr bewusst in Hierarchien denken.

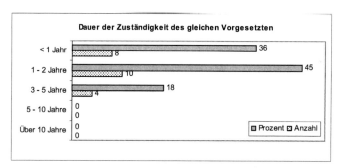

Abbildung 51: Verweildauer des Vertriebsleiter in seiner derzeitigen Position

Die Key Account Manager geben an, dass 81 Prozent ihrer Vorgesetzten maximal zwei Jahre für sie zuständig sind. Lediglich 18 Prozent sind bis zu fünf Jahre in dieser Position, darüber hinaus kein einziger.[1]

Dieser häufige Wechsel ist für das Key Account Management und für die Kundenbetreuung nicht förderlich. Es ist sehr fraglich, ob ein Vorgesetzter in so kurzer Zeit diese Aufgabe, zumal in dem komplexen Umfeld mit Key Accounts, umfassend ausfüllen kann.

---

[1] Siehe Frage C18 (KAM).

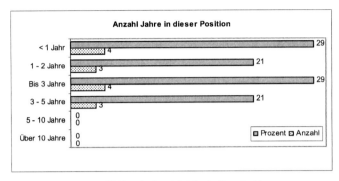

Abbildung 52: Anzahl Jahre des Vertriebsleiter in dieser Position

Die Einschätzung der Key Account Manager deckt sich tendenziell mit der der Vertriebsleiter, dass die Verweildauer in der Position allgemein sehr kurz ist. Generell geben die Vertriebsleiter eine etwas längere Verweildauer an, doch waren von ihnen auch nur 50 Prozent länger als zwei Jahre in der gleichen Position. Sowohl die Key Account Manager als auch die Vertriebsleiter sehen keinen Vertriebsleiter, der länger als fünf Jahre in der gleichen Position gearbeitet hat.

Dieses Ergebnis ist nicht zuletzt auf häufige Umorganisationen zurückzuführen. In den Gesprächen wurde deutlich, dass die Vertriebleiter hier ein Problem für die Betreuung von Key Account Manager und vor allem Key Accounts sehen.

2.3.2. Das Umfeld des Vertriebsleiters

Für die Bewältigung der Aufgaben eines Vertriebsleiters im Key Account Umfeld ist die Anzahl der Mitarbeiter und der zu betreuenden Kunden ein ausschlaggebender Faktor, denn zusätzlich zu seiner Führungsaufgabe als Vertriebsleiter hat dieser auch Aufgaben in der Kundenbetreuung zu erfüllen. Ein Teil seiner Aufgabe ist es, den Key Account Managern im Vertriebsprozess zu dienen, in dem er sie, mit diesen abgestimmt, bei ihrer Kundenarbeit auch vor Ort beim Kunden unterstützt.

Von den befragten Vertriebsleitern haben knapp zwei Drittel (64 Prozent) eine Kontrollspanne von elf und mehr Mitarbeitern. Die Hälfte aller Vertriebsleiter hat sogar eine Kontrollspanne von über 15 Mitarbeitern.[1]

---

[1] Siehe Frage A2 (VL).

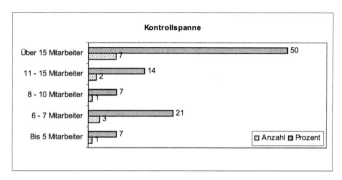

Abbildung 53: Kontrollspanne der Vertriebsleiter

Dem Verfasser erscheint diese Kontrollspanne deutlich zu hoch, wenn sich die Tätigkeit des Vertriebsleiters nicht auf eine reine Verwaltungstätigkeit reduzieren soll. Wenn die Steuerung einer so großen Anzahl von Mitarbeitern noch mit einer großen Anzahl von zu betreuender Key Accounts einhergeht, ist es sehr zweifelhaft, ob der Vertriebsleiter im Sinne des Key Account Managements tätig werden kann.

Deshalb wurde den Vertriebsleitern auch die Frage gestellt, wie sie die Anzahl der von ihnen zu betreuenden Kunden in Bezug auf ihre Tätigkeit und der zur Verfügung stehenden Ressourcen einschätzen.[1] 64 Prozent der Vertriebsleiter sehen ein Hindernis für die Umsetzung des Key Account Managements in der zu großen Zahl der zu betreuenden Kunden.[2] Von diesen stufen 67 Prozent dieses Hindernis als ‚sehr hoch' bzw. ‚hoch' ein. Dies wird auch dadurch beeinflusst, dass 64 Prozent der Vertriebsleiter sowohl für Key Accounts als auch für die Standardkunden zuständig sind.

Diese Bedingungen beeinflussen die Intensität, mit der sich der Vertriebsleiter für das Key Account Management und die Key Accounts einsetzen kann.

Die Hälfte der Vertriebsleiter gibt an, nie oder nur selten an Account Meetings teilzunehmen. Hier liegt der Schluss nahe, dass die Hälfte der Vertriebsleiter die Zeit nicht aufbringen kann und/oder die Account Meetings keinen Stellenwert zur Steuerung ihrer Vertriebstätigkeiten und zur Informationsgewinnung haben. Wenn 36 Prozent angeben, gar nicht teilzunehmen, kann es offensichtlich nicht nur an der persönlichen Auslastung liegen.

---

[1] Siehe Frage D1 (VL).
[2] Siehe Tabelle 10.

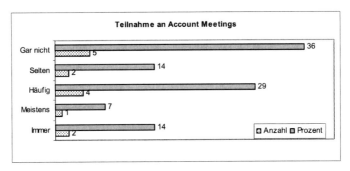

Abbildung 54: Häufigkeit der Teilnahme der Vertriebsleiter an Account Meetings

Dieses Ergebnis muss auch in Zusammenhang mit der Häufigkeit der durchgeführten Account Meetings gesehen werden. Bei einem Fünftel (21 Prozent) der Key Account Teams werden nach Einschätzung der Vertriebsleiter überhaupt keine Account Meetings abgehalten, sodass sich eine Teilnahme erübrigt. Fasst man allerdings die Kategorien ‚gar nicht' und ‚selten' zusammen, ergeben sich bei der Teilnahme 50 Prozent und bei der Häufigkeit der Durchführung 21 Prozent. Daraus lässt sich vermuten, dass die Teilnahme der Vertriebsleiter an den Account Meetings verbesserungswürdig ist.

Allerdings nehmen 29 Prozent häufig teil. Lediglich 14 Prozent sind bei den Account Meetings immer zugegen.

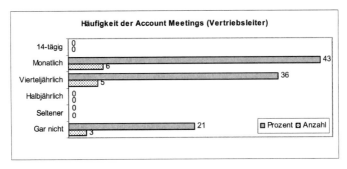

Abbildung 55: Häufigkeit der durchgeführten Account Meetings pro Geschäftsjahr
(Angaben der Vertriebsleiter)

Bei einem Vergleich der Ergebnisse der Fragen nach der Häufigkeit der Account Meetings an die Key Account Manager und der Vertriebsleiter wird deutlich, dass die Key Account Manager die Häufigkeit der Meetings höher sehen als die Vertriebsleiter. Eine Erklärung hierfür hat sich aus den Interviews nicht ergeben.

Betrachtet man zusätzlich die Anzahl der Kundenbesuche durch die Vertriebsleiter, stellt man fest, dass der Kundenkontakt nicht sehr intensiv ist. 29 Prozent der Vertriebsleiter machen durchschnittlich weniger als einen Kundenbesuch wöchentlich und weitere 29 Prozent kommen jede Woche im Durchschnitt auf maximal 1,5 Besuche.[1]

Dem Vertriebsleiter entgehen dadurch wichtige Informationen über die Entwicklung seiner Key Accounts und den Veränderungen in deren Märkten. Diese Informationen sind wichtig für die Beurteilung der Tätigkeiten seiner Key Account Manager und deren Coaching. Darüber hinaus benötigt der Vertriebsleiter diese Informationen für die Vertriebssteuerung und die Zumessung der Ressourcen, um sich selbst ein Bild über die Entwicklung der Key Accounts machen zu können, damit die vorhandenen Ressourcen im Sinne seiner Strategien und Ziele optimal eingesetzt werden können. Er kann sich nicht alleine auf die Aussagen seiner Key Account Manager verlassen, da diese ihre persönlichen Ziele verfolgen, die nicht notwendigerweise mit den Abteilungszielen deckungsgleich sind.

Der Vertriebsleiter trägt die Verantwortung für das Gesamtergebnis. Da die Key Account Manager einen erheblichen Betrag zum Umsatz/Ertrag eines Unternehmens beitragen, kann der Vertriebsleiter die Key Account Manager nicht einfach sich selbst überlassen und hoffen, dass die Ergebnisse am Ende des Jahres eintreffen.

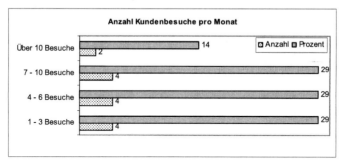

Abbildung 56: Anzahl Kundenbesuche pro Monat

Dieses Ergebnis bestätigt die Aussagen vieler Vertriebsleiter, dass sie aufgrund umfangreicher Verwaltungsaufgaben und einer zu großen Kontrollspanne keine ausreichenden Kapazitäten für eine intensive Einbringung in das Key Account Management haben.

---

[1] Siehe Frage B6 (VL).

2.3.3. Der Nutzen des Key Account Managements für den Vertriebsleiter

Das Key Account Management hat bei den Vertriebsleitern hohe Akzeptanz, denn 92 Prozent haben es mit ‚wichtig' und ‚sehr wichtig' eingestuft. Der Rest (ein Vertriebsleiter) sieht es zumindest noch als zweckmäßig an.[1]

Der Tenor der Kommentare besagt, dass Key Account Management ein absolutes Muss ist, wenn man bei Key Accounts Geschäftsergebnisse erzielen und dauerhaften Erfolg haben will. Es ist essenziell für die Vertriebstrategie und stellt die Basis des Handelns dar. Die Bedeutung steigt mit der Wertigkeit des Key Accounts. Ein Vertriebsleiter sah es als lebensnotwendig für seine Aufgabe an.

Trotzdem gibt es auch kritische Anmerkungen. Das Key Account Management Programm erfordert einen hohen Aufwand an Ressourcen. Die Kunden erwarten dies, „obwohl man meistens nicht aus dem Lieferantenstatus herauskommt."[2] Das Ziel ist, zum *trusted advisory* zu werden. Dies erreicht man, wenn man über einen längeren Zeitraum erfolgreich Projekte realisiert und ein Beziehungsmanagement aufgebaut hat. Dann spricht der Key Account zuerst mit diesem Lieferanten.

2.3.4. Der Nutzen des Key Account Managements für das Unternehmen

Auch die Vertriebsleiter schätzen den Nutzen für das Unternehmen hoch ein. 57 Prozent geben den Nutzen mit ‚sehr hoch' und ‚hoch' an.[3] Die Aussagen der Vertriebsleiter lassen sich zusammenfassen: Die Forecast-Genauigkeit wird deutlich verbessert, die Ressourcen lassen sich besser verteilen, die Anzahl der Großprojekte nimmt zu und es führt zu einer Umsatzsteigerung. Ein Vertriebsleiter formulierte: „Ein gutes Key Account Management lässt sich am Ergebnis ablesen."

Die *Informationsgewinnung* war für einen Vertriebsleiter das wichtigste Ergebnis des Account Managements.

2.3.5. Unterstützung des Planungsprozesses durch das Top-Management

In Kapitel II, Abschnitt 5 wird aufgezeigt, welche Bedeutung die Unterstützung des Top-Managements für ein erfolgreiches Key Account Management hat. Deshalb wurde die Frage gestellt, wie die Vertriebsleiter die Unterstützung des Account Planungs-prozesses durch das Top-Management sehen.[4]

---

[1] Siehe Frage B11a (VL).
[2] Interview Nr. 07-001 mit VL am 10.06.2005.
[3] Siehe Frage B11b (VL).
[4] Siehe Frage B13 (VL).

Das Ergebnis fällt sehr unterschiedlich aus. Genau die Hälfte sagt ‚sehr hoch' oder ‚hoch', die andere Hälfte gibt ‚mittel', ‚kaum' oder ‚gar nicht' an.

Alle Vertriebsleiter, die ‚hoch' angegeben haben, sind Mitarbeiter von Unternehmen, die zu den führenden in ihrem Marktsegment gehören. Bemerkenswert ist, dass gerade bei diesen „Key-Playern" ein höherer Fokus seitens des Managements auf den Key Accounts besteht. Das Management sieht nicht nur seine Kontrollfunktion, sondern versteht sich auch als Ressource für die Key Account Manager zur Unterstützung bei dessen Key Accounts. Ein Unternehmen hat ein Global-Sponsoring-Programm eingerichtet und jedem Key Account einen Manager aus der Geschäftsführung als *Executive* zugeordnet, auf den der Key Account Manager jederzeit zu seiner Unterstützung zugreifen kann.

Bei der anderen Hälfte ist das Management nicht oder kaum in den Account Prozess eingebunden. Der Fokus auf das Key Account Management Programm hängt stark von dem einzelnen Manager ab, welche Bedeutung er dem Programm zumisst.

2.4. Anzahl der zu betreuenden Kunden

Wenn man den Zielen des Key Account Managements, ein tragfähiges Beziehungsnetzwerk zum Kunden aufzubauen, dessen Geschäftsfelder, Geschäftsprozesse[1] und Strategie zu kennen, die Geschäftsbeziehungen zu festigen und möglichst auszubauen, entsprechen will, kann der Key Account Manager nur eine sehr beschränkte Zahl von Key Accounts betreuen. Bei großen und komplexen Key Accounts ist im Prinzip die qualifizierte Betreuung nur eines Kunden sinnvoll.

Von den befragten Key Account Managern betreuen 45 Prozent, also nahezu die Hälfte, mehr als 6 Key Accounts.[2] Für diese Gruppe stellt sich die Frage, ob sich bei dieser Anzahl von Key Accounts das Key Account Management nicht auf eine reine Verkaufstätigkeit mit einer kurzfristigen Zielorientierung reduziert. Lediglich ein knappes Viertel (23 Prozent) der Key Account Manager betreut nur einen Kunden.

Ein Key Account Manager, der für zu viele Kunden verantwortlich ist, hat kaum „Kapazität", für die Aufgabe, gezielt Wissensgenerierung und Wissenstransfer zu betreiben und wird diese Aufgabe im Zweifelsfall der Vertriebstätigkeit unterordnen. Außerdem ist es ihm nahezu unmöglich, sich tieferes Wissen über den Kunden anzueignen. Willke stellt hierzu fest, dass Wissen Erfahrung voraussetzt, dass Erfahrung

---

[1] Aussage KAM: „Man muss als KAM die Geschäftsprozesse der Kunden kennen, da man sonst keine Lösungen bieten kann; besonders dann, wenn man Ideen einbringen will, die zukunftsorientiert sind." Interview Nr. 09-002 mit KAM am 13.09.2005.
[2] Siehe Frage C1 (KAM).

Zeit braucht und Zeit zu einem gesteigerten knappen Gut, ja zu einem Nadelöhr der Wissensgenerierung avanciert ist.[1]

Manche Vertriebsleiter haben das Thema angesprochen, dass dem Key Account Manager zu viele Kunden zugeteilt werden. Aufgrund der Kosteneinsparungen auch im Vertrieb werden die bestehenden Kunden auf immer weniger Key Account Manager verteilt, sodass diese „nicht aus dem Reaktionsmodus"[2] herauskommen. Der Key Account Manager wird dann „mehr in Richtung Verkäufer gedreht."[3]

Dies wird auch bei der Frage nach den Hindernissen für die Umsetzung des Key Account Managements sichtbar. 55 Prozent der Key Account Manager und 64 Prozent der Vertriebsleiter geben die zu große Anzahl zu betreuender Accounts als Hindernis für die Umsetzung an. Beide Gruppen bewerten dies als hohes Hindernis, die Key Account Manager geben für die Kategorien ‚sehr hoch' und ‚hoch' 75 Prozent und die Vertriebsleiter 67 Prozent an.

Prozent	Zu viele Kunden zu betreuen	Sehr Hoch	Hoch	Mittel	Gering	Sehr gering
55	Key Account Manager	33	42	25	0	0
64	Vertriebsleiter	11	56	11	11	11

Tabelle 10: Zu viele Kunden zu betreuen

2.5. Das organisatorische Umfeld für das Key Account Management

Der Geschäftsführung kommt die Aufgabe zu, für die Organisation sichtbar hinter dem Konzept des Key Account Managements zu stehen, um die Bedeutung für das Unternehmen zu verdeutlichen, dem Key Account Manager den benötigten Stellenwert in der Hierarchie zu geben und kurze, schnelle Entscheidungswege sicher zu stellen.[4] Eine wesentliche Teilaufgabe des Key Account Managements besteht in der Koordination aller Aktivitäten beim Key Account zur optimalen Positionierung des eigenen Unternehmens. Hierfür ist eine Durchgriffsmöglichkeit auf die anderen Funktionen hilfreich, ohne jedes Mal den Instanzenweg gehen zu müssen.

Deshalb ist es überlegenswert, das Key Account Management möglichst nahe bei der Geschäftsführung einzugliedern. Dadurch sieht die Geschäftsführung rechtzeitig Veränderungen und Abweichungen, denn der Verlust eines Key Accounts kann sogar die Existenz eines Unternehmens bedrohen, besonders bei mittelständigen Unternehmen.[5]

---

[1] Vgl. Willke (2002), S. 37.
[2] Aussage von Key Account Managern und Vertriebsleitern.
[3] Interview Nr. 02-001 mit VL am 13.04.2005.
[4] Vgl. Belz et al. (2004), S. 211; Biesel (2002), S. 43.
[5] Vgl. Belz et al. (2004), S. 22.

In der Praxis wird dieser Weg nur selten beschritten. Mehrheitlich ist das Key Account Management bei den befragten Unternehmen in den normalen Vertrieb eingegliedert und der Key Account Manager berichtet direkt an den Vertriebsleiter.[1] Teilweise findet keine Trennung zwischen Standardvertrieb und Key Account Management statt. Der Vertriebsleiter ist für beide Bereiche zuständig.[2]

Erschwerend kommt für die Vertriebsleiter hinzu, dass sie häufig eine zu große Kontrollspanne haben, denn bei 15 und mehr Mitarbeitern (bei 50 Prozent der Vertriebsleiter) kann weder eine zielgerichtete Führung der Mitarbeiter noch eine kundenspezifische Vorgehensweise des Vertriebsleiters erfolgen.[3] Weitere 14 Prozent haben eine Kontrollspanne zwischen 11 und 15 Mitarbeitern.

Bei der organisatorischen Zuordnung möchte der Verfasser allerdings nicht die Aussage von Senn bestätigen, nach der die Anforderungen der jeweiligen Kundensituation über die Gestaltung der organisatorischen Lösung bestimmt. Senn schlägt vor, dass die Unternehmen im Idealfall für jeden einzelnen Key Account festlegen, wie und in welcher Form die Beziehungen geführt werden sollen und daraus die zweckmäßigen Organisationsstrukturen abzuleiten.[4]

2.5.1. Trennung von Key Account Management und Standardvertrieb

Wie bereits dargestellt sind die Anforderungen, die Komplexität, die Zielsetzungen, die Vorgehensweisen und der Typ von Mitarbeiter im Key Account Management und im Standardvertrieb sehr unterschiedlich.[5] Auch stellen die Gesprächspartner beim Kunden in der Regel andere Anforderungen.

Untersucht wurde daher, ob eine Zuordnung von Key Account Management und Standardvertrieb unter dem gleichen direkten Vorgesetzten sinnvoll ist.

Bei den interviewten Führungskräften sind knapp zwei Drittel (64 Prozent) sowohl für den Standardvertrieb als auch für das Key Account Management zuständig. Ein Vertriebsleiter hat zusätzlich sogar noch den Partner-Vertrieb in seiner Verantwortung. Hier ist fraglich, ob das Key Account Management den angemessenen Stellenwert im Unternehmen haben kann.

Diese Kombination erscheint für das Key Account Management nicht förderlich, da die beiden Bereiche schon wegen der erforderlichen Seniorität der Key Account Manager

---

[1] Bei einem Unternehmen, bei dem die deutsche Vertriebsorganisation im Aufbau ist, berichten die KAM an den Vice President Europe und dieser an den Company President.
[2] Siehe Kapitel II, Abschnitt 1.5.
[3] Siehe Abbildung 50.
[4] Vgl. Senn (1996), S. 65.
[5] Siehe Kapitel II, Abschnitt 1.8.2.

und der unterschiedlichen Anforderungen der Kunden eine getrennte Führung sinnvoll erscheinen lassen. Auch für den Standardvertrieb ist diese Kombination nachteilig, denn in der Praxis gibt es immer wieder Probleme bei der Ressourcenzumessung, weil die Key Accounts häufig aufgrund ihres meist größeren Beitrages zum Geschäftsvolumen die Ressourcen im Tagesgeschäft von den Standardkunden abziehen.

2.5.2. Stabsstelle

Eine Stabsstelle kann als „Programm Manager" für Verwaltung und Steuerung der mit dem Account Management verbundenen Aktivitäten fungieren und die gewünschte Umsetzung sicher stellen.[1]

Eine solche Funktion ist nur bei einem Viertel der befragten Unternehmen eingerichtet. 58 Prozent der Unternehmen verfügen über keine Stabsstelle. In zwei Unternehmen wurden von den Key Account Managern unterschiedliche Angaben gemacht.[2]

2.6. Quartalsdenken

Ein Merkmal des Key Account Managements besteht in einer längerfristig angelegten Geschäftsbeziehung mit den Key Accounts. Deshalb wird dieses Geschäft unter einem strategischen Ansatz und weniger unter einer kurzfristigen Zielerreichung gesehen. Mit Key Accounts wird in Jahreszeiträumen gedacht und geplant. Strategien werden für mindestens ein Jahr, besser für einen Planungshorizont von drei Jahren erarbeitet.

Viele Unternehmen, die hauptsächlich über Finanzkennzahlen gesteuert werden, tun sich in der Regel schwer, die qualitativen und längerfristigen Ziele als Erfolgsfaktoren und Erfolgsnachweis zu akzeptieren.[3] Sie tendieren dazu, die qualitativen Ziele sofort hinten anzustellen, wenn die Finanzzahlen kurzfristig abweichen, obwohl sie langfristig gesichert sind oder die Planzahlen sogar im folgenden Quartal wieder erreicht werden.

Ein besonderes Hindernis zu einem mittel- und langfristigen Handeln stellt für das Key Account Management das strikte Drei-Monats-Denken dar.[4] Hiervon sind vor allem amerikanisch geführte und beeinflusste Unternehmen - und viele Unternehmen in der IT-Industrie haben ihr Hauptquartier in USA - betroffen, da die Entwicklung des Börsenkurses besonders bei amerikanischen Unternehmen sehr stark von der erwarteten Geschäftsentwicklung und der erzielten Ergebnisse pro Quartal abhängt. Auch die Diskussion um den Shareholder Value hat die Tendenz, den Zahlen und Quartalsergebnissen Vorrang vor allen anderen Zielen zu geben, weiter verstärkt. In der

---

[1] Siehe Kapitel II, Abschnitt 4.1.1.
[2] Siehe Frage A6 (KAM).
[3] Vgl. Belz et al. (2004), S. 305.
[4] Vgl. Reich (1993), S. 168; Rieker (1995), S. 134.

Praxis steht letztendlich immer die Erreichung der Quartalsziele im Vordergrund, dem schnell alle anderen Aktivitäten untergeordnet werden.

Sicherlich ist die kontinuierliche Umsatzsicherung für das Unternehmen erstrebenswert. Für das Key Account Management ist dies zwar auch ein wichtiges Ziel, das jedoch nicht allein im Mittelpunkt der Beurteilung stehen darf. Miller/Heiman fordern deshalb zu Recht: „Vergessen Sie die Quartale."[1]

Prozent	Hindernis	Sehr hoch	Hoch	Mittel	Gering	Sehr gering	
71	Nichterreichung der Quartalsergebnisse	60	10	20	0	20	Vertriebsleiter
59	Nichterreichung der Quartalsergebnisse	46	23	23	0	8	KAM

Tabelle 11: Einschätzung des Einflusses der Quartalsergebnisse durch KAM und Vertriebsleiter

Dass das Nichterreichen der Quartalsergebnisse ein Hindernis bei der Umsetzung des Key Account Managements darstellt, wird sowohl von den Key Account Managern (59 Prozent) und vor allem von deren Vorgesetzten (71 Prozent) deutlich bejaht. Zwei Drittel von diesen Key Account Managern (69 Prozent) stufen die negativen Einflüsse als ‚sehr hoch' bzw. ‚hoch' ein. Auch die Führungskräfte geben in diesen beiden Kategorien 60 Prozent an. Zwei Vertriebsleiter machen die Aussage, dass, sollten die Quartalsergebnisse nicht stimmen, „alle guten Vorsätze und jede Planung hinten angestellt werden."

Denn der Verfasser hat selbst die Erfahrung gemacht, dass das unbedingte Erreichen der Quartalsziele häufig störend auf die Kundenbeziehung wirkt und diese zuweilen negativ beeinflusst. Es wird Druck auf den Kunden ausgeübt, um die Geschäftsabschlüsse doch noch erreichen zu können. Oft werden deshalb Nachlässe gewährt, um die Aufträge noch im laufenden Quartal verbuchen zu können, was sich teilweise erheblich auf das Ergebnis auswirkt, da die Kunden dieses wissen und dies bei den Verhandlungen zu Preiszugeständnissen nutzen.

Die Unternehmensführung muss die Frage beantworten, ob sie zukünftig die langfristige Geschäftsentwicklung und die Wertschöpfung für den Kunden als Zielsetzung versteht oder nach wie vor den Unternehmensgewinn und die Maximierung der nächsten Quartalsergebnisse an die erste Position setzt.[2] Andernfalls bedeutet das für den Key Account Manager einen permanenten Spagat zwischen langfristiger Strategie und kurzfristiger Taktik.

---

[1] Miller/Heiman (1991), S. 55.
[2] Vgl. Rapp (2001), S. 118; Miller/Heiman (1991), S. 40.

2.7. Funktionale Zusammenarbeit

Die Einbindung aller kundennahen Funktionen in die Kundenaktivitäten und deren Koordination sind Teilaufgabe und Voraussetzung eines erfolgreichen Key Account Managements.[1] Für das Gelingen ist es zweckmäßig oder gar notwendig, die funktionale Struktur zu entgrenzen, zu einer team- und prozessorientierten Organisationsstruktur zu gelangen und der Idee des Prozessmanagements zu folgen,[2] um ein koordiniertes, qualifiziertes und zielorientiertes Vorgehen im Sinne „one face to the customer" zu erreichen. Die prozessorientierte Gestaltung der Organisation wird als die moderne Entwicklung zu den klassischen Formen der Organisationsgestaltung, insbesondere der Funktionalorganisation, gesehen. Diese Organisationsform bietet sich auch als geeignetes Organisationsumfeld für das Wissensmanagement innerhalb des Key Account Managements an.[3]

Es ist zu untersuchen, wie der Veränderungsprozess der Entgrenzung der Funktionen zu einer prozessorientierten Organisationsgestaltung fortgeschritten ist und ob und wie weit dies in der IT-Industrie Eingang in das Key Account Management gefunden hat.

2.7.1. Funktionales Denken

Seit vielen Jahren, verstärkt mit Beginn der 90er Jahre, besonders seit Hammer/Champy und getrieben durch eine wachsende Komplexität der Geschäftsbeziehungen, hat der Gedanke des prozessorientierten Denkens in der Literatur und in Diskussionen in den Unternehmen einen breiten Rahmen eingenommen.[4]

Über die Notwendigkeit einer Entgrenzung der Funktionen hin zu einer Prozessorientierung herrscht weitgehend Einigkeit. Die interne Aufspaltung in strikt voneinander getrennte Bereiche erschwert oder verhindert gar grenzüberschreitende Aktivitäten und einen reibungslosen Informationsaustausch.[5]

Bei der Zusammenarbeit mit Kunden (ein einheitliches, abgestimmtes Vorgehen, in der zur Verfügung Stellung von Ressourcen, bei der Erstellung von Lösungen etc.) und besonders bei auftretenden Problemen (Reklamationen, Qualitätsmängel, Terminprobleme etc.) besteht die Gefahr, dass die unterschiedlichen Interessen der Funktionen ein einheitliches Auftreten gegenüber dem Kunden im Sinne einer Gesamtkonzeption und -strategie verhindern.

---

[1] Siehe Kapitel II, Abschnitt 4.2; Biesel (2002), S. 65.
[2] Vgl. Biesel (2002), S. 65.
[3] Vgl. Bullinger (2002), S. 58; Belz et al. (2004), S. 138.
[4] Vgl. Hammer/Champy (1993).
[5] Vgl. Senge (1996), S. 86.

Gerade für eine Einrichtung wie das Key Account Management, deren Aufgabe die grenzüberschreitende Koordination im Sinne einer gesamtheitlichen Kundenbetreuung ist, stellen diese Strukturen oft nur schwierig zu überwindende Hindernisse dar und erfordern geradezu eine prozessorientierte Vorgehensweise. Für Thode ist die Prozessorientierung untrennbar mit der Kundenorientierung verbunden. Um dies sicher zu stellen, wird in der Regel davon ausgegangen, dass die Geschäftsprozesse stets am externen Kunden auszurichten sind.[1]

Belz geht noch einen Schritt weiter und fordert, um eine reibungslose Zusammenarbeit zwischen den beteiligten Funktionen im Unternehmen sichern zu können, Richtlinien festzulegen, die den Key Account Managern erlauben, Key Account spezifische Leistungen und Konditionen auch gegen interne Widerstände durchzusetzen. Dies sieht er als Voraussetzung, dafür innovative Problemlösungen für Key Accounts entwickeln zu können.[2]

Die Beurteilung der Entwicklung weg von der klassischen Funktionalorganisation hin zu einem prozessorientierten Ansatz in der Organisation ist in der Literatur uneinheitlich. Manche Autoren sehen ein Nachlassen der Bedeutung der klassischen Funktionalorganisation. Jürgens schränkt diesen Ansatz allerdings für die deutschen Unternehmen ein.[3] Bruhns beobachtet eine zunehmende Förderung der funktions-übergreifenden Zusammenarbeit mit dem Ziel, vorhandene „Bereichsegoismen" und Schnittstellenkonflikte aufzulösen.[4]

Auch für Tacke sind die internen Grenzen zwischen Unternehmensbereichen, Abteilungen und Funktionen durch die Aufgliederung divisional oder matrixförmig organisierter Unternehmenskomplexe in selbst rechnende Profit Centers in Bewegung geraten.[5] Durch diese Profit Center entstehen jedoch neue, teilweise schwieriger zu überwindende Grenzen, da diese profitorientiert ausgerichtet sind. Es besteht die Gefahr, mit einer Organisation in Geschäftsfelder, Profit Center oder Business Units gerade diese „Bereichsegoismen" zu forcieren, was der Aufgabe des Key Account Managements sicher nicht entgegen kommt.[6]

Senge stellt 1996 fest, dass noch immer ein weitgehend funktionales Denken vorherrscht, obwohl ein systemisches Denken heute wegen der wachsenden Komplexität, die es zu bewältigen gilt, wichtiger geworden ist, um Ganzheiten zu erkennen.[7] Obwohl eine Koordination über verschiedene Funktionsbereiche hinweg

---

[1] Vgl. Thode (2003), S. 267.
[2] Vgl. Belz et al. (2004), S. 217.
[3] Vgl. Jürgens (1999), S. 65.
[4] Vgl. Bruhn (2003), S. 294.
[5] Vgl. Tacke (1997), S. 2.
[6] Vgl. Wimmer (1993), S. 290.
[7] Vgl. Senge (1996), S. 88.

erforderlich ist, sieht Geldern die organisatorischen Voraussetzungen für ein prozess-orientiertes Vorgehen beim Key Account Management als nicht ideal an.[1]

2.7.2. Funktionale Hindernisse/Barrieren

In der funktionalen Zusammenarbeit treten in der Praxis für das Key Account Management eine Reihe von Hindernissen auf, die es zu überwinden gilt.

Ein wesentlicher Aspekt sind unterschiedliche Denkweisen und Kulturen der einzelnen Funktionen. Folgt man Blutner, trifft man in den Unternehmen auf zwei Kulturen: Die der Techniker und die der Kaufleute, und hier insbesondere die des Vertriebs.[2] Diese resultieren vor allem aus Unterschieden hinsichtlich Persönlichkeit, kulturell verankerter Denkwelt, Fachsprache und organisatorischer Gegebenheiten.[3] Die einzelnen Abteilungen arbeiten nach ganz unterschiedlichen fachlichen Prinzipien und nach ganz anderen Grundsätzen, was im Einzelnen bedeutet, dass funktional spezialisierte Organisationseinheiten aus ihrer jeweiligen Fachlogik heraus jene leitenden Gesichtspunkte entwickeln, an denen sich ihr Tun ausrichtet.[4]

Der einzelne Mitarbeiter identifiziert sich zunehmend mit seiner Funktion. Schein führt hierzu aus: „Viele der Empfindungen, Attitüden und informellen Beziehungen spiegeln eine zunehmende Loyalität gegenüber der Teileinheit wider, der das Individuum angehört. In dem Maß, in dem es sich damit identifiziert, verknüpft es seine Selbsteinschätzung unwillkürlich mit seiner Leistung; daher fällt es ihm immer schwerer, Probleme anderer Einheiten oder der Gesamtorganisation zu begreifen und sich zu eigen zu machen. Das Individuum beginnt, ausschließlich für die eigene Einheit zu arbeiten, und nimmt anderen gegenüber eine indifferente oder gar feindselige Haltung ein. Zuweilen ermutigt die formale Organisation diesen Prozeß sogar noch durch Förderung des Wettbewerbs zwischen den Gruppen und dadurch, dass eine Art *esprit de corps* stimuliert wird."[5]

Auch Wimmer stellt einen voranschreitenden Prozess der funktionalen Verselbstständigung fest, der dazu führt, dass die Funktionen sich zunehmend an sich selbst orientieren.[6] Jeder Bereich sieht die eigene, funktionsbezogene Zielerfüllung, die häufig nicht mit den Zielsetzungen der anderen Funktionen abgestimmt ist und die sich teilweise sogar widersprechen, im Vordergrund und stellt das Gesamtunternehmens-

---

[1] Vgl. Geldern (1997), S. 150.
[2] Vgl. Blutner et al., S. 148.
[3] Vgl. Gruner (1997), S. 84.
[4] Vgl. Wimmer (1993), S. 284.
[5] Schein (1980), S. 30.
[6] Vgl. Wimmer (1993), S. 285.

interesse gegebenenfalls hinten an.[1] Häufig führt dies zu Konkurrenzsituationen zwischen den Funktionen und Abteilungen, statt zu Kooperation und Informationsaustausch. Kofman/Senge weisen auf das Problem hin, dass dadurch die Balance zwischen Konkurrenz und Kooperation zu einem Zeitpunkt verloren geht, an dem die Zusammenarbeit am notwendigsten ist.[2]

Ein Key Account Manager ist jedoch zum Aufbau und Erhalt einer guten Kundenbeziehung und Optimierung der Zusammenarbeit der bei seinem Key Account operierenden Funktionen und Abteilungen auf ein gutes Funktionieren der innerbetrieblichen Funktionsbereiche und Hierarchien und deren Zusammenarbeit angewiesen. Bickelmann weist auf den Punkt hin, dass ein Key Account Manager sein Unternehmen und dessen Produkte wirklich nur überzeugt und überzeugend vertreten kann, wenn Vertrauen die Beziehungen und die Zusammenarbeit im Unternehmen prägt und im Geschäftsalltag der Kollege als Partner im eigenen Unternehmen mit gleichen Zielen gesehen wird.[3]

Wimmer stellt in diesem Zusammenhang die Frage, wie der enorm angewachsene Abstimmungs- und Verknüpfungsbedarf zwischen den Einheiten angesichts ihrer ausgeprägten Abschließungstendenz bewältigt werden kann.[4] Hier könnte das Key Account Management einen Beitrag leisten.

Solange die funktionale Denkweise noch im Vordergrund steht, kann es als eine Aufgabe des Key Account Managers, bezogen auf seinen oder seine Key Accounts, angesehen werden, eine Balance zwischen Kundeninteresse, Gesamtunternehmensinteresse und den funktionalen Zielen zu erreichen. Dies ist aber in der Praxis nur schwierig umzusetzen, da der Key Account Manager in der Regel Teil des Vertriebes und damit primär den Interessen und Zielen dieser Funktion verpflichtet ist.

2.7.3. Ergebnisse der Interviews

Nach Ansicht des Verfassers und großer Teile der Literatur ist die Zusammenarbeit mit den kundenrelevanten Funktionen des Unternehmens für das Key Account Management

---

[1] Ein Beispiel für funktionale Suboptimierung in einem namhaften IT-Unternehmen: Aufgrund einer unterschiedlichen Preisfindung (in den Ersatzteilpreisen für den Kundendienst waren die Kosten für F&E kein Bestandteil der Preiskalkulation) hatte der Kundendienst für seine Ersatzteile niedrigere Preise für die gleichen Produkte veranschlagt. als diese in der offiziellen Preisliste des Vertriebs festgesetzt waren. Wenn der Kundendienst seine Quartalsziele für das Hardware-Ersatzteilgeschäft noch nicht erreicht hatte, wurden dann dem Kunden z.B. Speichererweiterungen günstiger in Konkurrenz zum eigenen Vertrieb abgegeben. Dadurch erreichte zwar der Kundendienst seine funktionalen Ziele, der Gesamterlös des Unternehmens wurde jedoch reduziert.
[2] Vgl. Kofman/Senge (1996), S. 154.
[3] Vgl. Bickelmann (2001), S. 25.
[4] Vgl. Wimmer (1993), S. 285.

äußerst wichtig. Mit einer Reihe von Fragen in den Interviews wird ermittelt, wie diese häufig kritisch gesehene funktionale Zusammenarbeit in den Unternehmen in der Praxis beurteilt wird.

2.7.3.1. Beurteilung der funktionalen Zusammenarbeit

Die Vertriebsleiter wurden gefragt, als wie wichtig sie die Zusammenarbeit mit anderen Funktionen bewerten und welches aus ihrer Sicht der Nutzen daraus für das Key Account Management ist.

Die funktionale Zusammenarbeit wird von 79 Prozent der Vertriebsleiter als ‚sehr wichtig' und ‚wichtig' beurteilt (alleine 64 Prozent gaben ‚sehr wichtig' an).[1]

Die verschiedenen Aussagen der Vertriebsleiter zu der Frage nach dem Nutzen einer funktionalen Zusammenarbeit kann wie folgt zusammengefasst werden: Eine Verzahnung der Funktionen ist entscheidend, um ein gemeinsames Verantwortungsgefühl für den Kunden in der Organisation zu sichern. Ein Key Account Management ohne diese Verzahnung kann nicht funktionieren. Es bedarf eines ganzheitlichen Ansatzes, um beim Kunden erfolgreich sein zu können.

Als Nutzen für das Key Account Management aus einer Zusammenarbeit mit den anderen Funktionen werden vor allem Informationsbeschaffung, Ideenfindung, die Erarbeitung von Lösungsangeboten und die Erschließung von zusätzlichem Geschäftspotenzial genannt.

Die Vertriebsleiter haben damit deutlich zum Ausdruck gebracht, dass eine funktionale Zusammenarbeit unerlässlich für das Key Account Management ist und dessen Basis darstellt. Ohne die Einbindung der Funktionen wird das Key Account Management weitgehend auf eine Vertriebstätigkeit reduziert.

Als nächsten Schritt galt es festzustellen, wie die Zusammenarbeit in der Praxis funktioniert. Hierzu wurden die Vertriebsleiter und Key Account Manager befragt, wie sie generell die Zusammenarbeit mit anderen Funktionen beurteilen.[2]

Funktionen	Vertriebsleiter			Key Account Manager		
	Sehr gut	Gut	Summe	Sehr gut	Gut	Summe
Consultants	42	33	75	48	33	81
Marketing	23	31	54	14	43	57
Service	31	46	77	32	42	74
Entwicklung	8	25	33	10	20	30

Tabelle 12: Zusammenarbeit der KAM mit anderen Funktionen[1]

---

[1] Siehe Frage B17 (VL).
[2] Siehe Fragen C19 (KAM) und B15 (VL).

Die Zusammenarbeit mit Consulting und dem Service-Bereich wird von den Vertriebsleitern und Key Account Managern als sehr positiv angesehen, wenn man die Kategorien ‚sehr gut' und ‚gut' zusammenfasst (siehe Tabelle 12). Das ist für die Kundenbetreuung vorteilhaft, da dies die beiden Bereiche sind, die neben dem Key Account Manager den intensivsten Kontakt zum Kunden haben.

Erstaunlich ist die Beurteilung für die Koordination mit dem Bereich Marketing sowohl von der Vertriebsleitern als auch von den Key Account Managern. Die Zusammenarbeit mit diesem Bereich fällt deutlich hinter die Ergebnisse von Consulting und Service zurück.

Bußmann/Rutschke zitieren hierzu eine Befragung von Vertriebsleitern aus dem Jahre 1994, die zu ähnlichen Ergebnissen kommt. Nach dieser Studie erhalten nur 40 Prozent der Marketingmanager vom Vertrieb regelmäßig Informationen über Kundenreaktionen und Kundenverhalten. Umgekehrt wird aber auch der Vertrieb vom Marketing nur sporadisch informiert. So kennen nur 48 Prozent der Vertriebsleiter Produkt- und Preispolitik sowie Ziele des Marketing.[2] Dies lässt den Schluss zu, dass sich in der letzten Dekade nichts oder nur sehr wenig verändert hat.

Offensichtlich scheint die Zusammenarbeit von Marketing und Vertrieb also besonders mit Hindernissen belastet zu sein. Bußmann/Rutschke sprechen in diesem Zusammenhang von einer vielfach vorhandenen Festungsmentalität der Funktionen und erwähnen u.a. Marketing und Vertrieb: „Marketing und Vertrieb arbeiten in der Regel getrennt voneinander, statt gemeinsam den Vermarktungsprozeß zu gestalten."[3] Dies führt nach wie vor zu erheblichen Behinderungen speziell bereichsübergreifender Abläufe.

Auch von Key Account Managern wird die Zusammenarbeit mit Marketing besonders kritisch gesehen. Von den Interviewpartnern werden Aussagen gemacht wie: „Marketing geht seiner eigenen Wege. Wir würden Marketing gerne intensiver einsetzen; die Kollegen verfolgen aber ihre eigene Agenda, die wenig mit dem zu tun hat, was wir im Vertrieb machen. Eigentlich müsste eine enge Zusammenarbeit stattfinden; es wird jedoch anders gelebt."[4]

Dieses Bild hat sich auch ähnlich bei der Frage nach der Teilnahme von Marketing an den Account Meetings ergeben. 80 Prozent der Key Account Manager geben an, dass Marketing selten oder gar nicht an Account Meetings teilnimmt.

---

[1] In der Summenspalte sind die Ergebnisse ‚sehr gut' und ‚gut' zusammengefasst.
[2] Vgl. Bußmann/Rutschke (1998), S. 36; in dieser Studie aus dem Jahre 1994 wurden 180 Marketing- und Vertriebsleiter aus den Bereichen Konsumgüter, Industriegüter und Dienstleistungen befragt.
[3] Vgl. Bußmann/Rutschke (1998), S. 20.
[4] Interview Nr. 13-001 mit KAM am 17.08.2005.

	Immer	Meistens	Häufig	Selten	Gar nicht	Gesamt
Marketing	0	0	20	40	40	100

Tabelle 13:Teilnahme von Marketing an Account Meetings (Aussage KAM)[1]

Zu einer zielgerichteten Kundenbetreuung bedarf es einer abgestimmten Vorgehensweise der beim Kunden operierenden Funktionen mit dem Key Account Manager. Um festzustellen, wie dies praktiziert wird, wurde die Frage gestellt, ob die Aktivitäten der anderen Funktionen mit dem Key Account Manager abgestimmt werden.

Zwei Drittel (64 Prozent) der Key Account Manager bestätigen, dass die Aktivitäten mit ihnen auf jeden Fall abgestimmt werden. Meistens werden Vorbereitungen und Nachbereitungen durchgeführt. Eine nur begrenzte Abstimmung findet bei 32 Prozent statt, und nur ein Key Account Manager beantwortete die Frage mit einem eindeutigen Nein.[2]

2.7.3.2. Zielsetzungen und Zielverfolgung der Funktionen

Auf die Frage, inwieweit die Aussage zutrifft: „In unserem Unternehmen sind die Funktionen bzw. Business Units sehr stark und verfolgen primär ihre eigenen Ziele," geben 86 Prozent der Key Account Manager und 72 Prozent der Vertriebsleiter an, dass diese Aussage ‚völlig' oder ‚weitgehend' zutrifft, wobei bei den Vertriebsleitern das Gewicht mehr auf ‚trifft völlig zu' (50 Prozent) liegt.[3]

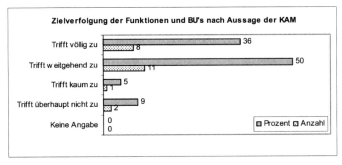

Abbildung 57: Primäre Verfolgung der eigenen Ziele der Funktionen, Ergebnis der KAM

---

[1] Auszug Tabelle 8.
[2] Siehe Frage C20 (KAM).
[3] Siehe Fragen C22 (KAM) und B16 (VL); Tabellen 24 und 25.

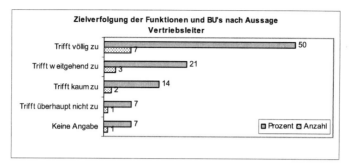

Abbildung 58: Primäre Verfolgung der eigenen Ziele der Funktionen, Ergebnis der Vertriebsleiter

Von beiden Gruppen wird thematisiert, dass nach wie vor die funktionale Denkweise sehr stark ausgeprägt sei,[1] und dass dadurch Situationen entstünden, in denen das kundenorientierte Denken verloren gehe und an den Bedürfnissen des Kunden vorbei gegangen werde. Wesentlich werde dies durch die teilweise gegenläufigen Ziele verursacht. Es wird allerdings mehrmals erwähnt, dass man bestrebt sei, viele aus dem System heraus entstehende Konflikte auf oberster Managementebene auf Basis eines gemeinsamen Verständnisses und der guten persönlichen Kontakte zu lösen.

Konflikte entstehen nicht nur in der Zusammenarbeit und Abstimmung mit anderen Funktionen, sondern auch innerhalb des Vertriebs mit den regional zuständigen Vertriebsleitern. Diese haben die disziplinarische Verantwortung für die Standard-verkäufer, die dem Key Account Team zugeordnet sind und meist neben diesem Key Account entweder weitere Key Accounts oder zusätzlich noch Standardkunden betreuen. Der Konflikt entsteht meist aus der Zielerfüllung für den Vorgesetzten vor Ort auf der einen und der für den Key Account Manager auf der anderen Seite.

Dieses Ergebnis lässt den Schluss zu, dass die Funktionen und Einheiten in den untersuchten Unternehmen zwar mit den Key Account Managern zusammenarbeiten, was auch von diesen bestätigt wurde, sie sich aber letztendlich primär für ihre eigenen Ziele verantwortlich fühlen. Im Zweifelsfall werden also immer das funktionale Teilinteresse und die eigene Zielsetzung den Ausschlag vor dem Gesamtinteresse geben.

Ausgehend von diesem Ergebnis und der Erfahrung des Verfassers in seiner Beratungs- und Vertriebstätigkeit ist dieses Ergebnis weitgehend auf die gesamte IT-Industrie übertragbar.

---

[1] Nur ein Vertriebsleiter bestätigt eine sehr gute Zusammenarbeit mit den Funktionen.

Diese Konstellation ist sicherlich nicht förderlich für die Zusammenarbeit der beim Kunden vertretenen Funktionen im Key Account Team und für einen zielgerichteten Wissenstransfer.

Vergleicht man dieses Ergebnis mit den Einschätzungen der Vertriebsleiter und Key Account Manager bei der Frage nach der Zusammenarbeit und dem abgestimmten Vorgehen beim Kunden,[1] scheint hier eine Diskrepanz zu bestehen. Die Zusammenarbeit und das abgestimmte Vorgehen beim Kunden werden, von Marketing und Entwicklung abgesehen, vergleichsweise besser beurteilt. Die Aussagen gehen dahin, dass die Zusammenarbeit reibungslos läuft, solange ein gemeinsames Interesse besteht. Im Konfliktfall steht nicht das Gesamt-, sondern dann in der Regel wieder das Funktionsinteresse im Vordergrund.

Insgesamt gewinnt man den Endruck, als seien die funktionalen Grenzen eher fester gefügt. Von einer Entgrenzung ist kaum etwas zu erkennen.

Es ist verwunderlich, dass heute noch immer ein so starkes funktionales Denken in den Organisationen vorherrscht. Trotz aller Ansätze wie „Vernetztes Denken" (Vester, 1988), „Prozessorientiertes Denken" (Business Reengineering, Hammer/Champy, 1994) und „Systemisches Denken" (Senge 1996) hat sich in dieser Zeit offensichtlich nichts Wesentliches in den Unternehmen verändert.

Wenn man dann noch bedenkt, dass Willke bezogen auf das Wissensmanagement sogar fordert, über eine Restrukturierung im Sinne von Hammer/Champy hinauszukommen und neue, zukunftsträchtige Organisationsziele und Geschäftsideen zu generieren, wird die Diskrepanz zwischen der Anforderung an eine zukunftsgerichtete Organisation und der Realität besonders deutlich.[2]

2.7.3.3. Kundenorientierung

In den vorausgegangenen Ausführungen wurden die Bedeutung der Kundenorientierung für die Unternehmen, die Ausrichtung des gesamten Unternehmens auf eine Kundenorientierung und die Einsicht des Managements in deren Notwendigkeit dargestellt.[3]

Ein Untersuchungsziel war es festzustellen, inwieweit die Unternehmensfunktionen aus Sicht des Key Account Managements diesen Anforderungen nachkommen und kundenorientiert handeln.

---

[1] Siehe Kapitel IV, Abschnitt 2.7.3.1; Frage C20 (KAM).
[2] Vgl. Willke (2001b), S. 81; er empfiehlt, das Wissensmanagement als interne Geschäftsprozesse zu organisieren und zu optimieren.
[3] Siehe Kapitel II, Abschnitte 1.4.; 1.10.2.

Wenn man die Bekenntnisse zur Kundenorientierung mit der Realität vergleicht, stellt man fest, dass die Kundenorientierung häufig nur ein Lippenbekenntnis bleibt, schnell den eigenen Strategien untergeordnet und bei Abweichungen von den eigenen Zielsetzungen hintangestellt wird,[1] obwohl doch in Unternehmenszielen, Veröffentlichungen (z.B. Geschäftsberichten), internen Diskussionen und Meetings die Kundenorientierung permanent betont wird. Dies ist auch die Erfahrung des Verfassers aus seiner Beratungs- und Tätigkeit und wurde durch die Umfrage bestätigt.

Prozent	Funktionen zu wenig kundenorientiert	Sehr Hoch	Hoch	Mittel	Gering	Sehr gering	
86	Key Account Manager	37	21	26	5	11	100
86	Vertriebsleiter	25	25	42	8	0	100

Tabelle 14: Funktionen sind zu wenig kundenorientiert

Als Ergebnis der Umfrage sehen Key Account Manager und Vertriebsleiter die mangelnde Kundenorientierung als größtes Hindernis (86 Prozent bei beiden Gruppen) für die Umsetzung des Key Account Managements an. Davon schätzen 58 Prozent der Key Account Manager und 50 Prozent der Vertriebsleiter die Auswirkung als ‚sehr hoch' oder ‚hoch' ein.

Bruhn stellt die Frage, welche internen Barrieren vorhanden sind, die Unternehmen daran hindern, Kundenorientierung zu realisieren. Er sieht einen bedeutsamen Faktor in der mangelnden Fähigkeit, Informationen über die eigenen Kunden im Rahmen eines Informationsmanagementsystems zu erheben.[2] Dies stellt zwar nur einen Aspekt dar; aber genau diesen Informationstransfer und damit das Wissen zumindest über die Key Accounts kann das Key Account Management liefern und zur Verfügung stellen. Dieses Wissen wird allerdings für eine weite Verbreitung und intensive Anwendung ungenutzt bleiben, solange die Funktionen funktionsbezogene Zielsetzungen haben, die mit den anderen Funktionen nicht abgestimmt sind und sich teilweise sogar ausschließen. Ein weiterer Faktor ist die ständig abnehmende Personalausstattung. Bei der Steuerung der Mitarbeiter haben deshalb die funktionsinternen Aufgaben und Ziele Priorität.

Durch das Setzen funktionaler Prioritäten und Fokussierung auf die funktionalen Ziele entsteht die Gefahr, dass in der Wahrnehmung der Mitarbeiter Kundenorientierung an Bedeutung verliert und nicht als durch das Top-Management getragener Wert des Unternehmens erscheint, was zu Gleichgültigkeit und Unsensibilität der Mitarbeiter im Kundenkontakt führt.[3] An Mitarbeiter von kundennahen Funktionen oder Funktionen, die direkt beim Kunden tätig sind, werden aber besondere Anforderungen an ihr

---

[1] Vgl. Peters/Waterman (1986), S. 189; Rieker (1995), S. 109.
[2] Vgl. Bruhn (2003), S. 19.
[3] Vgl. Bruhn (2003), S. 290.

Auftreten im Sinne einer Dienstleistung für den Kunden gestellt. Sie sind verpflichtet, ihr Unternehmen nach außen zu vertreten und einen guten Eindruck zu hinterlassen.[1] Dies ist kaum möglich, wenn ihr Denken nicht darauf ausgerichtet ist.

Auch Rieker hat bei einer empirischen Analyse 1995 über die Probleme bei der Gestaltung der Beziehungen mit bedeutenden Kunden herausgefunden, dass am häufigsten eine mangelhafte interne Koordination aller Tätigkeiten und die Vorgaben und Ziele auf den Kunden genannt wurden. Er hat auch festgestellt, dass viele Stellen des Unternehmens sich nicht mit den Belangen des Kunden identifizieren und dass mangelnde Koordination nicht vom Management sanktioniert wird.[2] Die Kundenorientierung hat sich demnach nicht im Denken vieler Unternehmen durchgesetzt und ist weitgehend nur ein Thema des Vertriebs.

2.8. Wissensmanagement

Die Bedeutung des Wissens für Unternehmen und den Anteil, den das Key Account Management dazu beitragen kann, wird in Kapitel III dargestellt. Zu untersuchen war nun, welchen Beitrag das Key Account Management hierzu in der Praxis leistet.

2.8.1. Kenntnisse der Visionen und Strategien

Vom Key Account Manager muss man erwarten können, dass er nicht nur Visionen und Strategien des Key Accounts sondern auch des eigenen Unternehmens kennt, denn dieses Wissen ist an mehreren Stellen von Vorteil oder gar notwendig.

Zur Aufgabe des Key Account Managements gehört es, die Geschäftsbeziehungen mit dem Key Account, basierend auf einem strategischen Account Plan mittel- und langfristig zu festigen, auszubauen und als *trusted advisory* der bevorzugte Partner des Kunden zu sein oder zu werden. Dies setzt voraus, dass der Key Account Manager weiß, sofern er nicht nur opportunistisches, zufallsgetriebenes Geschäft machen will, wohin sich sein Unternehmen entwickelt und welche Geschäftsfelder zukünftig im Fokus stehen. Bei Abweichungen heißt das zunächst für ihn zu versuchen, seinen Kunden zu beeinflussen. Hier handelt es sich meist um Teilstrategien, wie z.B die Entwicklung der IT-Konzeption, sein Konzept zu überdenken und sich in seine Richtung zu verändern. Es kann aber auch bedeuten, ganz neue Bereiche und Geschäftschancen bei seinem Key Account erschließen zu müssen, wozu er im allgemeinen zeitlichen Vorlauf benötigt.

---

[1] Vgl. Luhmann (1964), S. 221.
[2] Vgl. Rieker (1995), S. 108.

Aus der Differenzierung zwischen Kunden- und Unternehmensstrategie lassen sich darüber hinaus wertvolle Informationen für sein eigenes Unternehmen ableiten, die es diesem ermöglichen, sich auf dieser Wissensbasis rechtzeitig auf Veränderungen bei den Kunden einzustellen zu können.

Ein Key Account Manager verhandelt möglichst auf allen Hierarchieebenen seines Kunden. Dies erfordert die Fähigkeit, Themen zu beherrschen, die über das Tagesgeschäft hinausgehen, um über Entwicklungen, Trends und Visionen und Strategien diskutieren zu können. Dann werden für ihn frühzeitig Strategien und Veränderungen sichtbar.

In den Interviews sagen sechs der befragten Key Account Manager (27 Prozent) auf die Frage, wie die Unternehmensvision und -strategie für die nächsten drei Jahre aussieht, dass dies ihnen nicht bekannt sei. Drei Viertel (73 Prozent) der Key Account Manager gaben an, die Strategie ihres Unternehmens zu kennen.[1]

Allerdings ist dieses Ergebnis kritisch zu interpretieren. Wenn man die Aussagen der Key Account Manager zu der Frage, wie Vision und Strategie ihres Unternehmens konkret aussehen, innerhalb eines Unternehmens vergleicht, wurden meist sehr unterschiedliche Angaben gemacht, obwohl tendenziell die meisten sagten, dass diese Themen regelmäßig in Meetings, Workshops, regelmäßigen Präsentationen und Diskussionen angesprochen werden.[2] Als Verteilungsmedien werden Präsentationen, Homepage, große Veranstaltungen, CDs und Broschüren eingesetzt.

Dieser uneinheitliche Wissensstand kann auf mangelhafte Information, unzureichende Prozesse oder auf fehlendes Interesse der Key Account Manager zurückzuführen sein.

2.8.2. Wissenstransfer

Als Grenzstelle zwischen Key Account, dessen Markt und dem Unternehmen ist das Key Account Management ein wesentlicher Wissensverteiler zwischen diesen Organisationen. Die entsprechenden Funktionen können an den für sie relevanten Informationen partizipieren. Das Wissen weiterzuleiten und an die Stelle zu bringen, an der es gebraucht wird, ist eine der schwierigsten Ausgabe und das am meisten unterschätzte Hindernis für ein erfolgreiches Wissensmanagement.[3] Trotz der allgemein akzeptierten Aussage, dass das Wissen ein entscheidender Faktor für den Unternehmenserfolg ist, gelingt es den Unternehmen nur schwer oder kaum, dieses

---

[1] Siehe Frage D18 (KAM).
[2] Ein Key Account Manager gibt zu der Frage, wann das letzte Mal darüber gesprochen wurde, an: „Das ist täglich Brot"; aber sein Kollege machte dagegen die Aussage: „Ist mit nicht bekannt." Siehe Interviews mit KAM Nr.13-003 am 30.08.05 und 13-002 am 28.05.05.
[3] Vgl. Probst et al. (1999), S. 224.

Bewusstsein entsprechend im Unternehmen zu verankern und die nötigen Strukturen zu implementieren.

Voraussetzung für das Gelingen eines qualifizierten Wissenstransfers im und durch das Key Account Management sind angepasste Relevanzkriterien und eine gemeinsame Sprache. Die Ausführungen von Willke, die sich auf Projektarbeit beziehen, lassen sich auf das Key Account Management übertragen. Denn auch hier sind unterschiedliche Bereiche und Funktionen betroffen und auch hier kommt es darauf an, „zwischen Akteuren mit unterschiedlichen Relevanzen und Prioritäten, unterschiedlichen Sprachen und Kulturen so viel Gemeinsamkeit zu schaffen, dass tatsächlich ein Informationsaustausch überhaupt möglich wird und nicht nur Daten hin und her geschoben werden, aus denen dann jeder macht, was ihm gefällt."[1]

Als weitere Voraussetzung ist eine Vertrauensbasis im Account Team anzustreben, denn Vertrauen und Anerkennung spielen eine wichtige Rolle vor allen Dingen bei der Übernahme von implizitem Wissen. Aber auch gemeinsame, abgestimmte Zielvorgaben und Anreizsysteme sind zweckmäßig. Nicht zuletzt hängt die Qualität der Informationen und deren Transfer unmittelbar von den Fähigkeiten den übermittelnden Personen, also hier vom Key Account Manager, vom Team und deren Zusammenarbeit ab.

2.8.2.1. Kundendatenbank – IT-Basis

Ein Element der organisationalen Wissensbasis ist die Kundendatenbank, die Daten und Informationen über Kunden und Märkte enthält; auf sie baut individuelles und organisationales Wissen auf.[2]

2.8.2.1.1. Eingesetzte Kundendatenbanken

Von den befragten 14 Unternehmen, die das Key Account Management implementiert haben[3], haben elf (79 Prozent) eine Kundendatenbank installiert.[4] Die Mehrheit der installierten Systeme waren von Siebel, teilweise mit dem Account Management Tool TAS (TAS = Target Account Selling) hinterlegt.[5] Die meisten Unternehmen haben eine langjährige Erfahrung mit dem Einsatz einer Kundendatenbank.

---

[1] Willke (2002), S. 146.
[2] Vgl. Probst et al. (1999), S. 46.
[3] Zwei der befragten Unternehmen haben das Key Account Management Programm nicht installiert. Siehe Fußnote Kapitel IV, Abschnitt 1.2.2.
[4] Siehe Frage D2 (KAM).
[5] Siebel Sales Applications sind Produkte der Oracle Corporation.

Installierte Kundendatenbanken	
• Siebel	3
• TAS/Siebel	3
• SAP	1
• Andere	4
• Keine	3

Tabelle 15: Installierte Kundendatenbanken

Über die Einsatzdauer der Kundendatenbanken haben sich keine konsistenten Aussagen ergeben. Die Angaben von Key Account Managern des gleichen Unternehmens auf die Frage, seit wann in ihrem Unternehmen eine Kundendatenbank installiert ist, weichen teilweise mehrere Jahre voneinander ab.[1]

Das Problem einiger Unternehmen besteht darin, dass mehrere Datenbanken für verschieden Bereiche und Funktionen mit kundenspezifischen Informationen existieren, die nicht untereinander verknüpft und harmonisiert sind, was viele Doppeleingaben und -abfragen verursacht.

2.8.2.1.2. Aufwand für die Kundendatenbank-Pflege

Die Eingaben in die Kundendatenbank werden weitgehend (72 Prozent) von den Key Account Managern vorgenommen. Bei manchen Unternehmen (17 Prozent) gibt es die Funktion einer Vertriebsassistenz, die die Aufgabe der Dateneingabe ganz oder teilweise übernimmt.[2]

Marketing und Service pflegen die Kundendatenbank nur eingeschränkt. Die Key Account Manager gaben an, dass Marketing (80 Prozent) und Service (72 Prozent) nur ‚selten' oder ‚gar nicht' eine Kundendatenbank-Pflege vornehmen oder Eingaben tätigen.

Funktionen	Immer	Meistens	Häufig	Selten	Gar nicht	Gesamt
Account Manager	66	6	11	6	11	100
Vorgesetzter	0	0	7	40	53	100
Consultants	6	0	50	19	25	100
Marketing	0	7	13	33	47	100
Service	0	7	21	43	29	100
Entwicklung	0	0	0	0	100	100

Tabelle 16: Eingabe in die Kundendatenbank – Key Account Manager

Die Angabe, dass Pflege und Eingaben überwiegend vom Key Account Manager durchgeführt werden, ist bei den Vertriebsleitern weitgehend mit den Angaben der Key

---

[1] Siehe Frage D3 (KAM).
[2] Siehe Frage D5 (KAM).

Account Managern übereinstimmend (siehe Tabellen 16 und 17: 72 Prozent KAM, 73 Prozent Vertriebsleiter).[1]

Bei den Angaben zu Marketing und Service weichen die Ergebnisse der Vorgesetzten deutlich von denen der Key Account Managern ab (siehe Tabellen 16 und 17). Sie geben bei der gleichen Frage für Marketing (55 Prozent) und Service (45 Prozent) für die Kategorien ‚selten' oder ‚gar nicht' an, sehen deren Mitwirkung also intensiver.

Funktionen	Immer	Meistens	Häufig	Selten	Gar nicht	Gesamt
Account Manager	64	9	18	9	0	100
Vorgesetzte	27	0	9	36	27	99
Consultants	18	0	27	9	45	99
Marketing	11	0	33	22	33	99
Service	18	18	18	27	18	99
Entwicklung	9	0	0	9	82	100

Tabelle 17: Eingabe in die Kundendatenbank – Vertriebsleiter

Die geringe Beteiligung an Pflege und Eingaben von Marketing und Service ist in einigen Unternehmen darauf zurückzuführen, dass diese Funktionen über eigene Datenbanksysteme verfügen, die mit der Kundendatenbank nicht kompatibel sind. Um diese Datenbestände kompatibel zu machen, sind oft aufwändige Standardisierungs- und Reorganisationsdurchgänge notwendig.[2] Diese Umstellung ist sehr kosten- und ressourcenintensiv. Einige Key Account Manager geben zu bedenken, dass diese Kompatibilität auch nicht unbedingt von den Funktionen gewünscht ist.

Erwähnenswert ist die unterschiedliche Einschätzung bezüglich der Mitwirkung der Consultants. Hier sehen die Vertriebsleiter einen wesentlich geringeren Einsatz bei Pflege und Eingaben. Die Entwicklungsabteilung nimmt so gut wie keine Eingaben vor.

Aufgrund der sehr schnellen Veränderung des Markt- und Kundenwissens und des allgemein hohen Informationsanfalls aus der Geschäftstätigkeit mit dem Key Account fällt ein permanenter Aufwand an, die Kundendatenbank aktuell zu halten. Aktualität und Qualität der Kundendatenbank bestimmen wesentlich den Nutzen für alle Benutzer. Eine Kundendatenbank, die nicht qualifiziert und permanent gepflegt wird, führt zu Informationsverlusten. Sinkt die Aktualität, wird die Datenbank sehr schnell zu einem Datenfriedhof mit erheblichen Kosten und wenig Nutzen.

Ein Key Account Manager muss permanent zwischen Vertriebs- und den notwendigen Verwaltungstätigkeiten optimieren. Verwaltungstätigkeiten, wie die Pflege einer Kundendatenbank, sind häufig ein lästiges Übel und werden schnell vernachlässigt.[3]

---

[1] Siehe Frage C2 (VL).
[2] Vgl. Schmiede (1999), S. 135.
[3] Die Aussage eines KAM: „Manche Verkäufer pflegen die Kundendatenbank bis zum Exzess; diese sind jedoch mehr die „verwaltungsorientierten". Siehe Interview mit KAM Nr. 01-004 am 15.07.05.

Herauszufinden war demnach, wie hoch der Aufwand für die Pflege von den Key Account Managern in der Praxis eingeschätzt wird.

Der Aufwand für die Pflege der Datenbank wird von zwei Dritteln (67 Prozent) der Key Account Manager als akzeptabel empfunden. Ein Drittel (34 Prozent) schätzt den Aufwand als ‚groß' und ‚sehr groß' ein.[1]

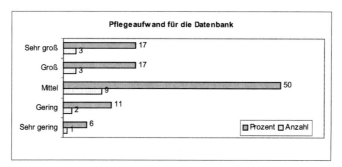

Abbildung 59: Pflegeaufwand für die Kundendatenbank

Diese Einschätzung muss in Zusammenhang mit dem täglichen Zeitaufwand für die Pflege gesehen werden. Der Aufwand beträgt bei 27 Prozent der Key Account Manager 20 bis 30 Minuten pro Tag und bei 14 Prozent immerhin zwischen 30 und 45 Minuten pro Tag.[2]

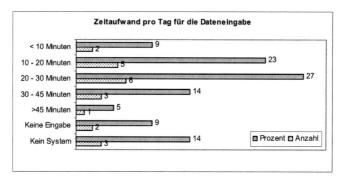

Abbildung 60: Täglicher Zeitaufwand des Key Account Managers für die Dateneingabe

Bei den befragten Unternehmen scheint die Aktualität der Kundendatenbank sehr hoch, denn 81 Prozent der Vertriebsleiter beurteilen sie mit ‚aktuell' bzw. ‚sehr aktuell' (siehe Abbildung 61). Lediglich 18 Prozent gaben ‚weniger aktuell' an.[3]

---

[1] Siehe Frage D7 (KAM).
[2] Siehe Frage D4 (KAM).
[3] Siehe Frage C4 (VL).

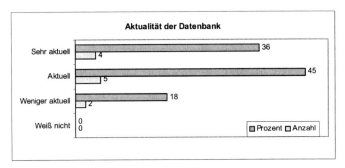

Abbildung 61: Aktualität der Kundendatenbank

2.8.2.1.3. Nutzen für das Key Account Management und andere Funktionen

Implementierung und Pflege einer Kundendatenbank sind mit hohen Kosten für das Unternehmen verbunden. Deshalb stellt sich die Frage, welchen Nutzen diese Investition für die Key Account Manager und für die beim Kunden agierenden Funktionen für ihre Tätigkeit bringt.[1]

	Sehr hoch	Hoch	Mittel	Gering	Sehr gering	Gesamt
Account Manager	22	33	28	17	0	100
Vorgesetzter	37	47	5	11	0	100
Consultants	13	6	56	6	19	100
Marketing	17	39	17	11	17	101
Service	19	44	6	12	19	100
Entwicklung	6	11	11	22	50	100

Tabelle 18: Nutzen-Einschätzung durch die KAM für andere Funktionen

Bemerkenswert sind die Einschätzungen der Key Account Manager über den Nutzen der Kundendatenbank für ihre eigene Arbeit und den Nutzen, den andere Funktionen daraus ziehen (siehe Tabelle 18). Für ihren Vorgesetzten (Vertriebsleiter) schätzen sie den Nutzen wesentlich höher ein als für sich selbst. Wenn man die Kategorien ‚sehr hoch' und ‚hoch' zusammenfasst, ergeben sich für die Vorgesetzten 84 Prozent und für die Key Account Manager nur 55 Prozent. Sie sehen also den Nutzen für die Vorgesetzten etwa um 50 Prozent höher an als für sich selbst. Erst wenn man die Kategorie ‚mittel' hinzuzählt, gleichen sich die Werte ungefähr an (83 Prozent und 89 Prozent).

Sogar für den Service wird der Nutzen der Kundendatenbank von den Key Account Managern höher (63 Prozent) gesehen als für sich, und selbst für Marketing wird der Nutzen nicht geringer eingeschätzt (56 Prozent).

---

[1] Siehe Frage D8 (KAM).

Dies kann darauf hindeuten, dass die Kundendatenbank in der Einschätzung der Key Account Manager nicht als ‚ihr Instrument', sondern als eine Einrichtung angesehen wird, die sie pflegen müssen, während dann andere den Nutzen daraus ziehen. Diese Einstellung und eine generelle Unzufriedenheit mit der Kundendatenbank werden auch von mehreren Key Account Managern geäußert. Interessant dabei ist, dass diese Einstellung offensichtlich nicht die Aktualität der Kundendatenbank beeinflusst (siehe Abbildung 61) und diese trotzdem von ihnen ausreichend gepflegt wird. Eine Erklärung hierfür dürfte sein, dass in vielen Unternehmen sehr viel Wert auf die Pflege der Kundendatenbank gelegt wird, die Pflege in den Jahreszielen verankert ist und das Management dies nachhaltig einfordert.

In einem Unternehmen ist die Kundendatenbank sehr eng mit der Produktionsplanung verzahnt. Ein Auftrag mit einer größeren Stückzahl, der nicht in der Datenbank geplant war (als Forecast mit Plantermin), wird nur dann zum gewünschten Termin geliefert, wenn die Fertigungskapazität vorhanden ist; andernfalls rutscht er in der Priorität nach hinten. Auch dies zwingt die Key Account Manager, die Daten aktuell zu halten.

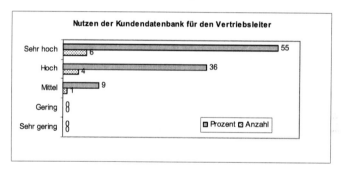

Abbildung 62: Nutzeneinschätzung der Kundendatenbank durch die Vertriebsleiter für sich

Die Einschätzung des Nutzens der Kundendatenbank durch die Vertriebsleiter für ihre eigene Tätigkeit ist noch höher, als die Key Account Manager (84 Prozent) dies für ihre Vorgesetzten gesehen haben. Bei den Vertriebsleitern ergeben sich in den Kategorien ‚sehr hoch' und ‚hoch' 91 Prozent.[1]

Funktionen	Sehr hoch	Hoch	Mittel	Gering	Sehr gering	Gesamt
Consultants	33	11	22	33	0	99
Marketing	50	20	10	10	10	100
Service	30	50	20	0	0	100
Entwicklung	10	10	10	20	50	100

Tabelle 19: Nutzen Einschätzung durch die Vertriebsleiter für andere Funktionen

---

[1] Siehe Frage C5 (VL).

Die Bewertung des Nutzens der Kundendatenbank durch die Vertriebsleiter für andere Funktionen ist generell deutlich höher als die der Key Account Manager (siehe Gegenüberstellung in Tabelle 20). Lediglich für die Entwicklungsabteilung sind die Werte in etwa gleich.

Funktionen	Vertriebsleiter Sehr hoch und hoch	Key Account Manager Sehr hoch und hoch	Abweichung
Consultants	44	19	+ 25 %
Marketing	70	56	+ 14%
Service	80	63	+ 17%
Entwicklung	20	17	+ 3%

Tabelle 20: Gegenüberstellung Nutzeneinschätzung KAM und Vertriebsleiter

Auch in der Einschätzung, wer die Kundendatenbank wie intensiv benutzt, ergeben sich unterschiedliche Angaben von Key Account Managern und Vertriebsleitern (siehe Tabellen 21 und 22).[1] Die Benutzung der Kundendatenbank ist im Sinne eines Arbeitens mit ihr zu verstehen, was Elemente wie Pflege, Analysen und Planung beinhaltet.

	Immer	Meistens	Häufig	Selten	Gar nicht	Gesamt
Account Manager	90	0	5	5	0	100
Vorgesetzter	58	5	26	11	0	100
Consultants	19	12	25	25	19	100
Marketing	26	16	32	5	21	100
Service	29	7	29	0	35	100
Entwicklung	11	0	0	21	68	100

Tabelle 21: Wer benutzt die Kundendatenbank und wie intensiv
(Einschätzung Key Account Manager)

	Immer	Meistens	Häufig	Selten	Gar nicht	Gesamt
Account Manager	64	18	18	0	0	100
Consultants	10	10	40	40	0	100
Marketing	36	9	27	18	9	99
Service	20	10	50	10	10	100
Entwicklung	0	0	0	18	82	100

Tabelle 22: Wer benutzt die Kundendatenbank und wie intensiv
(Einschätzung Vertriebsleiter)

Die Vertriebsleiter sehen den Grad der Benutzung der Kundendatenbank durch die Funktionen tendenziell geringer (Ausnahme Marketing) als die Key Account Manager, obwohl sie den Nutzen für die Funktionen höher eingeschätzt haben. Die Key Account Manager geben für die Kategorie ,immer' 90 Prozent an, was als Hinweis darauf gewertet werden kann, dass sie das Instrument Kundendatenbank als wichtiges Werkzeug anerkennen, was auch in den Gesprächen zum Ausdruck gekommen ist.

---

[1] Siehe Fragen D6 (KAM) und C3 (VL).

Der Unterschied zwischen der Benutzung der Datenbank (‚immer' 90 Prozent) und der Bewertung des eigenen Nutzens (55 Prozent) scheint auf die fehlenden Informationen und den geringen Nutzungsrad durch die anderen Funktionen zurückzuführen zu sein. Hinweise darauf gab es in den Interviews.[1]

Kritisch wird die Kundendatenbank im Hinblick auf die Informationen gesehen, die eingegeben werden, wodurch der Nutzen für sie gesenkt wird.[2]

Bei der Bedeutung der Kundendatenbank für die Forschung und Entwicklung sind die Beurteilungen der Key Account Manager und Vertriebsleiter weitgehend übereinstimmend. Man kann sagen, dass die Kundendatenbank für diese Abteilung so gut wie keine Bedeutung hat.

2.8.2.2. Hindernisse für den Wissenstransfer

Neben unflexiblen Organisations- und Kommunikationsstrukturen gibt es bei der Nutzung einer Kundendatenbank Widerstände und Unsicherheiten bei den Mitarbeitern.

Aus Sicht der Key Account Manager besteht die Gefahr, dass die Kundendatenbank als „Informationsdrehscheibe" überbewertet wird und dadurch die persönliche Kommunikation leidet. Die Technologie soll immer mehr die Kommunikation übernehmen, um aus Kostengründen die Account Team Meetings reduzieren zu können, was sich nachteilig auf die Zusammenarbeit auswirkt. Es ist ein genereller Trend weg von der persönlichen Kommunikation hin zu technologiebasierten Methoden festzustellen. Wie in Kapitel III, Abschnitt 1.6.4 behandelt, sind jedoch beide Kommunikationswege, insbesondere bei der Komplexität des Key Account Managements und einem erfolgreichen Wissensmanagement, notwendig.

Eine wesentliches Barriere für die Informationseingabe vor allem durch die Key Account Manager ist die Unsicherheit, wie mit den Informationen umgegangen wird und wozu sie benutzt werden.

Sicherlich ist ein Kontrollinstrument wie eine Kundendatenbank für das Management unerlässlich, wenn es seiner Aufgabe gerecht werden, bei Planabweichungen Maßnahmen ergreifen und anhand des Projektbestands selbst Geschäftsentwicklungen vorhersagen will. Die Key Account Manager brauchen allerdings die Sicherheit, dass die eingegebenen Informationen nicht nachteilig für sie ausgelegt werden. Das Tool wird abgelehnt, wenn es zu einem reinen Kontrollinstrument verkommt.

---

[1] Siehe Kapitel IV, Abschnitt 2.8.2.1.2.
[2] Siehe Kapitel IV, Abschnitt 2.8.2.1.

Diese Gefahr wird häufig von den Key Account Managern angesprochen. Durch die Kundendatenbank werden sie transparent. Sie haben Angst vor korrekter Eingabe, weil sie dann offen sind und eine Kontrolle zu ihrem Nachteil fürchten. Besonders deutlich wird dies in Unternehmen, die die Mitarbeiterzahl reduziert haben, gerade reduzieren oder in denen eine solche Maßnahme in der Diskussion ist.

Die Key Account Manager sind der Ansicht, dass der Vorgesetzte immer Punkte finden kann, um sie zu kritisieren und befürchten sogar, dass im Falle eines Personalabbaus diese Informationen dann gegen sie verwendet werden. „Deshalb sage ich nicht die ganze Wahrheit. Ich trage nur das in die Kundendatenbank ein, was meine Existenz sichert."[1]

Die Kundendatenbank wird somit zur politischen Plattform mit dem Ergebnis, dass nur das Positive „nach oben" kommuniziert wird. Dies führt zu erheblichen Informationsverlusten und schränkt die Bedeutung der Kundendatenbank als Instrument für das Wissensmanagement deutlich ein. Für den Umgang mit der Kundendatenbank ist es wichtig, die Balance zwischen Motivation und Kontrolle herzustellen und eine Atmosphäre des Vertrauens zu schaffen. Dies sind Bedingungen, damit der Nutzen für das Unternehmen erreichet werden kann. Pawlowsky führt hierzu aus: „Zahlreiche Beispiele machen deutlich, dass eine einseitige Investition in IuK-Technologien mit dem Ziel einer Wissensvernetzung ohne gleichzeitige Betrachtung der Vertrauenskultur wirkungslos bleibt," und zitiert Sveiby: „Investing in improving the level of trust in an organisation may dramatically increase the knowledge flows, and is probably much more profitable than spending the same amount on an IT-system."[2]

Ein weiteres Hindernis, weshalb die Key Account Manager den Nutzen der Kundendatenbank für sich nur eingeschränkt sehen, besteht, wenn die diese schwerpunktmäßig als Reporting-System eingesetzt wird. Der Vorwurf, dass die Kundendatenbank für andere Dinge (z.B. Finanzdaten) zweckentfremdet wird, wird öfters erhoben. Dies bedeutet hohen Aufwand mit relativ wenig Nutzen für das Key Account Management und führt zu schlechter Akzeptanz und zu nachlassender Pflegebereitschaft.

Hier ist noch ein Gedanke aufzugreifen, den zwei Key Account Manager formuliert haben. Die Komplexität, die die Key Accounts haben, lassen sich kaum in einem Key Account Management Tool und einer Kundendatenbank abbilden. Mit Tools wird ihnen ein Korsett angelegt, das letztendlich dazu führt, dass alle Key Account Manager gleich

---

[1] Interview Nr. 01-001 mit KAM am 03.02.2005.
[2] Pawlowsky (1998), S. 27.

vorgehen und sich dann nicht mehr von ihren Wettbewerbern unterscheiden. „Wer individuell ist, wird gewinnen."[1]

2.8.2.3. Wissenstransfer in Account Team Meetings

Im Zusammenhang mit Wissenstransfer beim Key Account Management ist neben der Kundendatenbank als eine wesentliche Säule für die Übertragung expliziten Wissens auch immer das Account Team Meeting als zweites, unabdingbares Element zu sehen, in dem auch implizites Wissen transferierbar ist.

Nonaka/Takeuchi weisen auf die Notwendigkeit hin, dass Unternehmen das implizite Wissen ihrer Angehörigen mobilisieren.[2] Hierfür sind Teambeziehungen notwendig, die sich nicht durch Datenbanken ersetzen lassen. Aussagen von Key Account Managern wie z.B.: „Zum Erfolg eines Key Account Managers gehört der persönliche Kontakt, besonders im Account Team."[3] „Viele Dinge können nur in einem persönlichen Gespräch vermittelt werden. Das geht nicht über Papier, eingeführte Tools und Berichte. Das persönliche Gespräch muss immer zusätzlich sein.(...) Die Datenbank enthält nur 50 Prozent der Informationen, nämlich das, was war; das, was sein soll, bekommt man nur mit einem sehr hohen Engagement und persönlichen Kontakten hin."[4]

Account Meetings ermöglichen es den Team-Mitgliedern besser, persönliche Beziehungen aufzubauen. Je besser das Klima in sozialen Beziehungen ist, desto besser funktioniert der Informationsaustausch bei den Team Meetings, aber auch bei telefonischen und schriftlichen (E-Mail) Kontakten.[5] Auch Probst hebt die Vorteile der persönlichen Kontakte hervor. Das gegenseitige Verständnis für die Fähigkeiten der anderen Teammitglieder wächst, wenn sich alle Mitglieder eines Account Teams leicht und häufig versammeln und ihre Ideen in offener Atmosphäre austauschen können. „Hierauf aufbauend wird deutlich, wer in welcher Situation welche Rolle einnehmen kann und sollte, um die kollektiven Ziele am effektivsten zu erfüllen. In diesen kommunikationsintensiven Situationen können unklare Begriffe durch bewußtes Hinterfragen geklärt werden."[6]

Ein anderes Merkmal des persönlichen Informationsaustausches besteht in der zeitlichen Komponente. Verwertbares Wissen ist volatil und veraltet rasch. Willke sieht den Grund dafür in der Kontextabhängigkeit und darin, dass sich die relevanten

---

[1] Interview Nr. 15-002 mit KAM am 02.09.2005.
[2] Vgl. Nonaka/Takeuchi (1997), S. 86.
[3] Interview Nr. 01-004 mit KAM am 15.07.2005.
[4] Interview Nr. 05-003 mit KAM am 23.06.2005.
[5] Vgl. Thode (2003), S. 69.
[6] Probst et al. (1999), S. 203.

Kontexte gerade dadurch kontinuierlich ändern, dass neues Wissen eingespielt wird.[1] Ein Account Meeting ist in zeitlicher Hinsicht der trägen Datenbank überlegen. Von der Wissensentstehung über die Eingabe, dem Erkennen der neuen Information und der Verwertung durch den Empfänger der Information kann ein längerer Zeitraum vergehen. Zusätzlich geht häufig der Kontext des Wissens verloren.

Die Vorteile in der direkten Kommunikation zwischen den Account Team Mitgliedern liegen in der meist problemorientierten Vermittlung von Wissen aufgrund von persönlicher Erfahrung. Als Nachteil nennt Krcmar allerdings die Gebundenheit des Wissens an bestimmte Personen, deren Fähigkeit der Wissensvermittlung und die damit eingeschränkte Skalierbarkeit.[2]

Aus diesen Ausführungen wird die Folgerung abgeleitet, dass für ein erfolgreiches Key Account Management regelmäßige Account Meetings erforderlich sind, auch wenn hierfür ein größerer Aufwand anfällt.

2.8.3. Wissensziele

Bestandteil des Key Account Management Modells ist ein Zielvereinbarungs- instrument (z.B. Balanced Scorecard), in dem basierend auf dem Account Plan operative und strategische Ziele festgeschrieben werden, damit sichergestellt wird, dass das Account Team im Sinne der Gesamtziele des Unternehmens tätig wird.[3] Die Ziele können quantitativer und qualitativer Art sein.

Das Key Account Management kann nicht nur als „Informationsdrehscheibe" zwischen Kunde und Unternehmen, sondern auch durch das Account Team als Verbindungsglied zwischen den Funktionen zum funktionsüberschreitenden Informationstransfer dienen. Da die Account Team Mitglieder direkt an der Grenzstelle arbeiten, entwickeln sie eine spezifische Sensibilität für relevante Informationen, die beim Kunden anfallen. So erhalten sie die Informationen direkt und ungefiltert, ohne dass diese vorher durch mehrere Hände gehen und sich im System herrschenden Annahmen angeglichen haben oder gar verfälscht wurden.[4]

Von den Vertriebsleitern und Key Account Managern wird generell eine gute Zusammenarbeit mit den Funktionen konstatiert.[5]

---

[1] Vgl. Willke (1998), S. 169.
[2] Vgl. Krcmar (2003), S. 425.
[3] Siehe Kapitel II, Abschnitt 1.8.4.3.
Vertiefende Ausführungen siehe Probst et al. (1999) S. 63 ff.; Bullinger et al. (1997), S. 18 ff.
[4] Vgl. Luhmann (1964), S. 221.
[5] Siehe Kapitel IV, Abschnitt 2.7.

2.8.3.1. Berichtswesen und Zielformulierung

Zunächst wurde festgestellt, wie viele Key Account Manager überhaupt eine Jahresziel-Vereinbarung haben.[1] Nur vier von 22 Key Account Managern (18 Prozent) geben an, dass für sie eine solche Vereinbarung besteht.[2] In zwei Unternehmen sind solche Vorgaben vorhanden, diese werden jedoch in der letzten Zielvereinbarung wieder auf eine reine Umsatzvorgabe reduziert. Eine solche Zielvereinbarung erscheint dem Verfasser als Steuerung für Key Accounts mit deren Komplexität nicht ausreichend, da jegliche Strategie- und Kundenentwicklungsziele fehlen.

Alle vier Key Account Manager, für die eine qualifizierte Jahreszielvereinbarung vorhanden ist, werden in den Zielvereinbarungsprozess miteingebunden.[3] Allerdings kann kein einheitlicher Prozess, wie z.B. ein Bottom-up (Potenzialeinschätzung durch das Account Team) und Top-down Verfahren, festgestellt werden, der für alle interviewten Unternehmen gültig ist. In den meisten Unternehmen gibt es keine Potenzialeinschätzung durch das Key Account Management, sondern die reinen Zahlen (wie z.B. Umsatz, Marge) werden von oben als reiner Top-down Prozess vorgegeben. Lediglich die „weichen Ziele" werden mit dem Vorgesetzten in einem Ziel-vereinbarungsgespräch besprochen und festgelegt.

Auch die vier Key Account Manager, die nur Umsatzziele haben, werden nicht in die Erstellung ihrer Zielvorgabe einbezogen.

Mit vier weiteren Key Account Managern werden Zielvereinbarungsgespräche geführt. Das Ergebnis dieser Gespräche wird nicht in Jahreszielvereinbarungen festgehalten, da in ihrem Unternehmen kein Instrument für die Jahreszielvereinbarung implementiert ist.

Auf die Frage, ob es Ziele in ihrer Jahreszielvereinbarung gibt, die sich auf die Informationsgewinnung und den Wissenstransfer beziehen, geben 95 Prozent der Key Account Manager und 92 Prozent der Vertriebsleiter an, dass keine Ziele dieser Art in den Jahreszielen verankert sind (siehe Tabelle 22).[4] Damit sind die Einschätzungen der Key Account Manager und Vertriebsleiter nahezu deckungsgleich.

Ein Key Account Manager gibt an, eine Zielvereinbarung zu haben, die sich auf den Wissenstransfer bezieht. Abteilungsübergreifende Zusammenarbeit und das Teilen von Informationen sind dabei in einem „Commitment-Sheet" festgelegt und werden mit hoher Priorität behandelt.

---

[1] Siehe Frage D19 (KAM) und Tabelle 22.
[2] Vier KAM haben nur eine Umsatzvorgabe und keine sonstigen Ziele. Diese vier wurden in der Auswertung so behandelt, als ob sie keine Jahresvereinbarung im Sinne des Key Account Management Modells hätten.
[3] Siehe Frage D20 (KAM).
[4] Siehe Fragen D19 (KAM) und B14 (VL).

Zielvorgabe	Ja	Nein
Vertriebsleiter	8%	92%
Key Account Manager	5%	95%

Tabelle 23: Zielvorgaben für Informationsgewinnung für das KAM
in Jahreszielen verankert

Der Vertriebsleiter desselben Unternehmens bestätigt durch seine Angaben, dass sich die Informationsgewinnung für den Key Account Manager als Ziel niederschlägt. Allerdings bezieht sich diese Vorgabe nur auf die Pflege der Kundendatenbank (CRM-System), damit „die Kundendaten bei einem Wechsel des Key Account Manager erhalten bleiben."[1]

Trotz fehlender Zielformulierungen sieht der größte Teil der Vertriebsleiter den Einsatz des Key Account Managements für die Informationsgewinnung als Bestandteil der Aufgabe und als ein wichtiges Ziel an, da Key Account Manager und das Account Team das Fenster zum Markt und die „Informationsdrehscheibe" zum Key Account sind.

Nach Ansicht der Vertriebsleiter stellt aber die Platzierung der Informationen an der richtigen Stelle im Unternehmen das Problem dar, denn augrund fehlender Prozesse werden Informationen nicht weitergeleitet, sodass vieles in der Organisation „verpufft". Der Wissenstransfer läuft intern weitgehend informell und auf der Basis von Einzelinitiativen ab, wenn ein Eigeninteresse an der Weitergabe besteht.

Von mehreren Vertriebsleitern wird das Thema angesprochen, dass zwar Informationen in die Kundendatenbank eingegeben werden, aber wegen des Vorhandenseins von getrennten, nicht integrierten Datenbanken für Vertrieb, Marketing und Service, eine Weitergabe nicht gewährleistet ist und so gut wie nicht stattfindet.

Alleine explizites Wissen zu dokumentieren, sogar mit dem Ziel, die Key Account Manager austauschbar zu machen, ist nach Ansicht der Vertriebsleiter nicht ausreichend. Sie weisen auf die „emotionale Seite" und die Wichtigkeit des persönlichen Kundenkontakts hin.

Die Zielvereinbarungen beziehen sich weitgehend auf operative Ziele und weisen so gut wie keine Wissenskomponenten auf. Probst stellte 1999 fest: „Wissensziele werden selten formuliert: Aussagen über organisationales Wissen haben heute in den meisten Unternehmen weder in die normativen und strategischen noch in die operativen

---

[1] Interview Nr. 10-001 mit VL am 19.07.2005.

Zielsetzungen Einzug gehalten."[1] Diese Aussage trifft auch heute noch auf die untersuchten Unternehmen zu.

Der Verfasser glaubt auch aufgrund seiner praktischen Erfahrung, dass dieses Ergebnis auf die gesamte IT-Industrie übertragbar ist. Es kann festgestellt werden, dass die Informationsgewinnung so gut wie keine Rolle bei der Zielvereinbarung für das Key Account Management spielt.

Wie dargestellt, geben insgesamt acht Key Account Manager an, dass es für sie Vorgaben zur Informationsweitergabe gibt. Diese Vorgaben sind lediglich Teil einer Besprechung und werden nicht mit der Konsequenz verfolgt, wie dies normalerweise in einer Jahreszielvereinbarung erfolgt. Auch beziehen sich diese Vorgaben in aller erster Linie auf die Pflege der Kundendatenbank.

2.8.3.2. Wissensgenerierung durch das Key Account Management

Wenn man die Bedeutung der Wissensgenerierung (siehe Kapitel III, Abschnitt 1.6) für ein Unternehmen und hier insbesondere das Wissen über Kunden und Märkte betrachtet, ist es erstaunlich festzustellen, dass das Wissensmanagement innerhalb der praktischen Umsetzung eine zu vernachlässigende Rolle spielt.

Auf die Frage, wie Informationen und Wissen, das beim Kunden generiert wird, vom Vertrieb genutzt wird, gibt ein Drittel der Key Account Manager an, dass es intensiv genutzt wird. Nahezu zwei Drittel sehen nur eine begrenzte Nutzung. Ein Key Account Manager sieht überhaupt keine Nutzung, da alle Aktivitäten ausschließlich auf Umsatz ausgerichtet sind. Das Wissen über den Kunden wird schwerpunktmäßig im Rahmen der Account Team in Meetings und für Einzelaktionen genutzt.[2]

Die Informationsgewinnung durch Key Account Manager und Key Account Team wird von den meisten Befragten als Teil der Aufgabe und als wichtiges Element angesehen. Allerdings gibt es in den befragten Unternehmen so gut wie keine Prozesse, in denen Anforderungen und Vorgehensweisen definiert sind. An der Situation, wie Probst es 1999 formulierte: „Vielmehr liegt organisatorisches Wissen in vielen Bereichen brach,"[3] hat sich in der Zwischenzeit bezogen auf das Key Account Management kaum etwas verändert.

Zur Nutzung des durch das Key Account Management generierten Wissens bedarf es einer Reihe von Maßnahmen. Zunächst sind Prozesse erforderlich, die einen Wissenstransfer über die Funktionen hinweg im Sinne von Entgrenzung und

---

[1] Probst et al. (1999), S. 66.
[2] Siehe Frage D9 (KAM).
[3] Probst et al. (1999), S. 22.

Verzahnung der Aktivitäten sicherstellen. Das Key Account Management muss dazu den nötigen Stellenwert im Unternehmen erhalten, und seine Aufgabe des Wissenstransfers muss von allen Funktionen akzeptiert sein. Der Wissenstransfer ist eine Zusatzaufgabe, die zusätzliche Kapazität erfordert. Diese Aufgabe kann qualifiziert nur erledigt werden, wenn von einer rein funktionsbezogenen Kosten- und Personalzahlenbetrachtung durch den Vertrieb abgegangen wird, d.h. dieser Zusatzaufwand für den Vertrieb zusätzlich von der Unternehmensseite budgetiert und als Ziel vorgegeben wird. Als eine weitere Maßnahme, um brachliegendes Wissen zu nutzen, empfiehlt Felbert, den Handlungsspielraum der Mitarbeiter zu erhöhen. Er sieht in der Synchronisierung und Ausweitung von Aufgabe, Verantwortung und Entscheidungskompetenz eine wichtige Bedingung, um die latent vorhandenen Wissenspotenziale der Beschäftigten zu aktivieren, denn Mitarbeiter, denen nur geringe Spielräume für eigenverantwortliches Handeln eingeräumt werden, fühlen sich wenig motiviert, ihre Ideen und ihr Know-how in Geschäftsprozesse und Produkte einzubringen.[1]

Dies erfordert das Engagement des obersten Managements, das die Wichtigkeit des Wissensmanagements für das Unternehmen deutlich macht. Das durch das Key Account Management generierte Wissen kann nicht nur dem Vertrieb, sondern allen Funktionen dienen.

Zusammenfassend kann man einen Key Account Manager zitieren: „Das, was das Key Account Management ins Unternehmen hineinträgt, muss unbedingt aufgenommen werden und es muss versucht werden, es im Unternehmen umzusetzen."[2]

2.8.3.3. Forschung und Entwicklung

Bei der Zusammenarbeit von Key Account und Lieferant stehen die Wertschöpfung des Kunden und die Frage nach dem Beitrag des Lieferanten im Vordergrund.

Die Entwicklung vom Verkäufer- zum Käufermarkt zwingt die Unternehmen, mehr vom Kunden aus zu denken. Für die Entwicklungsabteilung hat das Wissen über die Geschäfts- und Produktstrategie des Key Accounts an Bedeutung gewonnen, um sich so rechtzeitig auf die Bedürfnisse und Veränderungen einstellen zu können. Das hat dazu geführt, dass durch die Reorganisation der Innovationsprozesse die funktionalen Grenzen zwischen F&E, Produktion und Vertrieb zumindest tendenziell aufgelöst werden, indem die marktnahen Bereiche zunehmend in den Innovationsprozess involviert werden.[3] F&E orientiert sich zunehmend auch an den Anforderungen der Kunden.

---

[1] Vgl. Felbert (1998), S..126.
[2] Interview Nr. 09-001 mit VL am 23.08.2005.
[3] Vgl. Bachmann/Möll (1992), S. 252.

Aber auch der Kunde benötigt Informationen, welche Innovationen vorhanden sind und an welchen Entwicklungen sein Lieferant arbeitet, damit er dies frühzeitig bei seinen Produktentwicklungen berücksichtigen und sich daraus einen Wettbewerbsvorteil verschaffen kann.

Nonaka/Takeuchi sehen gerade in der Verknüpfung von Innen nach Außen einen Grund für die ständigen Verbesserungen bei japanischen Lieferanten. Dieses Wissen aus externen Quellen wird dort von den Entwicklern neuer Technologien und Produkte genutzt. Die Interaktion mit Kunden vor der Entwicklung und nach der Einführung eines Produkts stellt einen unaufhörlichen Prozess dar, in dem explizites und implizites Wissen ausgetauscht und Verbesserungsideen ersonnen werden können.[1] Peters/Waterman sind überzeugt, dass viele der innovativen Unternehmen ihre besten Produktideen ihren Kunden verdanken.[2]

Wie bereits erwähnt, ist das Key Account Management eine Grenzstelle zwischen Key Account und Lieferant und stellt deshalb mit dem Account Team ein Verbindungselement in die Funktionen dar, über das die Informationen zielgerichtet weiter gleitet werden können.

In der Umfrage wurde auch die Integration der Entwicklungsabteilung in das Key Account Management Team thematisiert.

In Kapitel IV, Abschnitt 2.2.2 wird aufgezeigt, dass die Entwicklungsabteilung an der Account Planung, dem Account Review und den Account Meetings nur selten oder gar nicht teilnimmt. Es stellt sich damit die Frage nach der Ursache für dieses Verhalten.

Die mangelhafte Teilnahme am Key Account Management ist weniger auf ein mangelndes Interesse der Entwicklungsabteilung am Account Management Prozess zurückzuführen, sondern liegt mehr in Sachproblemen begründet.

Es sind drei wesentliche Faktoren zu nennen: Die Anzahl Key Accounts, die Art der Produkte (embedded products[3]) und das Wissen des Key Account Managers.

Die führenden Unternehmen der IT-Industrie zählen fast alle großen Unternehmen weltweit zu ihren Kunden und besitzen in der Regel für jeden dieser Unternehmen ein Key Account Team. Aufgrund dieser Situation ist es der F&E-Abteilung einfach nicht möglich, für jedes Account Team Mitarbeiter abzustellen, die an den Aktivitäten des Account Teams teilnehmen, zumal von den interviewten Unternehmen nur die

---

[1] Vgl. Nonaka/Takeuchi (1997), S. 16, 76.
[2] Vgl. Peters/Waterman (1996), S. 37.
[3] Siehe Kapitel II, Abschnitt 2.1.

wenigsten (25 Prozent) eine Abteilung für Forschung und Entwicklung in Deutschland haben.[1]

Die F&E-Abteilungen dieser IT-Unternehmen pflegen meist direkten Kontakt zu ausgewählten Key Accounts, die sie als „marktrelevant" und innovativ ansehen, oder informieren sich über Gremien. Werden zusätzliche Kontakte zu Key Accounts benötigt, werden diese in der Regel durch Vermittlung des Key Account Managers gezielt angesprochen. Der Key Account Manager stellt dann den gewünschten Kontakt her, fungiert als Koordinator und stimmt die Mitarbeiter der F&E-Abteilung auf die Besonderheiten des Key Accounts ein. Der Nachteil dieser Vorgehensweise besteht darin, dass nur eine punktuelle und oberflächliche Beziehung zustande kommt, in der ein informeller Informationsaustausch fehlt.[2]

Bei mittelständischen Unternehmen besteht meistens eine engere Einbeziehung des Key Account Managements in den Wissenstransfer. Zum einen ist die Anzahl der Key Accounts geringer, die Informationswege sind kürzer und die Entwicklungsabteilung ist aufgrund ihrer eigenen begrenzten Kapazitäten mehr auf diesen Weg angewiesen.

In IT-Unternehmen, die embedded products liefern, also Produkte oder Dienstleistungen, die in das Produkt des Key Accounts so integriert werden, dass es anschließend nicht mehr als dediziertes Produkt erkannt werden kann, arbeiten die F&E-Abteilungen üblicher Weise direkt mit der F&E-Abteilung des Key Accounts zusammen. Das Prinzip des „Simultaneous Engineering" hat zu einer engen Zusammenarbeit nicht nur zwischen den beteiligten Abteilungen innerhalb eines Unternehmens, sondern auch mit Kunden geführt.[3] Der Schwerpunkt liegt in der Produktentwicklung.

Der Key Account Manager hat hier lediglich eine Koordinations-Funktion und ist für die administrativen Aufgaben verantwortlich.

Des weiteren ist die Frage zu stellen, ob der Key Account Manager und das Account Team so viel Wissen generieren und Informationen zur Verfügung stellen können, dass eine Teilnahme der F&E-Abteilung an den Account Meetings dieser für ihre Arbeit einen Nutzen bringt.

---

[1] In drei Fällen haben die beiden interviewten KAM auf die Frage, ob eine F&E-Abteilung in Deutschland besteht, unterschiedliche, widersprechende Angaben gemacht. Bei den Abteilungen in Deutschland handelt es bei diesen Unternehmen lediglich um kleine Untergruppen für spezielle Aufgaben. Der Schwerpunkt der Entwicklung liegt bei allen drei Unternehmen in den USA. Siehe Frage A5 (KAM).
[2] Der Tenor geht dahin, dass F&E-Abteilungen von Unternehmen aus USA den Kontakt schwerpunktmäßig zu amerikanischen Key Accounts halten.
[3] Vgl. Geldern (1997), S. 112.

Wenn man davon ausgeht, dass Wissen durch die Verwendung, Manipulation und Erzeugung von Informationen dann entsteht, wenn die Informationen in vorhandenes Wissen und bestimmte Erfahrungskontexte eingebunden werden können, ist fraglich, ob der Key Account Manager und die anderen Account Team Mitglieder in Bezug auf das Wissen der F&E-Abteilung dieses spezielle Wissen generieren und transferieren können. Der Informationsbedarf, der notwendig wäre, um der Aufgabe genügen zu können, wenn es über Produkt-Modifikationen in einem gewissen Rahmen hinausgeht, erscheint so groß, dass besonders der Key Account Manager zeitlich und häufig auch fachlich überfordert wäre, zumal es sich bei diesem Wissen nicht nur um bestehendes, sondern auch um zu entwickelndes Wissen handelt. Ideen, Innovationen und zukünftige Entwicklungen, die sich teilweise erst im Gespräch mit Spezialisten ergeben, können im Allgemeinen nur von diesen behandelt werden. Der Key Account Manager ist in diese Fragestellungen noch nicht so tief eingedrungen, kann deshalb diese Themen nur begrenzt ansprechen und die relevanten Informationen nicht erkennen. Auch für den Kunden sind diese Themen oft Neuland.

Der Key Account Manager kann Hinweise geben und Kontakte herstellen. Die Account Team Mitglieder der anderen Funktionen würden damit ihren eigentlichen Aufgaben- und Fachbereich überschreiten.

Wie der Wissenstransfer zwischen Key Accounts und der F&E-Abteilung organisiert werden sollte, kann als Ergebnis der Umfrage nicht als generelle Vorgehensweise oder als einheitlicher Prozess definiert werden. Dies ist jeweils eine unternehmensspezifische Implementierung. Dies hängt weitgehend von der Unternehmensgröße, der Art der Produkte oder Dienstleistungen und der Anzahl der Key Accounts ab. Tendenziell ist Wissenstransfer aus der Sicht des Verfassers über das Key Account Management zu F&E mehr ein Thema des Mittelstands.

2.8.4. Wissensmanagement durch den Key Account Manager

Die vielfältigen Möglichkeiten des Key Account Managers, Wissen über seinen Kunden und seine Märkte zu generieren, und die Notwendigkeit, dieses Wissen seinem Unternehmen nutzbar zu machen, wurden dargestellt. Ein Key Account Manager, der schon viele Jahre für den gleichen Kunden zuständig ist, baut ein tiefes Wissen auf und weiß oft über interne Vorgänge seines Kunden besser Bescheid als die Mitarbeiter seines Kunden selbst. Dies rührt daher, dass der Key Account Manager mit vielen Funktionen und Abteilungen seines Kunden zusammenarbeitet. Für ihn stellen

Funktionsgrenzen oft ein geringeres Hindernis dar als für die Mitarbeiter seines Kunden, weil diese meist sehr funktionsbezogen orientiert sind.[1]

Hier ist es notwendig, die Frage zu klären, welche persönlichen Gegebenheiten den Key Account Manager beim Wissenstransfer beeinflussen und was sein Wissen für ihn bedeutet.

2.8.4.1. Persönliches Wissen

Es ist zweifelsfrei, dass dieses Wissen für das Unternehmen des Key Account Managers von großem Interesse ist und Einfluss auf die Geschäftsabwicklung und -entwicklung haben kann. Es liegt also im Interesse eines Unternehmens, dass der Key Account Manager sein Wissen möglichst umfassend und schnell zur Verfügung stellt. Besonders dann, wenn ein Key Account Manager sein Unternehmen verlässt, geht dem Unternehmen ein unschätzbarer Bestand an Wissen, der nicht in kodierter Form vorliegt, sondern sich nur in den Köpfen der ausscheidenden Mitarbeiter befindet, verloren.[2]

Mit zunehmendem Verständnis des Wertes dieses Wissens für das Unternehmen und mit der Einführung von Kundendatenbanken entsteht auf Experten und Wissensarbeiter sowie auf die Key Account Manager im Speziellen ein Druck, ihr implizites Wissen zu explizieren, also in einer Weise offen zu legen und verfügbar zu machen, die es anderen Personen und Organisationen insgesamt ermöglicht, auf dieses Wissen zuzugreifen und es zu nutzen.[3]

Die Interessen des Unternehmens und die des Key Account Managers sind dabei jedoch häufig nicht deckungsgleich.

Key Account Manager sehen ihr Wissen als persönliches Potenzial. Wissen, das der Key Account Manager beim Umgang mit seinem Kunden aufgebaut hat, das er kontrolliert und nicht weitergibt, gewährt ihm Vorteile, wenn auch manchmal nur kurzfristig. Deswegen neigen die Key Account Manager dazu, ihr Wissen einem systematischen Zugriff zu entziehen, um die eigene Position zu stärken.[4] Diese Vorteile entsprechen einer Machtposition und machen den Key Account Manager unentbehrlich, das bis hin zur Arbeitsplatzsicherung führen kann. Darüber hinaus stellt sein Wissen einen Differenzierungsfaktor dar, der ihm Vorteile im Wettbewerb mit den Kollegen

[1] Aussage eines KAM (Interview Nr. 08-003 am 24.08.2005): „Die Kundenmitarbeiter schauen selten über den „Tellerrand" hinaus."
[2] Vgl. Probst et al. (1999), S. 42.
[3] vgl. Willke (2002), S. 128.
[4] Vgl. Bullinger (2002), S. 39; Probst et al. (1999), S. 116; Scholl (1992), S. 907.

bringt.[1] Quinn sieht ein natürliches Widerstreben von Fachleuten, ihren kostbaren Besitz, ihren Wissensschatz, mit anderen zu teilen.[2]

Hinzu kommt, dass der Key Account Manager häufig nicht weiß, wie sein externalisiertes Wissen genutzt wird. In dem Moment, in dem der Key Account Manager sein Wissen in kodierter Form oder als Information für Organisationsmitglieder expliziert hat, hat er die Herrschaft über dieses Wissen verloren. Er weiß nicht, von wem und wie dieses Wissen interpretiert und genutzt wird. Bei der Eingabe seines Wissens in eine Datenbank fallen der Transfer des Wissens und die Nutzung des Wissens durch andere zeitlich auseinander. Er weiß also nicht, ob sich Gegebenheiten ändern, die die Daten anders erscheinen und bewerten lassen, als bei der Eingabe, und ob die Daten nicht sogar nachteilig für ihn ausgewertet werden können (z.B. erweiterte Budgetvorgaben, Personalabbau, Änderung in der Kundenzuordnung). Er muss davon ausgehen, dass Informationen auf allen Ebenen gefiltert und nach subsystemspezifischen und persönlichen Perspektiven ausgewählt und verdichtet werden.[3]

Key Account Manager teilen deshalb ihr Wissen nur bis zu einem gewissen Grad. Beispielhaft für die vorherrschenden Äußerungen und Einstellungen wird die Aussage eines Key Account Managers zitiert: „Ich gebe nur den Teil meines Wissens weiter, der positiv im Unternehmen wirkt und der in kritischen Situationen nicht gegen mich verwendet werden kann. Die Datenbank wird häufig missbraucht." Diese Art von Äußerungen kam besonders in den Unternehmen zum Ausdruck, in denen Unternehmenszusammenführungen und/oder Abbau von Mitarbeitern durchgeführt wurden oder bevorstanden, was derzeit in der IT-Industrie häufig ansteht. In prekären Beschäftigungslagen und umfangreichen Restrukturierungsmaßnahmen wird Wissen zu einem Faktor im Kampf um den Arbeitsplatz, das zur Blockade des Wissenstransfers und der Kommunikationsprozesse führt.[4]

Auf der anderen Seite ist gerade der Key Account Manager darauf angewiesen, umfangreiche und qualifizierte Zusatzinformationen aus anderen Quellen seines Unternehmens zu erhalten. Diese Informationen fließen sicherlich nur eingeschränkt, wenn er sich einem Wissensaustausch verschließt.

---

[1] Vgl ILOI (1997), S. 2 „Vor allem der Transfer von Wissen zwischen den Organisationsmitgliedern (...) ist eine besonders große Herausforderung – und zwar deshalb, weil Wissen oft mit Macht gleichgesetzt wird und Macht ein begehrtes Gut ist."
[2] Vgl. Quinn et al. (1996), S. 100; er stellt fest: „Die Machtposition von Fachleuten gründet auf Wissen." Vgl. auch Deutsch (1990), S. 192: „Unter Menschen kann Macht vor allem durch einen Wissensvorsprung erworben werden."
[3] Vgl. Berger/Bernhard-Mehlich (2002), S. 144.
[4] Vgl. Pawlowsky (1998), S. 27; Willke (2002), S. 128.

Prinzipiell ist es Unternehmen nicht möglich, den Beschäftigten ihr Handeln im Detail vorzuschreiben und die Erfüllung der Vorschriften durch Sanktionen zu erzwingen.[1] Wesentliche Voraussetzungen und begleitende Maßnahmen, die die Bereitschaft der Key Account Manager erhöhen, ihr Wissen zu externalisieren, sind:

- Die Organisation hat eine Kultur, in der eine Wissensweitergabe gewollt, gefordert und gefördert wird.
- Die Mitarbeiter müssen Vertrauen in das Unternehmen und ihr Umfeld haben, dass das weitergegebene Wissen nicht zu ihrem Nachteil verwendet wird.
- Durch Anreizsystem wird die die Wissensweitergabe „belohnt".
- Der Abgebende hat keine Nachteile sondern auch persönlichen Nutzen aus der Weitergabe.
- Der zeitliche Aufwand für den Wissenstransfer ist angemessen.[2]

Bullinger weist darauf hin, dass zum erfolgreichen Management des Produktionsfaktors Wissen mehr als nur die Einführung von Informations- und Kommunikations-Technologien gehört. Der Einsatz von unternehmensinternen Netzen (Intranet) und Datenbanksystemen ist zwar ein relevantes Element im skizzierten Konzept, ohne die begleitenden Maßnahmen jedoch wenig Erfolg versprechend.[3]

Ein entscheidender Faktor für die Bereitschaft zur Wissensweitergabe ist das Vertrauen, das der Key Account Manager in sein Unternehmen und seine Führungskräfte hat und die Sicherheit, dass die Informationen nicht zu seinem Nachteil verwendet werden.[4]

Benner fasst die Thematik zusammen: "Tacit knowledge is acquired through experience, through knowledge of the specificity of the work process in the company, and it is accumulated in the worker's mind. The willingness and ability of the worker to reinvest this tacit knowledge in the company, making it formal, communicable knowledge, is essential for the company to go up the learning curve. However, why should the worker invest in the company, rather than in his own professional portfolio, if the partnership with the company is occasional, unstable, and unpredictable?"[5]

2.8.4.2. Anreizsysteme

Für Unternehmen stellt sich daher die Frage, wie sie über die in Kapitel III, Abschnitt 1.6.4 dargestellten Voraussetzungen und begleitenden Maßnahmen hinaus Anreize schaffen können, die Bereitschaft der Key Account Manager zu erhöhen, ihr

---

[1] Vgl. Berger/Bernhard-Mehlich, (2002), S. 139.
[2] Vgl. Bullinger/Prieto (1998), S. 88; um zusätzliche Punkte ergänzt; vgl. ebenso Rapp (2001), S. 80.
[3] Vgl. Bullinger (2002), S. 7.
[4] Vgl. Bullinger (2002), S. 7; Gebert/Rosenstiel (2002), S. 169; Thiel (2002), S. 155.
[5] Benner (2002), S. XI.

Wissen zu externalisieren und in den Dienst seines Unternehmens zu stellen. Hier bietet sich ein breites Spektrum von Anreizen an. Eine Betrachtung der Vielfalt der Formen und der Problematik der Entlohnung würde den Rahmen der Arbeit überschreiten. Zu grundsätzlichen Überlegungen über Anreiz- und Entlohnungssysteme für Key Account Manager wird auf die einschlägige Literatur verwiesen.[1]

Eine mögliche Lösung ist es, Aktivitäten der Wissensentwicklung, des Wissenserwerbs und vor allem des Wissenstransfers zumindest bei der Mitarbeiterbeurteilung sowie bei der Jahreszielsetzung mit monetärer und nicht-monetärer Kompensation zu berücksichtigen.[2] Im Vertrieb sind solche quantitativen oder qualitativen Ziele im allgemeinen Bestandteil der Jahreszielvereinbarung (Balanced Scorecard oder vergleichbare Instrumente).

Die Umfrage hat jedoch gezeigt, dass nur wenige Ziele dieser Art für die Key Account Manager vergeben wurden. Von 22 Key Account Managern wird nur mit etwas mehr als einem Drittel (8 KAM gleich 36 Prozent) eine Zielvorgabe vereinbart, mit anderen Funktionen zusammenzuarbeiten und Informationen weiterzugeben. Häufig besteht diese Vorgabe lediglich in dem Ziel, die Informationen in die Kundendatenbank einzugeben. Von diesen acht Key Account Managern mit Zielvorgaben wird nur mit vier ein Anreiz für die Zielerfüllung definiert.[3]

Hansen unterstreicht die Notwendigkeit von Anreizen für Menschen, wenn sie ihr Wissen mit andern teilen sollen.[4] Allerdings weist Bullinger mit Recht darauf hin, dass Anreizsysteme alleine nicht ausreichen und zum Scheitern verurteilt sind, wenn nicht eine Unternehmenskultur herrscht, die sowohl durch Offenheit und Ehrlichkeit als auch durch Vertrauen geprägt ist. Nur, wenn die Mitarbeiter Vertrauen in ihr Unternehmen haben, sind sie bereit, ihr Wissen weiter zu tragen.[5]

2.9. Beziehungsmanagement

Ein wesentlicher Unterschied zwischen Standardverkauf und Key Account Management besteht in einem geplanten, zielgerichteten Beziehungsmanagement durch Key Account Manager und Account Team. Von Vorteil ist es dabei, in das Netzwerk nicht nur die direkten Gesprächspartner und möglichst viele Kundenmitarbeiter einzubinden, die die Geschäftsbeziehung direkt oder indirekt beeinflussen, sondern auch Kundenmitarbeiter,

---

[1] Siehe u.a. Biesel (2002), S. 107 ff; Belz et al. (2004), S. 252 ff; Gebert/Rosenstiel (2002), S. 233 ff.; Laux (1992), S. 112 ff.; Weinert (1992), S. 122 ff.; Thiel (2002), S. 117 ff.
[2] Probst et al. (1999), S. 76.
[3] Siehe Fragen D11 und D12 (KAM).
[4] Hansen et al. (1999), S. 90.
[5] Vgl. Bullinger (2002), S. 7.

durch die zusätzliche Informationen gewonnen werden können.[1] Wie wichtig ein gutes Beziehungsmanagement für die Informationsgewinnung ist und welche Bedeutung es für das Unternehmen hat, wird mit einem Zitat von Capon untermauert: „In dem Maße, wie sich die Beziehung zwischen Schlüsselkunde und Zulieferer verbessert, wird auch der Informationsaustausch zwischen den Unternehmen zunehmen. Der Zulieferer erfährt mehr über die wirtschaftlichen Zusammenhänge in den Reihen des Key Accounts, er unterstützt das Schlüsselunternehmen in der Erarbeitung von Zielen und Strategien und versteht seine Bedürfnisse besser, sodass es leichter fällt, der Entwicklung von Produkten und Dienstleistungen besondere Aufmerksamkeit zu schenken. Auf der anderen Seite erhält der Key Account genauere Informationen über die technische Entwicklungsarbeit und die Fähigkeiten des Zulieferers, sodass seine eigene strategische Planung verbessert wird. Ein besseres gegenseitiges Verständnis wird in der Regel die Leistungsfähigkeit beider Unternehmen verbessern."[2]

Fasst man die Ergebnisse der geführten Interviews zusammen, stellt man fest, dass das Beziehungsmanagement von den befragten Key Account Managern und Vertriebsleitern übereinstimmend als äußerst wichtiger Bestandteil des Key Account Managements angesehen wird. Die meisten gehen sogar so weit, im Beziehungsmanagement den entscheidenden Faktor zu sehen. Aussagen von Key Account Managern verdeutlichen dies: „Gute Beziehungen sind nicht mit Gold aufzuwiegen"[3] und „Ich definiere meine Position als Beziehungsmanager."[4] Gute Geschäfte werden bei den Kunden gemacht, zu denen ein gutes Netzwerk aufgebaut wurde. Die Beziehungen festigen sich besonders, wenn eine gute Leistung erbracht wurde und die vorherigen Projekte zur Zufriedenheit des Kunden abgewickelt wurden. Es muss eine Partnerschaft aufgebaut werden, die auf langfristige Geschäftserfolge ausgerichtet ist. Ein Standardverkäufer erzielt kurzfristige Erfolge, wird jedoch langfristig gegenüber der Vorgehensweise des Key Account Managers in Hintertreffen geraten.

Hier liegt nach Aussage vieler Befragter und nach der Praxiserfahrung des Verfassers eine Problematik des Key Account Managements. Das längerfristig angelegte Geschäft mit Key Accounts ist häufig nur schwierig mit dem Ziel vereinbar, die kurzfristigen Quartals- oder gar Monatsergebnisse zu erfüllen.

Es wurde häufig darauf hingewiesen, dass sich gute Beziehungen nicht von heute auf morgen aufbauen lassen und dass eine Voraussetzung für ein erfolgreiches Beziehungs-management die Dauer der Zusammenarbeit vor allem des Key Account Managers aber auch der Account Team Mitglieder mit den Kunden-Mitarbeitern ist. Diese Kontinuität

---

[1] Siehe Kapitel II, Abschnitt 1.10.2.
[2] Capon (2003), S. 43.
[3] Interview Nr. 02-001 mit KAM am 13.05.2005.
[4] Interview Nr. 09-002 mit KAM am 13.09.2005.

in der Betreuung ist für das Unternehmen, aber auch für die Kunden wichtig. Interessant ist hierzu der Hinweis eines Key Account Managers, dass der Mitbewerber bei seinen Kunden mehr Umsatz machen könnte, wenn die Ansprechpartner nicht ständig wechseln würden.

Trotz dieser von allen anerkannten Wichtigkeit eines Netzwerkes und der Voraussetzung einer Kontinuität in der Betreuung werden die Key Account Manager noch viel zu häufig auf Grund von Umorganisationen, Unternehmenszusammen-führungen und Personaleinsparungen ausgewechselt.[1] Allerdings wurde auch vermerkt, dass das Management umdenkt und die Bedeutung der Kundenzugehörigkeit höher bewertet.

2.10. Einfluss der Unternehmensstrategie der Key Accounts auf die Strategie des eigenen Unternehmens

In Kapitel II, Abschnitt 1.6.2 wird aufgezeigt, wie hoch der Anteil der Key Accounts am Geschäftsvolumen ist und welchen Einfluss diese damit auf den Verlauf der Ergebnisse vieler Unternehmen haben. Deshalb ist es wichtig, dass der Lieferant die Unternehmensstrategien seiner Key Accounts kennt und möglichst rechtzeitig Informationen über Veränderungen erhält, damit er sich ggf. darauf einstellen und den Einfluss auf die Geschäftsentwicklung abschätzen kann. Der Key Account Manager hat auf der Basis einer guten, meist langjährigen Kundenbeziehung und der nötigen Kontakte die Möglichkeit, diese Informationen zu gewinnen, um sie seinem Unternehmen zur Verfügung zu stellen.

Folgt man Argyris/Schön, dann befasst sich das strategische Management mit Problemen im Umgang mit dynamischen Veränderungen in der Beziehung zwischen dem Handeln eines Unternehmens und dessen Umfeld.[2]

Es galt nun festzustellen, ob die Key Account Manager das als Teil ihrer Aufgabe verstehen, wie die gewonnenen Informationen im Unternehmen weitergeleitet werden und in wie weit diese Informationen Einfluss auf das strategische Management haben.

Die Frage an die Key Account Manager, ob sie mit ihren Kunden über deren strategische Ausrichtung sprechen, wird zu 86 Prozent mit ‚Ja' beantwortet.[3] Einen definierten Prozess zur Weiterleitung dieser Informationen gibt es nur in zwei Unternehmen. Die meisten Befragten geben an, dass die Informationen lediglich in den Account Plan einfließen oder die Mitglieder im Account Team Meeting unterrichtet

---

[1] Siehe Kapitel IV, Abschnitt 2.2.1.2.
[2] Vgl. Argyris/Schön (1999), S. 257.
[3] Siehe Frage C12 (KAM).

würden. Darüber hinaus werden Informationen vom Key Account Manager nur dann weitergeleitet, wenn er diese als interessant und relevant für das Unternehmen bewertet. Diese Vorgehensweise erweist sich als schwierig und stößt auch teilweise auf mangelndes Interesse.

Die Auswirkung dieser Informationen auf die Strategie des eigenen Unternehmens wird von den Befragten als nur sehr gering erachtet. Nur 24 Prozent sind der Ansicht, dass die strategische Ausrichtung des Kunden Einfluss auf die strategische Ausrichtung ihres Unternehmens hat, 33 Prozent sehen, wenn überhaupt, nur einen sehr begrenzten Einfluss und 43 Prozent beantworteten die Frage mit ‚Nein'.

Zusammenfassend kann man sagen, dass hier für das Unternehmen nicht unwichtige Informationen brachliegen und dass dieses Potenzial noch gezielter und nutzbringender ausgeschöpft werden könnte, um sich u.u. einen Wettbewerbsvorteil zu verschaffen. Aber wie Argyris/Schön feststellen, haben selbst die größten und angesehensten Unternehmen in den letzten zwei Jahrzehnten Schwierigkeiten bei der Reaktion auf Veränderungen in ihrem Umfeld gehabt.[1]

2.11. Größe der interviewten Unternehmen

Es lag die Vermutung nahe, dass der Grad und die Qualität der Implementierung des Key Account Managements von der Unternehmensgröße abhängen. Aus Tabelle 24 ist die Größe der interviewten Unternehmen gemessen an ihrem Umsatz pro Jahr in Deutschland ersichtlich.

Größe der interviewten Unternehmen	
Umsatz/Jahr in Deutschland [Euro]	Anzahl
Größer 2000 Mio. Euro	3
Von 500 Mio. bis 2000 Mio. Euro	3
Von 100 Mio. bis 499 Mio. Euro	3
Von 50 Mio. bis 99 Mio. Euro	3
Kleiner 50 Mio. Euro	4

Tabelle 24: Größe der interviewten Unternehmen

Anhand der Umfrage kann ein tendenzieller Zusammenhang von Unternehmensgröße und Grad und Qualität der Umsetzung des Key Account Managements festgestellt werden. Allerdings befindet sich in der Gruppe größer 2000 Mio. Euro Umsatz ein Unternehmen, das den Implementierungsgrad reduziert hat.

---

[1] Vgl. Argyris/Schön (1999), S. 257.

Die vier Unternehmen, die kein Key Account Management implementiert haben, obwohl sie Vertriebsmitarbeiter als Key Account Managers bezeichnen, liegen alle in der Gruppe kleiner 50 Mio. Euro Umsatz in Deutschland.

2.12. Kosten-/Nutzen-Analyse

In den Interviews kann kein Unternehmen identifiziert werden, dass eine kundenbezogene Kosten-/Nutzen-Analyse über den Einsatz des Key Account Managements durchführt oder Analysen darüber erstellt, welche Kunden die größten Deckungsbeiträge erbringen und bei welchen Kunden investiert werden sollte, um die Geschäftsbeziehungen auszubauen. Diese Entscheidung findet weitgehend auf Auftrags- bzw. Projektbasis statt.

Wie bereits ausführt, ist der Aufwand für das Key Account Management nicht unerheblich. Besonders die Gewinnung eines neuen Key Accounts ist mit monetären und personellen Aufwendungen verbunden. Ein CIO eines führenden deutschen Industrieunternehmens, der vorher bei einem anderen führenden deutschen Industrieunternehmen tätig war, antwortete auf die Frage, warum unser Unternehmen[1] bei seinem vorherigen Arbeitgeber mit dem Account Team nicht erfolgreich war: Bevor ein solches Unternehmen mit einem neuen Anbieter Projekte abwickelt, werde ein Engagement über einen längeren Zeitraum erwartet. Es sei notwendig, die möglichen Geschäftsfelder zu erarbeiten und ein Mindestmaß an Vertrauen zu den Gesprächspartnern aufzubauen. Man wolle ihre Leistungsfähigkeit und Zuverlässigkeit feststellen. Sie haben jedoch jedes Mal nach kurzer Zeit (zwischen drei und fünf Monaten) ihre Mitarbeiter wieder abgezogen, weil nicht sofort Aufträge an sie vergeben wurden. Der Abzug der Mitarbeiter war tatsächlich durch die fehlenden Umsätze motiviert.[2]

Gegenmantel spricht in diesem Zusammenhang vom Kunden als Investitionsobjekt und davon, dass die Aufgaben des Beziehungsmanagements große Ähnlichkeit mit Investitionsentscheidungen unter Unsicherheit aufwiesen.[3] Die strategische Komponente des Key Account Managements erfordert einen längerfristigen Ansatz, konsequente Umsetzung und Erfolgswillen. Da Unternehmen diesen Weg häufig nicht konsequent zu Ende gehen, sind sie in diesen Bereich auch wenig erfolgreich, was ihrem Wettbewerb die Möglichkeit eröffnet, dort nachhaltige Wettbewerbsvorteile zu erzielen.[4]

---

[1] Es handelte sich um Digital Equipment.
[2] Ein Beispiel aus der Praxis des Verfassers.
[3] Vgl. Gegenmantel (1996), S. 82.
[4] Vgl. Belz et al. (2004), S. 24.

Auch bei dem Teil des Wissensmanagements innerhalb des Key Account Managements stellt sich die Frage nach der Kosten-/Nutzen-Situation.[1]

Ein wesentliches Hindernis für die intensive Nutzung der durch das Key Account Management gewonnenen Informationen scheint in der Schwierigkeit zu liegen, die Informationen und den daraus gewonnenen Wissenszuwachs bewerten und einen unmittelbaren Nutzen für die Funktionen darstellen zu können.

Demgegenüber ist der zu leistende Aufwand durch die zur Verfügungstellung von Ressourcen, meistens Mitarbeiter, für die Funktionen unmittelbar sichtbar und messbar. Willke gibt zusätzlich zu bedenken, dass der Aufwand für den Austausch des bei der Arbeit mit Key Account gewonnenen Wissens leicht unterschätzt wird, sodass es zu typischen Fehlkalkulationen und Frustrationen über Kosten an Engagement, Vertrauensbildung und Zeitaufwand kommt. Der Ertrag von Wissensaustausch stellt sich in aller Regel erst mit Verzögerungen ein, die durch Vertrauen und Vorleistungen überbrückt werden müssen.[2] Besonders in der IT-Industrie sind in vielen Unternehmen intensive Rationalisierungsmaßnahmen mit starker Reduzierung der Mitarbeiterzahl durchgeführt worden, was dazu führte, dass die Ressourcen primär für die Aktivitäten eingesetzt werden, die der kurzfristigen Zielerfüllung dienen. Strategische und längerfristig wirkende Aktivitäten werden erst in der zweiten Priorität gesehen.

2.13. Auftretende Hindernisse bei der Umsetzung des Key Account Managements

In Abbildung 63 sind die wesentlichen Barrieren, die bei der Umsetzung des Key Account Managements auftreten, zusammengefasst.

Hindernisse/Barrieren für das Key Account Management	
Im Unternehmen	Im Key Account Management
• Unterschiedliche Kulturen der Funktionen • Stellung der Funktion im Unternehmen • Funktionales Denken • Widersprechende Ziele der beteiligten Funktionen • Zielsetzungen des Vertriebs • Relativ hoher Kosten- und Zeitaufwand • Relativ hoher Koordinierungsaufwand • Zielsetzungen des Vertriebs (Ergebnisorientiert - Monat/Quartal/Jahr) • Ungenügende Ressourcen • Bürokratie	• Zu kurze Verweildauer der KAM in ihrer Aufgabe • Kein tragfähiges Beziehungsmanagement • Eigeninteresse • Wissen als persönliches Asset • Machtstreben • Wenig persönlicher Nutzen für den KAM • Unzureichende Anreizsysteme • Zeitaufwand • Zu viele Kunden • Angst vor Veränderungen

Abbildung 63: Beispiele von Hindernissen bei der Umsetzung des Key Account Managements

---

[1] Vgl. Willke (2001b), S. 86 ff.
[2] Vgl. Willke (2002), S. 151.

Ein Teil dieser Hindernisse wurde auch in den Interviews von den Key Account Managern und Vertriebsleitern thematisiert.

Die Tabellen 25 und 26 stellen die von den Vertriebsleitern und Key Account Managern in den Interviews als wesentlich genannten und in den Ausführungen behandelten Hindernisse dar. Die Darstellung fasst die einzelnen, besprochenen Elemente in einer Gesamtübersicht zusammen.

Die Spalte „Prozent" gibt an, wie viele der Interviewten dieses Hindernis genannt haben. In den rechten Spalten ist der Grad des Einflusses auf die Umsetzung des Key Account Managements aufgeführt.

Prozent	Hindernisse	Sehr hoch	Hoch	Mittel	Gering	Sehr gering
86	Funktionen zu wenig kundenorientiert	37	21	26	5	11
59	Nichterreichung der Quartalsergebnisse	46	23	23	0	8
55	Zu selten Account Reviews	8	25	25	17	25
55	Zu viele Kunden zu betreuen	33	42	25	0	0
55	Kein Unterschied KAM und Normal-Vertrieb	36	36	9	0	18
50	Funktionen nehmen nicht an Acc. Planung teil	18	36	9	18	18
45	Kein hoher Stellenwert des KAM	20	30	10	10	30
23	Zu wenig auf die Aufgabe vorbereitet	0	20	20	20	40

Tabelle 25: Hindernisse bei der Umsetzung aus der Sicht der Key Account Manager

Prozent	Hindernisse	Sehr hoch	Hoch	Mittel	Gering	Sehr gering
86	Funktionen zu wenig kundenorientiert	25	25	42	8	0
79	Zu selten Account Reviews	18	36	18	9	18
79	Funktionen sehen zuerst ihr Interesse	45	36	18	0	0
71	Nichterreichung der Quartalsergebnis	50	10	20	0	20
64	Zu viele Kunden zu betreuen	11	56	11	11	11
64	Funktionen nehmen nicht an Acc. Planung teil	11	11	44	11	22
57	Kein hoher Stellenwert des KAM	25	13	25	13	25
57	Kein Unterschied KAM und Normal-Vertrieb	13	13	13	13	50

Tabelle 26: Hindernisse bei der Umsetzung aus der Sicht der Vertriebsleiter

V: Schlussbetrachtung, Fazit und Ausblick

1. Resümee

Stellt man die Elemente des Key Account Managements, wie in den Kapitel II und III beschrieben, mit allen seinen Möglichkeiten und dem erzielbaren Nutzen für ein Unternehmen dem Ergebnis der Untersuchung über den Einsatz in der Praxis gegenüber, kommt man zu dem Schluss, dass das Key Account Management in kaum einem der untersuchten Unternehmen der IT-Industrie umfassend und konsequent implementiert ist. Dies ist umso bemerkenswerter, als das Key Account Management bereits seit mehr als 30 Jahren als Modell bekannt ist, Unternehmen der IT-Industrie schon in den 70er Jahren mit der Einführung des Konzeptes begannen, viel darüber veröffentlicht wurde, es als erfolgreiche Methode für die Kundenbetreuung akzeptiert ist und auch in den Unternehmen, in denen es noch nicht implementiert ist, über einen Einsatz diskutiert wird.

Wissenschaft und Praxis sind sich darüber einig, dass nur ein wirklich kundenorientiertes Unternehmen langfristig im Wettbewerb bei seinen Key Accounts überleben kann. Trotzdem hat sich bei der Untersuchung in der IT-Industrie gezeigt, dass die meisten Unternehmen von der Realisierung dieses Anspruchs weit entfernt sind. Deren Handeln ist schwerpunktmäßig immer noch durch technisches und kurzfristig ergebnisorientiertes Handeln bestimmt.

1.1. Heutige Umsetzung des Key Account Managements in der IT-Industrie

Allgemein wurde dem Key Account Management und der Funktion des Key Account Managers von den interviewten Vertriebsleitern ein hoher Stellenwert für die Betreuung von Key Accounts zugemessen und in der Methode ein wichtiges Hilfsmittel und sogar eine wesentliche Voraussetzung für den Erfolg bei diesen Kunden gesehen. Auch nahezu alle Key Account Manager sahen darin ein wertvolles Instrument für ihre Kundenbetreuung.

Die meisten Vertriebsleiter thematisierten in den Interviews, dass eine erhebliche Divergenz zwischen der Einschätzung der Möglichkeiten des Key Account Managements und ihren Vorstellungen und Wünschen für eine Umsetzung und dem Umfang der tatsächlichen Implementierung und der Qualität der Umsetzung in der Praxis besteht.

Die Ergebnisse der Umfragen in der IT-Industrie lassen den Schluss zu, dass eine Umsetzung des Modells im Sinne eines ganzheitlichen unternehmensweiten Ansatzes unter Einbeziehung aller kundennahen Funktionen mit einer gemeinsamen Zielsetzung so gut wie nicht gegeben ist. Das Key Account Management ist, wenn man von wenigen Ausnahmen absieht, weitgehend ein Instrument für die Vertriebstätigkeit und hat nur begrenzten Einfluss auf die anderen Bereiche und Funktionen des Unternehmens. Dieses für die Kundenbetreuung und die Sicherung von Wettbewerbsvorteilen geeignetes Instrument ist mehr oder weniger auf ein reines Vertriebstool reduziert.

In den Interviews ist auch deutlich geworden, dass es kein „Standard Key Account Management" gibt, sondern dass es unternehmens-, branchen- und auch kundenspezifisch konzipiert wird, wobei man die Branchenunterschiede innerhalb der Investitionsgüterindustrie nicht überschätzen darf.[1] Man kann im Zusammenhang mit dem Key Account Management von einem Programm sprechen, das gemäß den Anforderungen des Unternehmens implementiert wird.[2] Allerdings sind Mindestanforderungen erforderlich, damit die implementierte Form den Voraussetzungen des Key Account Managements entspricht und so die gewünschten Ergebnisse erzielt werden können.

In einigen Unternehmen wird kein Unterschied zwischen Key Account Management und Standardvertrieb gemacht. Sie sprechen von Key Account Management, obgleich keine Elemente implementiert und entsprechende Strukturen vorhanden sind. In den Interviews wurde bei Vertriebmitarbeitern sichtbar, dass eine Reihe von ihnen zwar eine Visitenkarte mit dem Titel „Key Account Manager" besitzt, sie aber nur eine Standardvertriebstätigkeit ausüben. Dabei entsteht leicht die Gefahr, dass die Key Accounts, die das Bild des Key Account Managers richtig sehen und entsprechende Erwartungen an diese Person stellen, dann aber einen Gesprächspartner erleben, der diesen Anforderungen nicht genügt. Der Key Account erwartet einen Partner, mit dem er auch auf der strategischen Ebene verhandeln und mit ihm über einheitliche Preisgestaltung, einheitliche Verträge, abgestimmte Logistik, OEM-Portfolio etc. sprechen kann; Aussage eines Vertriebsleiters: „Die Leute packen die Preisliste aus, sagen, ich kann so viel Rabatt geben, wandern durch die Abteilungen, suchen neue Projekte und beschränken sich auf opportunistisches Geschäft."[3] Ein Ziel für den Key Account Manager ist, bei seinem Kunden zu einem „trusted advisory" zu werden.

Das Ansehen des Key Account Managements ist nach Ansicht der Key Account Manager in den letzten Jahren sogar zurückgegangen. Dies wird von Key Account Managern durch Aussagen bestätigt, wie: „Unter dem Begriff des Key Account Managements wird vieles subsumiert. Das Key Account Management ist mehr ein

---

[1] Belz et al. (2004), S. 49.
[2] Siehe Kapitel IV, Abschnitt 2.5.2.
[3] Interview Nr. 05-003 mit KAM am 23.06.2005.

Schlagwort; kaum jemand hat den Mumm, es konsequent umzusetzen. Es ist nebulös; keiner spricht klar aus, wie es letztendlich im Unternehmen ist und will auch nicht daran gemessen werden."[1] Das Key Account Management beschränkt sich bei vielen Unternehmen auf eine formal organisatorische Maßnahme ohne weitergehende strategische Orientierung.

1.2. Wissensmanagement im Rahmen des Key Account Managements

Die Untersuchung hat gezeigt, dass Wissenstransfer zwischen Key Account und Lieferant ebenso wie die Weiterleitung dieses Wissens innerhalb des Lieferanten noch mangelhaft implementiert sind. Hier gibt es so gut wie keine durchgängigen Prozesse. Weiter fortgeschritten allerdings ist die Entwicklung in den Unternehmen, die „embedded products"[2] herstellen, was sich aus der Art der Produkte und dem Einfluss auf das Endprodukt erklären lässt. Allerdings liegt hier der Schwerpunkt auf der Interaktion zwischen den Entwicklungsabteilungen, bei der die Key Account Manager nur eine begleitende Rolle haben.

Es kann konstatiert werden, dass die Organisation dieses Wissensflusses zukünftig für alle Unternehmen noch wichtiger wird, als dies heute bereits der Fall ist. Krück führt hierzu aus, dass es für Unternehmen darauf ankommt, nicht nur Produktionsprozesse und Kapitalflüsse zu organisieren, sondern auch zu wissen, wie man Wissensflüsse organisiert. "Know-how zu gewinnen [und ein Teil wird sicherlich auch beim Kunden generiert], anschlussfähig zu machen und auf eine dauerhafte, organisationale Basis zu stellen, ist eine Herausforderung, die viele erkannt, aber noch wenige gezielt in Angriff genommen haben."[3] Willke stellt hierzu fest, dass es erstaunlich bleibt, wie viele Unternehmen ihr Wissen als kritische Ressource ignorieren und business as usual betreiben.[4]

Dies kann der Verfasser als Ergebnis der Umfrage bestätigen. Die wertvollen Wissensressourcen, die durch das Key Account Management verfügbar sind, werden kaum systematisch für die Wissensgenerierung genutzt, obwohl Unternehmen zukünftiges relevantes Wissen benötigen, um im Markt langfristig handlungs- und wettbewerbsfähig zu bleiben bzw. neue Erfolgspotenziale erschließen zu können.

Die Unternehmensführung muss es als ihre Aufgabe ansehen, durch dieses Wissen wettbewerbsrelevante Wissensvorteile aufzubauen, eventuell vorhandene Wissens-lücken zu schließen und damit die langfristige Produktivität, Innovationskraft und

---

[1] Interview Nr. 03-002 mit KAM am 11.07.2005.
[2] Siehe Kapitel IV, Abschnitt 1.2.2.
[3] Krück (2001), S. 287.
[4] Vgl. Willke (2002), S. 140.

Wettbewerbsfähigkeit des Unternehmens zu sichern.[1] Probst stellt allerdings in Frage, ob das Management eine Vorstellung hat, welches Wissen für Ihren Erfolg und für die Dynamik Ihres Wettbewerbsumfeldes bestimmend ist.[2]

Zu den in den Interviews festgestellten Hindernissen, die eine erfolgreiche Umsetzung eines Wissensmanagements weitgehend behindern, zählen vor allem eine starke funktionale Gliederung mit ausgeprägtem funktionalem Denken und hierarchischen Strukturen. Bullinger ergänzt noch das fehlende Bewusstsein über die Bedeutung einer effizienten Nutzung bzw. eines kontinuierlichen Wissenstransfers.[3] Anzustreben wäre ein unternehmensweites, funktionsübergreifendes Management des für alle Bereiche relevanten Wissens.

Aufgrund der funktionalen und hierarchischen Gliederung von Unternehmen entstehen Beziehungen, die grundsätzlich durch Machtasymmetrien zwischen den Akteuren und durch Eigeninteresse gekennzeichnet sind. Die hierarchische Gliederung ist eine über lange Zeit stabile Legitimationsform der Machtasymmetrie durch eine Abstufung von Wissen, Kompetenzen und Verantwortlichkeiten (im fordistischen Zeitalter). Bei zunehmender Unsicherheit der Marktumwelt wird diese Legitimationsform defizitär, weil sie zu „langsam und schwerfällig" ist. Auch für das Wissensmanagement können diese Machtasymmetrien Barrieren für den Aufbau und die Nutzung individuellen und kollektiven Wissens sein und Dysfunktionalitäten im Wissenstransfer bewirken.[4] Dies wird verstärkt durch divergierende und sich teilweise widersprechende Zielsetzungen der einzelnen Funktionen.

Der Komplex organisatorischer Funktionalismus, Machtasymmetrie und Hierarchisierung auf der einen und die Notwendigkeit eines intensiven Wissenstransfers auf der anderen Seite stellt für das Unternehmen und das Key Account Management eine Herausforderung dar.

Funktionalisierung und Hierarchisierung liefern eine stabile, relativ kontinuierliche transparent-berechenbare Machtbasis. Welche Auswirkungen entstehen aber, wenn im Umfeld tendenziell das „Gegenteil" durch eine intensivere Einbeziehung der Key Accounts stattfindet: Instabilität, Unsicherheit, Intransparenz, Diskontinuität? Diese Frage provoziert die Diskussion neuer Grenzziehungen zwischen Innen und Außen. Die Öffnung in den Markt und die „Hereinholung" des Kunden erfordern ihrerseits strukturnotwendige Grenzen zeitlicher, sachlicher und sozialer Art, denn eine beliebige Öffnung des Unternehmens gegenüber Markt und Kunden ist nicht machbar. In diesem

---

[1] Vgl. Felbert (1998), S. 133.
[2] Vgl. Probst et al. (1999), S. 32.
[3] Vgl. Bullinger (2002), S. 57.
[4] Vgl. Thode (2003), S. 249 ff.

Spagat zwischen notwendiger Öffnung und (immer wieder) notwendiger Schließung bewegt sich das Key Account Management.

Es bedarf des Bewusstseins aller Mitarbeiter über die Notwendigkeit eines qualifizierten Wissensmanagements und der Anstrengung des gesamten Unternehmens und besonders der Führung, um dieses brachliegende Potenzial auszuschöpfen. Dies erfordert eine Unternehmenskultur, die die Voraussetzungen hierfür schafft. Es müssen auch jene sozialen Interaktionsmechanismen berücksichtigt werden, die helfen, das kreative Wissenspotenzial der Mitarbeiter freizusetzen. „Der Beachtung dieser soziokulturellen Dimension kommt deshalb auch entscheidende Bedeutung zu, wenn es um die Gestaltung und Umsetzung von Maßnahmen des Wissensmanagements geht."[1]

1.3. Wesentliche Voraussetzungen für eine qualifizierte Implementierung

Mit der Entscheidung, einen Kunden zum Key Account zu ernennen, müssen gleichzeitig die erforderlichen Voraussetzungen geschaffen werden. Es bedarf der notwendigen Ressourcen und eines qualifizierten Key Account Managers und vor allen Dingen muss der Wille für einen längerfristigen Ansatz vorhanden sein, sonst ist die Gefahr sehr groß, eine bestehende Kundenbeziehung zu beschädigen. Man weckt beim Key Account Erwartungen, die dann nicht erfüllt werden. Das Konzept des Key Account Managements mit allen seinen Möglichkeiten kann die gewünschten Erfolge nur erzielen, wenn es im gesamten Unternehmen verankert ist.

Obwohl heute fast alle größeren Unternehmen Key Account Manager zur Betreuung ihrer Key Accounts installiert haben, haben die Unternehmen mit dem Key Account Management trotzdem noch immer eine Differenzierungschance, wenn es qualifiziert im Sinne des Modells umgesetzt wird.[2] Hierzu ist allerdings erforderlich, dass man nicht nur die Bezeichnung Verkäufer oder Vertriebsbeauftragter durch die Bezeichnung Key Account Manager ersetzt, sondern den Key Account Manager entsprechend qualifiziert, ihn mit den notwendigen Kompetenzen ausstattet und das Key Account Management mit einer funktionsübergreifenden Koordinationsaufgabe im Unternehmen versieht.

Voraussetzung dafür ist die Überwindung von Abteilungsgrenzen und eine prozessorientierte und gesamtheitliche Denkweise. Im Unternehmen bedingt dies eine „Kultur", in der die funktionale Organisation stärker entgrenzt wird, ein vernetztes Denken und Handeln in den Vordergrund gestellt wird und in der in den Funktionen die

---

[1] Felbert (1998), S. 122.
[2] Vgl. Porter (1986): Er unterscheidet zwei Grundtypen für Wettbewerbsvorteile, Kostenführerschaft und Differenzierung. Zur Differenzierung gehört auch der Vertrieb.

Gesamtziele vor den Teilzielen rangieren. Diese Kultur muss von der Unternehmens-führung gewollt und gesteuert werden.[1]

Belz geht noch einen Schritt weiter und fordert, um eine reibungslose Zusammenarbeit zwischen den beteiligten Funktionen im Unternehmen sichern zu können, Richtlinien festzulegen, die den Key Account Managern erlauben, schlüsselkundenspezifische Leistungen und Konditionen auch gegen interne Widerstände durchzusetzen. Dies sieht er als Voraussetzung, um innovative Problemlösungen für Key Accounts entwickeln zu können.[2]

Manche Anbieter schätzen die Wirkung, die der Status eines Key Accounts bei ihren Kunden auslöst, falsch ein. Dem Kunden wird durch diesen Status signalisiert, dass er bei seinem Anbieter eine besondere Bedeutung besitzt. Der Kunde entwickelt eine erhöhte Erwartungshaltung,[3] die schnell zur Enttäuschung führen kann, wenn die versprochenen Effekte und Leistungen ausbleiben.[4]

1.4. Gründe für die Divergenz zwischen Modell und Umsetzung

Dies führt zu den Fragen, welche Gründe einer konsequenten Umsetzung des Key Account Managements entgegenstehen und/oder ob das Instrument, wie es modellhaft dargestellt wird, unter Umständen für die Praxis nur eingeschränkt geeignet ist.

Nach Ansicht des Verfassers liegt dies nicht an Unzulänglichkeiten des Modells oder mangelnden Eignung für die Praxis. Dessen Eignung und Möglichkeiten sind in den theoretischen Betrachtungen und in der Beurteilung durch die Praxis weitgehend unbestritten.

Für die geringe Ausschöpfung der Möglichkeiten des Key Account Managements und für die teilweise mangelhafte Implementierung sind unter anderem fünf wesentliche, aber auch miteinander zusammenhängende Einflussfaktoren zu nennen: Eine kurzfristige Ergebnisorientierung (Quartalsdenken[5]); eine fehlende, langfristige, strategische Ausrichtung; permanente Veränderungen in der Organisation; funktionales Denken und eine nur geringe Fokussierung auf das Wissensmanagement in den Unternehmen.

Das Handeln in den Unternehmen und besonders im Vertrieb wird durch eine kurzfristige, quartalsorientierte Denkweise dominiert und dem Gebot der Zielerreichung

---

[1] Zu dem Thema „Unternehmenskultur" Vgl. Schein (1995).
[2] Vgl. Belz et al. (2004), S. 217.
[3] Vgl. Ivens (2002), S. 22.
[4] Vgl. Belz et al. (2004), S. 322.
[5] „Der KAM muss seine Zahlen erreichen, das ist das einzige, was zählt."
Interview Nr. 16-001 mit VL am 08.09.2005.

(vor allen Dingen auch der kurzfristigen Teilziele) untergeordnet.[1] Aussage eines Vertriebsleiters dazu: „Wenn ein wirtschaftliches Problem auftritt, werden die Key Account Manager mehr in Richtung Standardverkäufer gedreht. Im Zweifelsfall steht immer das nächste Ziel im Vordergrund."[2]

Dies führt dazu, dass das Element einer langfristig, strategisch ausgerichteten Betreuung hintangestellt wird. Dies überrascht umso mehr, als die Leistung des Key Account Managements für die Betreuung von Key Accounts und der längerfristige, strategische Ansatz mehrheitlich von den interviewten Vertriebsleitern gesehen und immer wieder als notwendig bestätigt werden.

Ständige Veränderungen, die durch Umorganisationen, Personalabbau, Ein- und Ausgliederungen von Firmenteilen oder Firmen (Merger), Outsourcing etc. verursacht sind, führen zu häufigeren Wechseln von Key Account Managern und Vorgesetzten, wodurch das Beziehungsmanagement, die Zusammenarbeit der Account Teams und das Wissen über die Kunden und das Geschäft in Mitleidenschaft gezogen werden.

Eine entscheidende Einflussgröße und Hindernis für die Umsetzung des Key Account Managements stellt die funktionale Organisation dar, wie sie in den untersuchten Unternehmen implementiert ist. Die Unternehmen sind immer noch stark funktional getrieben, mit nicht abgestimmten Zielsetzungen, was prozessorientierte Lösungen, wie das Key Account Management, behindert. Man kann konstatieren, dass sich das Key Account Management in der IT-Industrie als Bestandteil einer prozessorientierten Vorgehensweise nicht durchgesetzt hat, wenn man von Teilansätzen absieht. Eine Entgrenzung der Funktionen ist kaum feststellbar, sondern tendenziell eher eine Festigung der funktionalen Strukturen. Für das Key Account Management wäre es aber wünschenswert oder sogar notwendig, einen mehr prozessorientierten Ansatz in den Vordergrund zu stellen.

Die Möglichkeiten und Chancen, die das Key Account Management für das Wissensmanagement im Unternehmen bietet, werden von den Unternehmen nur teilweise genutzt. Die Nutzung beschränkt sich weitgehend auf die Explikation von Kundenwissen und der Speicherung in Datenbanken. Dieses Wissen dient schwerpunktmäßig dem Vertrieb. Der Wissenstransfer in andere Funktionen und deren Nutzung findet nur untergeordnete Berücksichtigung.

Der Verfasser kann als Resümee die Aussage von Diller bestätigen, dass das Key Account Management sicherlich keine Wunderwaffe für den Unternehmenserfolg darstellt, es aber einen signifikanten und wesentlichen Beitrag für den Erfolg eines

---

[1] Dies wird durch die Bedeutung der Quartalsergebnisse und an der Reaktion der Börsen sichtbar.
[2] Interview Nr. 02-001 mit VL am 13.04.2005.

Unternehmens liefert.[1] Mit dem Key Account Management sind nicht alle Anforderungen im Umgang mit den Kunden zu lösen, aber ein qualifiziertes Key Account Management ist heute Voraussetzung für eine erfolgreiche Betreuung wichtiger Kundenbeziehungen. Es ist ein wertvolles und praxisgerechtes Konzept, das jedoch mangelhaft umgesetzt wird. Dies führt zur Frage, warum Unternehmen so handeln und das Konzept so schnell hintanstellen und warum die Abweichung von Soll und Ist so groß ist, obwohl doch alle Vertriebsleiter und Key Account Manager von dem Konzept und dessen Notwendigkeit überzeugt sind.

Wie diese Hindernisse überwunden werden können und ob weitere Gründe, die außerhalb des Key Account Management Modells liegen, eine Implementierung behindern, müsste mit der Unternehmensführung analysiert werden und kann Gegenstand einer neuen Untersuchung sein.

1.5. Anforderungen und zukünftige Entwicklung

Das Key Account Management ist kein statisches Modell, sondern es unterliegt einem permanenten Entwicklungs- und Lernprozess, der notwendig ist, um sich auf die Veränderungen des Marktes und der Key Accounts einstellen und entsprechend agieren zu können. Eine permanente Überprüfung der Ergebnisse der Zusammenarbeit und die Ableitung der daraus erforderlichen Verbesserungen, ermöglichen es dem Unternehmen, die Bedürfnisse ihrer Key Accounts besser zu erfüllen und sich erfolgreich gegenüber der Konkurrenz zu profilieren.[2] Belz fasst dies zusammen: „Key Account Management bleibt ein anspruchsvoller Prozess und ist niemals abgeschlossen. Was heute einzigartig ist, wird morgen Standard im Wettbewerb sein."[3]

Die Beziehungen zu den Key Accounts werden sich zukünftig weiter von einer eindimensionalen Produktorientierung über eine vertiefte Partnerschaft zu einer Vernetzung der Aktivitäten von Key Account und Lieferant entwickeln, in der gemeinsame Visionen und daraus abgeleitete Strategien angestrebt werden (siehe Abbildung 64).[4] Hierbei ist das Key Account Management ein wesentlicher Faktor.

---

[1] Vgl. Diller (2003), S. 12.
[2] Vgl. Senn (1996), S. 156.
[3] Belz et al. (2004), S. 22.
[4] Vgl. Biesel (2002), S. 32; Ahlert et al. (2004), S. 135; eine detaillierte Abhandlung zu Trends im Key Account Management siehe Biesel (2002), S. 29f.

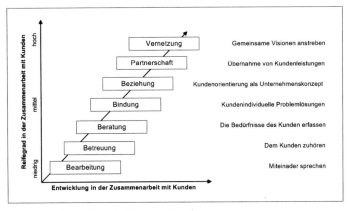

Abbildung 64: Entwicklung der Kundenbeziehung[1]

Ein weiterer Faktor in der Entwicklung des Key Account Managements ist die fortschreitende Globalisierung. Die vorliegende Arbeit hat sich mit dem nationalen Key Account Management beschäftigt. Dem Key Account Management wird als Erfolgsfaktor im Zuge der Globalisierung in der erweiterten Form des Global Account Managements zukünftig eine weiter wachsende Bedeutung in der Kundenbetreuung zufallen.[2] Aufgrund des Zusammenwachsens der Märkte, insbesondere des europäischen Binnenmarktes, und der zunehmenden Zahl international operierender Unternehmen, steigt die Notwendigkeit, mehr länderübergreifende Projekte bearbeiten zu müssen. Dabei erwarten die Kunden eine weltweite, gesamtheitliche Betreuung.

Zu untersuchen wäre, welche Hindernisse, besonders auch kulturelle, hierbei zusätzlich auftreten und welche Voraussetzungen geschaffen werden müssen, um diese steuern und minimieren zu können.[3] Unternehmen, die diese Anforderungen am besten lösen, können sich gerade in diesem Umfeld von ihren Wettbewerbern differenzieren und sich damit einen Wettbewerbsvorteil verschaffen.

---

[1] Biesel (2002), S. 32.
[2] Vgl. Ebert (1993), S. 107.
[3] Beispiele von Hindernissen beim länderübergreifendem Key Account Management: Landesgesetze, Preisniveau (World Wide Pricing – Transferpreise), Provisionspläne (Entlohnung für KAM), Account Meetings, Reiseaufwand, Interessen der Länderorganisationen, Sprachbarrieren, Mentalitätsunterschiede, etc.

Literaturverzeichnis

Ahlert, D.; Dannenberg, H.; Huckemann, M. (Hrsg.) (2004): Der Vertriebs-Guide, Produktiver Vertrieb – Mit weniger mehr verkaufen, München / Unterschleißheim, 2. Ausgabe

Albers, F. (1992): Organisation der Informationsverarbeitung, in: Frese 1992, S. 981 – 994

Argyris, C. (1996): Defensive Routinen und eingeübte Inkompetenz, in: Fatzer 1996, S. 109 - 148

Argyris, C.; Schön, D. A. (1999): Die Lernende Organisation, Grundlagen, Methode, Praxis, Stuttgart

Bachmann, R.; Möll, G. (1992): Alles Neu...? Rationalisierung von industriellen Innovationsprozessen, in Malsch, T.; Mill, U. 1992, S. 241 - 270

Bechtle, G.; Lutz, B. (1989): Die Unbestimmtheit post-tayloristischer Rationalisierungsstrategie und die ungewisse Zukunft industrieller Arbeit – Überlegungen zur Begründung eines Forschungsprogramms, in: Düll/Lutz 1989, S. 9 - 92

Becker, B.; Binckebanck, L. (2004) Cross Functional Selling, Kundenorganisation auf Organisationsebene implementieren, in: Ahlert et al. 2004, S. 172 - 181

Belz, C.; Müllner, M.; Zupancic, D. (2004): Spitzenleistungen im Key Account Management, Das St. Galler KAM-Konzept, Frankfurt/St.Gallen

Benner, C. (2002): Work in the New Economy: Flexible Labour Markets in Silicon Valley, Blackwell Publishing

Berger, U.; Bernhard-Mehlich, I (2002): Die Verhaltenswissenschaftliche Entscheidungstheorie, in: Kieser 2002, S. 133 - 168

Bickelmann, R. E. (2001): Key Account Management, Erfolgsfaktoren für die Kundensteuerung, Strategien, Systeme, Tools, Wiesbaden, 1. Auflage

Biesel, H. H. (2001): Innovatives Key Account Management, Schlüsselkunden erkennen und begeistern, München, Zürich, Dallas

Biesel, H. H. (2002): Key Account Management erfolgreich planen und umsetzen, Mehrwert-Konzept für Ihrer Top-Kunden, Wiesbaden, 1. Auflage

Blutner, D.; Brose, H.; Holtgrewe, U. (2000): Vertriebshandeln und Organisations-struktur, in: Minssen 2000, S. 141 - 162

Boch, D.; Echter, D.; Haidvogl G. A. (1997): Wissen – die strategische Ressource, Wie sich die lernende Organisation verwirklichen läßt, Weinheim

Böhle, F. (1992): Grenzen und Widersprüche der Verwissenschaftlichung von Produktionsprozessen, in: Malsch 1992, S. 87 - 132

Bogdahn, T. (2004): Managing Key Accounts, in: Ahlert et al. (2004), S. 134 - 146

Brödner, P.; Hamburg, I; Schmidtke, T (1999): Strategische Wissensnetze: Wie Unternehmen die Ressource Wissen nutzen, Gelsenkirchen

Bruhn, M. (2000): Kundenerwartungen – Theoretische Grundlagen, Messung und Managementkonzept, in: ZfB, Nr.9, September 2000, S. 1031 - 1054

Bruhn, M. (2003): Kundenorientierung, Bausteine für ein exzellentes Customer Relation Management, München, 2. Auflage

Bullinger, H.-J. (Hrsg.) (1996): Lernende Organisationen, Konzepte, Methoden und Erfahrungsberichte, Stuttgart

Bullinger, H.-J.; Prieto, J.; Wörner, K. (1997): Wissensmanagement heute, Daten, Fakten, Trends, Stuttgart, Fraunhofer Institut für Arbeitswissenschaft und Organisation (IAO)

Bullinger, H.-J.; Prieto, J. (1998): Wissensmanagement: Paradigma des intelligenten Wachstums – Ergebnisse einer Unternehmensstudie in Deutschland, in Pawlowsky 1998, S. 87 - 118

Bullinger, H.-J. (2002): Wissensmanagement: Wissen als strategische Ressource im Unternehmen, München, Transfer-Centrum GmbH

Bußmann, W. F.; Rutschke, K. (1998): Team Selling, Gemeinsam zu neuen Vertriebserfolgen, Landsberg/Lech, 2. Auflage

Capon, N. (2003): Praxishandbuch Key Account Management, Frankfurt/New York

Czichos, R. (1995): Creatives Account-Management, München

Dannenberg, H. (2004): Mehrwert Vertrieb, in: Ahlert et al. (2004), S. 128 - 133

Deutsch, K. W. (1990): Wissen und Macht, Wirtschaftliche und soziale Bedeutung von Wissen, in: Scheidgen et al. 1990, S. 187 - 198

Diebäcker, H. (1996): Supervision und Organisationsentwicklung: aus der Sicht des Kunden, in: Fatzer 1996, S. 93 - 105

Diekmann, A. (2005): Empirische Sozialforschung, Grundlagen, Methoden, Anwendungen, Hamburg, 14. Auflage

Digital Equipment Corporation (1991): Sales Update Europe, Entrepreneurs Special Issue

Diller, H.; Kusterer, M. (1988): Beziehungsmanagement, Theoretische Grundlagen und explorative Befunde, in: Marketing, Zeitschrift für Forschung und Praxis, 10. Jahrgang, Nr.3

Diller, H. (Hrsg.) (2003): Erfolgreichens Key Account Management, Nürnberg

Drucker, P. (1993): Die postkapitalistische Gesellschaft, Düsseldorf/New York

Düll, K.; Lutz, B. (Hrsg.) (1989): Technikentwicklung und Arbeitsteilung im internationalen Vergleich, Fünf Aufsätze zur Zukunft industrieller Arbeit, Frankfurt/Main, New York

Ebert, H. J.; Lauer, H. (1988): Key Account-Management, Der Schlüssel zum Verkaufserfolg, Bamberg

Ebert, Heinz J. (1993): Die neue Generation der Key Account Manager, Bamberg, 1. Auflage

Englberger, Hermann, J. (2000): Kommunikation von Innovationsbarrieren, Die interaktive Diagnose in telekooperativen Reorganisationsprozessen, München, Lehrstuhl für allgemeine Betriebswirtschaftslehre, Technische Universität München

Fatzer, G. (Hrsg.) (1993): Organisationsentwicklung für die Zukunft: ein Handbuch, Köln, Edition Humanistische Psychologie

Fatzer, G. (Hrsg.) (1996): Organisationsentwicklung und Supervision: Erfolgsfaktoren bei Veränderungsprozessen, Köln, Edition Humanistische Psychologie

Felbert, D. von (1998): Wissensmanagement in der unternehmerischen Praxis, in: Pawlowsky 1998, S. 119 - 141

Felixberger, P. (2002): Die Kunden pflegen und ein wenig aushorchen, in: Süddeutsche Zeitung vom 16.02.2002, S.V1/19

Franzpötter, R. (2000): Der „unternehmerische" Angestellte – Ein neuer Typus der Führungskraft in entgrenzten Interorganisationsbeziehungen, in: Minssen 2000, S. 163 - 176

Frese, E. (Hrsg.) (1992): Handwörterbuch der Organisation, Stuttgart, 3. Auflage

Funder, M. (2000): Entgrenzung von Organisationen – eine Fiktion? in: Minssen 2000, S. 19 - 46

Gebert, D. (1992): Kommunikation, in: Frese 1992, S. 1110 - 1121

Gebert, D.; Rosenstiel L. von (2002): Organisationspsychologie: Person und Organisation, Stuttgart, Berlin, Köln, 5. Ausgabe

Gegenmantel, R. (1996): Key Account Management in der Konsumgüterindustrie, Wiesbaden

Geldern, M. van (1997): Organisation, Frankfurt/M

Görner, J. (1998): Wissensmanagement bei Hewlett Packard, Das System ELMI.B – Electronic Market Information Broker, in: Zeitschrift für Organisation, 3/1998, S. 171 - 173

Gruner, K. E. (1997): Kundeneinbindung in den Produktinnovationsprozeß: Bestandsaufnahme, Determinanten und Erfolgsauswirkungen, Wiesbaden

Hammer, M.; Champy, J. (1993): Business Reengineering, Die Radikalkur für das Unternehmen, Frankfurt/New York

Hansen, M. T.; Nohria, N.; Tierney, T. (1999): Wie managen Sie das Wissen in Ihrem Unternehmen? in: Harvard Business Manager, Nr. 5/1999, S. 85 - 96

Hart, H. (1999): Knowledge transfer and knowledge management in a global organisation, in Brödner et al. 1999, S. 27 - 45

Holtbrügge, D. (2000): Entwicklung, Evolution oder Archäologie? – Ansätze zu einer postmodernen Theorie des organisatorischen Wandels, in: Schreyögg 2000, S. 99 - 142

IOLI, Studienbericht Internatonales Institut für Lernende Organisation und Innovation (1997): Knowledge Management, ein empirisch gestützter Leitfaden zum Management des Produktionsfaktors Wissen, München

Isaacs, W. N. (1996): Dialog, kollektives Denken und Organisationslernen, in: Fatzer, 1996, S. 181 - 208

Ivens, B. S. (2002): Key Account Management: Empirische Ergebnisse zu Anbieterstrategien und Kundenreaktionen, Arbeitspapier Nr. 99, Lehrstuhl Marketing Universität Erlangen, Nürnberg

Ivens, B. S. (2003): Prozessorientiertes Benchmarking im Key Account-Management: Das Konzept und beispielhafte Ergebnisse einer empirischen Anwendung, in: Diller 2003, S. 113 – 125

Jürgens, U. (1999): Die Rolle der Wissensarbeit bei der Produktentwicklung, In: Konrad (1999), S. 58 - 76

Kaase, M. (Hrsg.) (1999): Qualitätskriterien der Umfrageforschung, Denkschrift DFG, Berlin

Kaiser, M.-O. (2005): Erfolgsfaktor Kundenzufriedenheit, Dimensionen und Messmöglichkeiten, Wiesbaden, 2.Auflage

Kaplan, R. S.; Norton, D. P. (2001): Die strategiefokussierte Organisation, Führen mit der Balanced Scorecard, Stuttgart

Katzenbach, J. R.; Smith, D. K. (1993): Teams, Der Schlüssel zur Hochleistungsorganisation, Frankfurt/Wien

Kieser, A. (1983): Konflikte zwischen organisatorischen Einheiten, in: Wirtschaftwissenschaftliches Studium Heft 9, S. 443 - 448

Kieser, A. (Hrsg.) (2002): Organisationstheorien, Stuttgart, 5. Auflage

Kieser, A.; Walgenbach, P (2003): Organisation, Stuttgart, 4. Auflage

Klimecki, R.; Laßleben, H.; Thomae, M. (2000): Organisationales Lernen, Zur Integration, Empirie und Gestaltung, in: Schreyögg/Conrad 2000, S. 63 - 98

Kocyba, H. (1999): Wissensbasierte Selbststeuerung: Die Wissensgesellschaft als arbeitspolitisches Kontrollszenario, in: Konrad/Schumm 1999, S. 92 - 119

Kofmann, F.; Senge, P. (1996): Die fünfte Disziplin und der Dialog: Gemeinschaften voller Engagement: Das Herz der lernenden Organisation, in: Fatzer 1996, S. 149 – 179

Konrad, W.; Schumm, W. (Hrsg.) (1999): Wissen und Arbeit, Neue Konturen der Wissensarbeit, Münster, 1. Auflage

Krcmar, H. (2003): Informationsmanagement, Berlin, Heidelberg, New York, 3. Auflage

Kreutz, H. (1972): Soziologie der empirischen Sozialforschung, Stuttgart

Krogh, G. von; Köhne, M. (1998): Wissenstransfer in Unternehmen, Phasen des Wissenstransfers und wichtige Einflussfaktoren, in: Die Unternehmung Jg. 52, Heft 5/6, S. 235 - 252

Kromrey, H. (2002): Empirische Sozialforschung, Opladen, 10. Auflage

Krück, C. P. (2001): Wissensarbeit in Unternehmenskooperationen: Das Beispiel der Halbleiterindustrie, in: Willke (2001b), S. 268 - 288

Laux, H. (1992), Anreizsysteme, ökonomische Dimension, in: Frese 1992, S. 112 - 122

Linhart, D.; Düll, K.; Bechtle, G. (1989): Neue Technologien und industrielle Beziehungen im Betrieb – Erfahrungen aus der Bundesrepublik Deutschland und Frankreich, in: Düll/Lutz 1989, S. 93 - 160

Loose, A.; Sydow. J. (1994): Vertrauen und Ökonomie in Netzwerkbeziehungen – Strukturationstheoretische Betrachtungen, in: Sydow, J.; Windeler, A. 1994, S. 160 - 193

Luhmann, N. (1964): Funktionen und Folgen formaler Organisation, Berlin

Luhmann, N. (2000): Organisation und Entscheidung, Opladen/Wiesbaden

Malsch, T.; Mill, U. (Hrsg.) (1992): ArBYTE, Modernisierung der Industriesoziologie? Berlin

Mandl, H.; Hense, J. (2004): Lernen unternehmerisch denken, das Projekt Tatfunk, Forschungsbericht Nr. 169, LMU München, Department Psychologie

Meffert, H. (1992): Organisation des Kundenmanagement(s), in: Frese 1992, S.1215 / 1227

Miller, R. B.; Heiman, S. E. (1991): Schlüsselkunden-Management, Landsberg/Lech

Miller, R. B.; Heiman, S. E. (1999): Strategisches Verkaufen, Die praxiserprobte Miller-Heiman-Methode, um komplexe Verkaufsvorgänge erfolgreich zu bearbeiten, Landsberg/Lech

Mingers, S. (2001): Systemische Beratungsunternehmen, in: Willke, 2001, S. 137 - 161

Minssen, H. (Hrsg.) (2000): Begrenzte Entgrenzungen, Wandlung von Organisation und Arbeit, Berlin

Minssen, H. (2000): Entgrenzungen – Begrenzungen, in: Minssen, 2000, S. 7 - 18

Moldaschl, M.; Schultz-Wild, R. (Hrsg.) (1994): Arbeitsorientierte Rationalisierung, Fertigungsinseln und Gruppenarbeit im Maschinenbau, Frankfurt/Main, New York

Nonaka, I.; Takeuchi, H. (1997): Die Organisation des Wissens, Wie japanische Unternehmen eine brachliegende Ressource nutzbar machen, Frankfurt/Main

North, K. (1999): Wissensorientierte Unternehmensführung, Wertschöpfung durch Wissen, Wiesbaden, 2. Auflage

Oechsler W. A. (1992). Konflikt, in: Frese1992, S. 1131 - 1143

Pawlowsky, P. (Hrsg.) (1998): Wissensmanagement: Erfahrungen und Perspektiven, Wiesbaden

Peters, P. J.; Waterman R. H. (1986): Auf der Suche nach Spitzenleistungen, was man von den bestgeführten US-Unternehmen lernen kann, Landsberg

Picot, A. (1984): Organisation, in: Vahlen 1984, S. 95 – 158

Picot, A.; Reichwald, R.; Wigand, R. T. (2003): Die grenzenlose Unternehmung, Information, Organisation, Management, Wiesbaden, 5. Auflage

Plinke, W. (1989): Key Account Management, Lehrbrief des Weiterbildenden Studiums Technischer Vertrieb, Berlin

Polanyi, M. (1985): Implizites Wissen, Frankfurt am Main, 1. Auflage

Porter, M. E. (1986): Wettbewerbsvorteile (Competitive Advantage), Spitzenleistungen erreichen und behaupten, Frankfurt/Main, New York

Probst G. J. B.; Büchel B. S. T. (1994): Organisationales Lernen, Wettbewerbsvorteil der Zukunft, Wiesbaden

Probst, G.; Raub, S.; Romhardt, K. (1999): Wissen managen: wie Unternehmen ihre wertvollste Ressource nutzen, Frankfurt am Main, 3. Auflage

Quinn, J. B.; Anderson, P.; Finkelstein, S. (1996): Das Potential in den Köpfen gewinnbringend einsetzen, in: Harvard Business Manager 3/1996, S. 95 – 105

Quinn, J. B. (1995): Das intelligente Unternehmen, in: gdi impuls 12, Nr. 4, S. 48 - 54

Rammert, W. (1999): Produktion von und mit „Wissensmaschinen". Situationen sozialen Wandels hin zur „Wissensgesellschaft", in: Konrad 1999, S. 40 - 57

Rapp, R. (2001): Customer Relation Management, Das neue Konzept zur Revolutionierung der Kundenbeziehungen, Frankfurt/Main, 2. Auflage

Rapp, R.; Storbacka, K.; Kaario, K. (2002): Strategisches Account Management, Mit CRM den Kundenwert steigern, Wiesbaden, 1. Auflage

Rastetter, D. (2001): Emotionsarbeit – Betriebliche Steuerung und individuelles Erleben, in: Schreyögg 2001, S. 111 - 134

Reich R. B. (1993): Die neue Weltwirtschaft, Das Ende der nationalen Ökonomie, Hamburg

Reinarzt, W.; Kumar, V. (2003): Kundenpflege – aber richtig, in: Harvard Business Manager, 1/2003, S. 68 - 78

Rieker, S. A. (1995): Bedeutende Kunden, Analyse und Gestaltung von langfristigen Anbieter-Nachfrager-Beziehungen auf industriellen Märkten, Wiesbaden

Roehl, H. (2000): Instrumente der Wissensorganisation, Perspektiven für eine differenzierende Interventionspraxis, Wiesbaden

Rollberg, R. (1996): Lean Management und CIM aus der Sicht der strategischen Unternehmensführung, Wiesbaden

Scheidgen, H.; Strittmacher, P.; Tack, H. (Hrsg.) (1990):Information ist noch kein Wissen, Weinheim/Basel

Sackmann, S. A. (1993): Die lernfähige Organisation: Theoretische Überlegungen, gelebte und reflektierte Praxis, in: Fatzer 1993, S. 227 - 254

Schein, E. H. (1980): Organisationspsychologie, Wiesbaden

Schein, E. H. (1993): Informationstechnologie und Management – passen sie zusammen? in: Fatzer 1993, S. 41 - 58

Schein, E. H. (1995): Unternehmenskultur, Ein Handbuch für Führungskräfte, Frankfurt/M, New York

Schein, E. H. (1996): Über Dialog, Kultur und Organisationslernen, in Fatzer 1996, S. 209 - 228

Schmiede, R. (1992): Information und kapitalistische Produktionsweise, in: Malsch 1992, S. 53 - 86

Schmiede, R. (1999): Informatisierung und Subjektivität, in: Konrad/Schumm 1999, S. 134 - 151

Scholl, W. (1992): Informationspathologen, in: Frese 1992, S. 900 - 912

Schrader, A. (1971): Einführung in die empirische Sozialforschung, Stuttgart

Schreyögg, G. (1996): Organisation: Grundlagen moderner Organisationsgestaltung, Wiesbaden 1996

Schreyögg, G.; Sydow, J. (Hrsg.) (1997): Gestaltung von Organisationsgrenzen, in: Managementforschung 7, Berlin/New York

Schreyögg, G.; Conrad. P. (Hrsg.) (2000): Organisatorischer Wandel und Transformation, Managementforschung 10, Wiesbaden

Schreyögg, G.; Geiger, D. (2001): Kann implizites Wissen Wissen sein? Vorschläge zur Neuorientierung von Wissensmanagement, Vortrag anlässlich des Workshops der Wissenschaftlichen Kommission „Wissenschaftstheorie", Augsburg

Schreyögg, G.; Sydow, J. (Hrsg.) (2001): Emotionen und Management, Managementforschung 11, Wiesbaden, 1. Auflage

Schreyögg, G.; Geiger, D. (2003): Kann die Wissensspirale Grundlage des Wissensmanagement sein? in: Diskussionsbeiträge des Instituts für Management, neue Folge 20/03

Schüppel, J. (1996): Wissensmanagement, Organisatorisches Lernen im Spannungsfeld von Wissens- und Lernbarrieren, Wiesbaden

Senge, P. M. (1996): Die fünfte Disziplin, Kunst und Praxis der lernenden Organisation Stuttgart; 3. Auflage

Senn, Ch. (1996): Key Account Management, (Anforderungen – Methodik – Erfolgsfaktoren), Hallstadt

Shapiro, B. P.; Moriarty, R. T. (1984): Organizing the National Account Force, Report 84 – 101 des Marketing Science Institute, Cambridge

Sidow, H. D. (2002): Key Account Management: Wettbewerbsvorteile durch kundenbezogene Strategien, München, 7. Auflage

Staehle, W., H.; Conrad, P.; Sydow, J. (1999): Management, Eine verhaltenswissenschaftliche Perspektive, München, 8. Auflage

Steinmann, H.; Schreyögg; G. (2000): Management, Grundlagen der Unternehmensführung; Konzepte, Funktionen, Fallstudien, Wiesbaden

Sydow, J.; Windeler, A. (Hrsg.) (1994): Management interorganisationaler Beziehungen, Vertrauen, Kontrolle und Informationstechnik, Opladen

Sydow, J.; Windeler, A. (1994): Über Netzwerke, virtuelle Integration und Interorganisationsbeziehungen, in: Sydow, J.; Windeler, A. 1994, S. 2 - 21

Szulanski, G. (1996): Exploring internal Stickiness: impediments to the transfer of best pracitice within the firm, in: Strategic Management Journal, Vol. 17, 1996, S. 27 - 43

Tack, W. H. (1990): Das Gehirn als Computer, Der Mensch – ein informationsverarbeitendes Wesen, in: Scheidgen et al. 1990, S. 21 - 36

Tacke, V. (1997): Systemrationalisierung an ihren Grenzen – Organisationsgrenzen und Funktionen von Grenzstellen in Wirtschaftorganisationen, in: Schreyögg/Sydow 1997, S. 2 - 38

Taylor, F. W. (1911): The Principles of Scientific Management, New York

Thiel, M. (2002): Wissenstransfer in komplexen Organisationen, Effizienz durch Wiederverwendung von Wissen und Best Practices, Wiesbaden, 1. Auflage

Thode, S. (2003): Integration in unternehmensinternen sozialen Beziehungen, Theoretischer Ansatz, Operationalisierung und Bewertung der Umsetzung durch moderne Organisationskonzepte, Wiesbaden, 1. Auflage

Vahlen, F. (1984): Kompendium der Betriebswirtschaftlehre Band 2, München

Vansina, L. S.; Taillieu, T. (1996): Business Process Engineering oder Soziotechnisches Systemdesigen in neuen Kleidern, in: Fatzer 1996, S 19 - 44

Vester, F. (1988): Leitmotiv vernetztes Denken, für einen besseren Umgang mit der Welt, München, 2. Auflage

Weinert, A. B. (1992): Anreizsysteme, verhaltenswissenschaftliche Dimension, in: Frese 1992, S. 122 - 133

Wiendieck G. (1992): Teamarbeit, in: Frese 1992, S. 2375 - 2384

Wildemann, H. (1996): Erfolgsfaktoren für schnell lernende Unternehmen, in: Bullinger 1996, S. 75 - 103

Wildemann, H. (2003): Wissensmanagement: Ein neuer Erfolgsfaktor für Unternehmen, Wiesbaden, 1. Auflage

Willke, H. (1998): Organisierte Wissensarbeit, in: Zeitschrift für Soziologie, Jg. 27, # Heft 3, S. 161 - 177

Willke, H. (2001a): Atopia, Studien zur atopischen Gesellschaft, Frankfurt am Main, 1. Auflage

Willke, H. (2001b): Systemisches Wissensmanagement, Stuttgart, 2. Auflage

Willke, H. (2002): Dystopia, Frankfurt am Main, erste Auflage

Wimmer, R. (1993): Zur Eigendynamik komplexer Organisationen, Sind Unternehmungen mit hoher Eigenkomplexität noch steuerbar? in: Fatzer 1993, S. 255 - 308

Wiswede, G. (1992): Gruppen und Gruppenstrukturen, in: Frese 1992, S. 735 - 754

Wurche, S. (1994): Vertrauen und ökonomische Rationalität in kooperativen Interorganisationsbeziehungen, in: Sydow, J.; Windeler, A. 1994, S. 142 – 159

Xelevonakis, E. (2001): Relationship Knowledge Management, Konzepte, Systeme und analytische Tools für die Erzeugung, Verwaltung und Verteilung von Wissen über Kundenbeziehungen, Zürich

Zupancic, D. (2001): International Key Account Management Teams: Koordination und Implementierung aus der Perspektive des Industriegütermarketings, St. Gallen

Anhang A

Ergebnisse der Interviews mit den Key Account Manager

A. Unternehmen

Frage A1: Wie groß ist ca. der Gesamt-Umsatz Ihres Unternehmens im letzten Geschäftsjahr?

Größe der interviewten Unternehmen	
Umsatz/Jahr in Deutschland [Euro]	Anzahl
Größer 2000 Mio. Euro	3
Von 500 Mio. bis 2000 Mio. Euro	3
Von 100 Mio. bis 499 Mio. Euro	3
Von 50 Mio. bis 99 Mio. Euro	3
Kleiner 50 Mio. Euro	4

Frage A2: Anzahl Mitarbeiter in Deutschland?
(nicht ausgewertet, da nicht ergebnisrelevant)

Frage A3: In welchem Land liegt Ihre Unternehmenszentrale? (N=16)

Deutschland: 31%   USA: 63%   Andere Länder: 6%

Frage A4: Ist Ihr Unternehmen funktional oder nach Produkteinheiten (Product-Units) gegliedert? (N=12)

Funktional: 58%   Product-Units: 25% Beides: 17% [1]
[1] In diesen Fällen besteht eine Gliederung des Unternehmens in Product-Units, die dann funktional gegliedert sind.

Frage A5: Besitzt Ihr Unternehmen in Deutschland eine Abteilung für Forschung und Entwicklung? (N=12)

Ja: 25%   Nein: 50%   Ja/Nein: 25% (Anzahl 3) [1]
[1] In drei Fällen haben die KAM eines Unternehmens unterschiedliche Angaben gemacht

Frage A6: Haben Sie eine (Stabs-) Abteilung, die für das Account Management zuständig ist? Eine Abteilung, die die Umsetzung des Account-Managements organisatorisch begleitet und überwacht? (N=12)

Ja: 25%   Nein: 58%   Ja/Nein: 17% (Anzahl 2) [1]
[1] In zwei Fällen haben die KAM eines Unternehmens unterschiedliche Angaben gemacht

B. Account-Manager

Frage B1: Welche Ausbildung haben Sie abgeschlossen? (N=22)

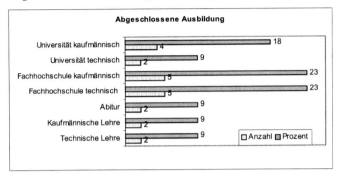

Frage B2: Wie viele Jahre sind Sie schon insgesamt im Vertrieb tätig? (N=22)

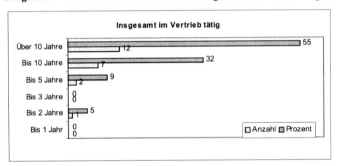

Frage B3: Wie viele Jahre insgesamt sind Sie schon als Account Manager tätig? (N=22) (In diesem oder einem anderen Unternehmen)

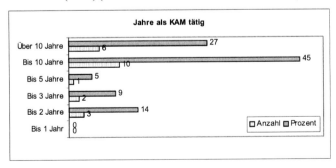

Frage B4: Haben Sie schon in anderen Funktionen/Abteilungen gearbeitet? (N=22)

Ja: 95%   **Nein: 5%**

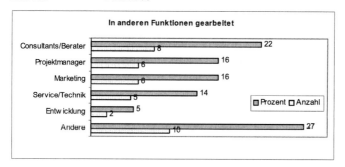

Frage B5: Trainingsmaßnahmen des Unternehmens für die Aufgabe eines Account-Managers?

    a. An welchen Trainings haben Sie in den letzten 24 Monaten teilgenommen? Anzahl Tage?

    b. Waren spezielle Trainings für KAM dabei? Wenn ja, wie viele?

- Trainingstage insgesamt: 159 Tage
- Für KAM insgesamt: 42 Tage (26%);
  Diese entfielen auf nur 9 KAM,
  durchschnittlich 4,7 Tage
  60 % der trainierten erhielten spezielles
  KAM-Training (9 von 15)
- Kein Training speziell für KAM: 47% (9 von 19)
- 5 KAM mit weniger als 5 Jahre Tätigkeit als KAM hatten keine spezielles Trainings für KAM
- 4 Unternehmen von 12 (gleich 33%) führten überhaupt kein Training durch
- 8 von 16 KAM, die mehr als 5 Jahre in dieser Tätigkeit sind, haben ein spezielles KAM-Training erhalten

Frage B6: Wie würden Sie die Bedeutung und das Ansehen des Key Account Managers in Ihrem Unternehmen einstufen? (N=22)

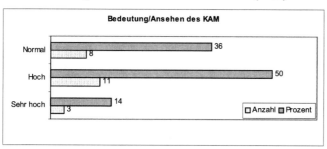

Frage B7: Wie würden Sie sich im Vergleich zu den Standard-Verkäufern positionieren? Gibt es Unterschiede in der Behandlung? (N=22)

Kein Unterschied

1.	Kein Unterschied zum Produktverkäufer (SAP)
2.	Gehaltsstruktur, Erwartungshaltung, sonst kein Unterschied
3.	Kein Unterschied
4.	Kein Unterschied

Beziehungsmanagement

5.	KAM ist der König auf beiden Seiten Kunst: den Kunden im Unternehmen zu vertreten und das Unternehmen beim Kunden. Ziel: „trusted advisor" zu werden
6.	Aufbau von Vertrauen und der Kundenbeziehung, strukturiertes arbeiten
7.	KAM: mehr Relation Management, Standard-Verkäufer: mehr verkäuferische Elemente
8.	Hohes Maß an sozialer Kompetenz, authentisch, verbindlich

Beratungs-/Lösungsorientiert

9.	Lösungsorientiert, neue Wege zu beschreiten
10.	Beratende Elemente, Glaubwürdigkeit, Aufmerksamkeit, KAM haben anderes Volumen
11.	Beratende Funktion, da keine Produkte, sondern Dienstleistungen verkauft werden

Prozessorientierung

12.	VK denken in Produkten und Volumen, gehen vom Produkt aus KAM denkt in Geschäftsprozessen, gehen vom Kunden aus Zugang zur GF ist wesentlich höher
13.	Mehr auf Prozesse ausgerichtet, fachliche Führungsverantwortung
14.	Mehr Prozessverantwortung, Sprachrohr des Kunden, KAM ist Team-Leiter für Sales Spezialisten

Strategisches Denken

15.	KAM beinhaltet Strategie, Account aufbauen, er ist Bestandteil des Projektteams beim Kunden
16.	Mehr auf Key Level tätig, Account Strategie: wo will ich in 2-3 Jahren mit dem Account sein, VK opportunistisch getrieben

Geschäft des Kunden

17.	KAM beschäftigen sich mit dem Geschäft des Kunden, Verkäufer mit Produkten

Diverse

18.	KAM kennt die kundenspezifischen Netzwerke, hat Zugang zum IT- und Gesamt-Vorstand, Unternehmen als strategischen Partner positionieren, sein Wissen geht weit über das Produktwissen hinaus
19.	hängt vom Modell ab, das sich das Unternehmen pro Jahr gibt, beim KAM laufen die Fäden zusammen
20.	Interne Unterschiede in der Behandlung, über Jahre eine Qualitätsauswahl bedingt durch Reorganisation
21.	Nicht vergleichbar, Verantwortung für einen Kunden, in den letzten 4 Jahren hat das Ansehen des AM etwas nachgelassen
22.	höher angesiedelt, entscheiden über Vorgehensweise

Frage C1: Wie viele Kunden betreuen Sie? (N=22)

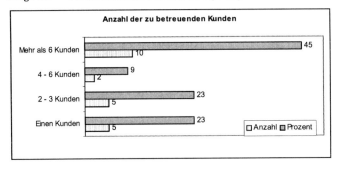

Frage C2: Wie lange sind Sie schon für Ihren Kunden zuständig?
Bei der Betreuung mehrerer Kunden: durchschnittlich zuständig? (N=22)

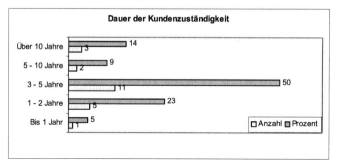

Frage C3: Betreuen Sie den/die Kunden alleine oder besteht ein Team aus mehreren Personen? (N=22)

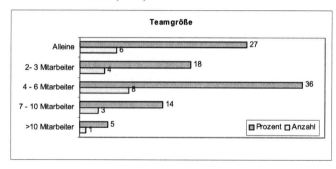

Frage C4: Haben Sie die disziplinarische Verantwortung für das Team, sind Sie weisungsbefugt? (N=22)

Ja: 18%   **Nein: 82%**

Frage C5: Erstellen Sie einen Account-Plan? (N=22)

Ja: 91%   **Nein: 9%**

- 220 -

Frage C6: Wie oft wird der Account-Plan innerhalb des Planungszeitraumes überarbeitet? (N=21) Einmal keine Aussage

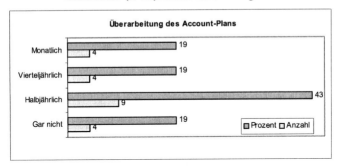

Frage C7: Unterstützt Sie der Account-Planungs-Prozess bei Ihrer Arbeit als KAM? (N=22)
a. Welchen Nutzen sehen Sie für Ihre Tätigkeit? Für die Erreichung Ihrer Ziele?

Nutzen

	Frage a
1.	Klar, man nimmt sich zurück und überdenkt den Status, weg vom Tagesgeschäft; hilft auf neue Ideen zu kommen
2.	Unterstützt; alle Beteiligten erhalten die gleiche Sicht, strategische, zielgerichtete Vorgehensweise; Fokus auf bestimmte Teilziele; man geht eher strategisch vor
3.	Fördert die Relation der Team-Mitglieder untereinander; frei vom Tagesgeschäft Strategie entwickeln, Opportunities
4.	Sich in Ruhe, intensiv mit dem Account auseinandersetzen, Account nach verschiedenen Fakten durchleuchten, gute Standortbestimmung
5.	Beschäftigung mit dem Kunden wichtig; strategische Vorgehensweise
6.	Wichtige Kontrollfunktion für die Zielerreichung; Zielprozess optimieren
7.	Vorteile: Arbeit besser strukturieren und fokussieren auf die wichtigen Dinge
8.	Ziele, Vorgehensweise zu strukturieren; Personen, die neu ins System kommen, Update zu geben
9.	Gemeinsame Ziele für Team festlegen; Soll/Ist Vergleich
10.	Zwang, zusammen zu fassen; Konsolidierung; über Kunden nachzudenken, um aus dem Tagesgeschäft heraus zu kommen
11.	Vor allem für die interne Darstellung, wenigen zum Kunden hin; Account muss auch nach innen gut verkauft werden
12.	Unterstützt
13.	Nutzen, auf die erfolgsversprechenden Ziele konzentrieren
14.	Basis für die Planung mit der operativen Ebene; die Möglichkeiten ausschöpfen
15.	Schneller Überblick über die Situation und um kurzfristige Umsätze zu erhalten
16.	Account-Plan wird im Team erstellt; verschiedene Sichtweisen zusammenbringen; Strategie reflektieren;
17.	Gestalte die Pläne so, dass es mir hilft
18.	Positiv; verschiedene Aktivitäten, die in gleichlaufende Schiene gebracht werden; zielgerichtetes, planerisches Vorgehen

Kein Nutzen

19.	Der Account-Plan dient in erster Linie nicht uns, sondern der GF; man kann nicht alles rein schreiben; die Vorbereitung ist sehr sinnvoll
20.	Bringt mir nichts, bin nicht so nahe am Account, dass ich die Veränderungen beim Kunden mitkriege; wäre anders, wenn ich den Kunden länger betreuen würde
21.	Findet nicht statt
22.	Kein Account-Planungs-Prozess

Nutzen	**18 von 22 (82%)**
Kein Nutzen	**2 von 22 (9%)**
Kein Account-Planungs-Prozess	**2 von 22 (9%)**

b. Welchen Nutzen sehen Sie für das Unternehmen?
Wird Wissenstransfer genannt? Strategische Ausrichtung?

	Frage b	Wissens-transfer	Strategische Ausrichtung
1.	Ja, bei ausrechenden Mitteln, Prozesse, Verständnis und Investments könnte ich eine 360 Grad Betreuung machen	nein	nein
2.	Verständnis für den Kunden; auch andere Bereiche partizipieren, Historie festlegen	nein	nein
3.	Transparenz	nein	nein
4.	Hauptnutzen: Account-Plan definiert die Kunden in ihrer Wertigkeit, Entwicklungsaufgaben	nein	nein
5.	Mehr Geschäft; Stabilisierung des bestehenden Geschäfts; Synergien auf weltweiter Basis	nein	nein
6.	Wenn er gelebt wird, dann kann man die Positionen sehen, die man beim Kunden einnimmt; Stellung: Produktlieferant vs. „trusted advisor"	nein	nein
7.	für bestimmte, größere Kunden; Strategie	nein	ja
8.	Auswirkung auf die Produktstrategie, Strategie ableiten	nein	ja
9.	Planbarkeit; Benchmarking (Vergleich) zu andere Teams; Transparenz zum Management	nein	nein
10.	Dass Personen, die mit dem Kunden arbeiten, zielgerichtet arbeiten	nein	nein
11.	Standardisierte Planung; fester Prozess, nachvollziehbar, wie die Teams ihre Ziele umsetzen möchten	nein	nein
12.	Einblick	nein	nein
13.	Essenzielle Darstellung, schnell die Potenziale ableiten	nein	nein
14.	Strukturiertes Dokumentieren seiner Tätigkeit; sammeln der Informationen; werden die geplanten Dinge auch umgesetzt	nein	nein
15.	Erhöht die Effizienz für den KAM, da dadurch mehr Fokus auf die wesentlichen Dinge	nein	nein
16.	Hauptsächlich Planungssicherheit	nein	nein
17.	Kumulierung der Planungen; weitaus gesichertere Planung für das Unternehmen und strategische Planung	nein	ja
18.	Erstellt keinen Account Plan	*	
19.	Wichtiger Schlüssel zum Erfolg beim Kunden; wichtiger Prozess, damit auch für das Unternehmen/für das Management ein Überblick über den Account besteht	nein	nein
20.	Verbindlichere Planungssicherheit	nein	nein
21.	Dokumentation der Arbeit mit dem Kunden	nein	nein
22.	Erhöhung der Effizienz	nein	nein

Wissenstransfer mit ja: **0 von 20 (0%)**
Strategische Ausrichtung mit ja: **3 von 20 (15%)**
* Befragter erstellt keinen Account-Plan

Frage C8: Werden die Ergebnisse des Account-Planungs-Prozesses im Unternehmen zur Verfügung gestellt? Wenn ja, wie? (Mehrfachnennungen)

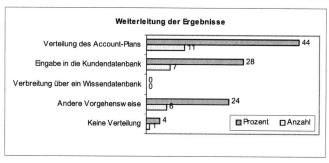

Frage C9: Hat Ihr Kunde an der Account-Planung teilgenommen? (N=22)

Ja: 50%   **Nein: 50%**

Frage C10: Wenn ja, wie häufig? (N=11)

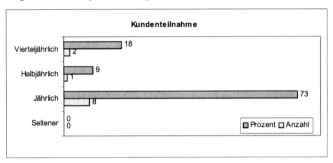

Frage C11: Einbeziehung des Kunden. (N=11, siehe Frage C10)
           a. Welchen Nutzen haben Sie durch die Teilnahme des Kunden?
           b. Sieht Ihr Kunde einen Nutzen für sich

	Frage a	Frage b
1.	Kunde weiß dann, welche Strategie unser Unternehmen verfolgt	Früher Einblick in unsere Planungsprozesse; Kundenbindungsmaßnahme; wir und der Kunde öffnen sich; rechtzeitig Informationen
2.	Möglichkeit zur Identifikation des Kunden mit den Plänen über ihn; Themen ansprechen, auf die man nicht gekommen wäre	Kunde entwickelt Vertauen; kann Partner besser einschätzen; partnerschaftliche Beziehung
3.	Reflektion; Spiegel, ob Betreuung passt; Feedback-Runden	Meeting bietet Mehrwert, der zunächst mit unserem Unternehmen nichts zu tun hat; Zentrale IT-Leute wissen oft nicht, was in den Geschäftsbereichen läuft, sie sind interessiert, da sie erfahren, was sonst noch in seinem Hause läuft
4.	Wenn Kunde mitmacht, ist dies ein positives Zeichen	Bei großen Verträgen, Qualität, Liefersicherheit; partizipiert frühzeitig in neue Entwicklungen
5.	Planungssicherheit bis Umsatzziele; Skillanpassung, die richtigen zur Verfügung stellen	Lieferantenfokus erzielen
6.	Wertigkeit des Plans wird höher; auch Commitment vom Kunden; besser der Realität angepasst	Kunden haben oft weniger Informationen über eigenes Unternehmen als der KAM
7.	Realistische Planung	Skills zur richtigen Zeit und Qualität zur Verfügung haben
8.	Effizienz auf beiden Seiten	Decken sich unsere Ziele mit seiner Vorstellung; Prioritäten abstimmen
9.	Gefahr wird verringert, dass der Plan nicht der Realität entspricht; Gewisses Commitment des Kunden	Kunde entwickelt Verständnis für die Mehrwerte des Anbieters
10.	Planungssicherheit; neue Potenziale; persönliches Verhältnis für langfristige Geschäftsbeziehung	Commitment seitens des Kunden
11.	Annahmen des Account-Plans werden konkretisiert; Kunde hat Bild über Zusammenarbeit; Ideen; Konzepte für Kunden	Abgleich der Einschätzungen

Frage C12: Sprechen Sie mit Ihrem Kunden über seine strategische Ausrichtung?
a. Wie werden die Informationen in Ihrem Unternehmen weitergeleitet?
b. Glauben Sie, dass die strategische Ausrichtung des Kunden Einfluss auf die strategische Ausrichtung des Unternehmens hat?

Ja/Ja		Frage a		Frage b
1.	Ja	Soweit nicht vertraulich; Team ist informiert	Ja	Ganz klar; wir richten unsere Organisation und die personelle Ausrichtung danach
2.	Ja	Nur übergeordnet	Ja	
3.	Ja	Durch Account-Plan Sessions; daraus werden Maßnahmen abgeleitet	Ja	Hat Auswirkung; auch Prozess dazu; Teil des Siebel Systems
4.	Ja	Ziel „Ja"; Bei Auswirkung in Entwicklung versuche ich das im Unternehmen weiterzuleiten	Ja	
5.	Ja	Gehen an operative Abteilungen	Ja	Selbstverständlich
Ja/Bedingt				
6.	Ja	Mit entsprechender Fachabteilung	Bedingt	
7.	Ja	fließen in den Account-Plan oder als Anhang in die Datenbank	Bedingt	Man müsste es mit „Ja" beantworten
8.	Ja	Thema für KAM, wird in Team-Meetings weitergeleitet	Bedingt	
9.	Ja	Gehen in den Account-Plan; dieser wird verteilt	Bedingt	Hersteller ist zu groß, will sich vom Kunden unabhängig machen; Informationen aufnehmen „ja"
10.	Ja	Innerhalb des Team-Meetings, sonst „Flurfunk", Weiterleitung im Gespräch, schriftlich: Problem Zeitfaktor	Bedingt	Nicht auf Gesamtstrategie, teilweise auf Produktstrategie
11.	Ja	Aus Team ins Management; Gespräche un e-mails	Bedingt	
12.	Ja	Kein definierter Prozess, im Account-Team-Meeting besprochen	Bedingt	
Ja/Nein				
13.	Ja	Im Team, sonst nicht	Nein	
14.	Ja	Weiterleitung: werden mit Methode festgehalten	Nein	Nicht der einzelne Kunde; nur mainstream
15.	Ja	Über CRM-Tool	Nein	Nicht von einzelnen Kunden abhängig; weltweite Analysen; Kundenumfragen, wo die Bedürfnisse liegen
16.	Ja	Kunde und IT; wird ins Unternehmen geleitet: Ist nicht einfach	Nein	
17.	Ja	Direkt und Auswertung des Geschäftsberichts; werden im Team verteilt, allerdings nicht darüber hinaus; es fehlt noch die Kultur, wir kommen aus dem Boxengeschäft	Nein	Ziel: Kunde soll nach USA kommen und seine Ziele vortragen mit Einfluss auf F&E
18.	Ja	Überhaupt nicht, bleiben beim KAM, evtl. Vorgesetzter	Nein	Hat keine, aber sollte
Nein/Nein				
19.	Nein	Ist mein Ziel	Nein	
20.	Nein	Wird versucht, Interesse gering	Nein	Noch nicht relevant
21.	Nein		Nein	
Nicht sicher				
22.	Ja	Ergebnis im Account-Plan; dieser wird im Team und der nächsten und übernächsten Ebene weitergeleitet	Ja?	Denke schon, nur Vermutung

Frage a:

Ja	19 von 22 (86%)
Nein	3 von 22 (14%)

Frage b:

Ja	5 von 21 (24%)
Bedingt	7 von 21 (33%)
Nein	9 von 21 (43%)

Frage C13: Wie oft finden Account Meetings statt?

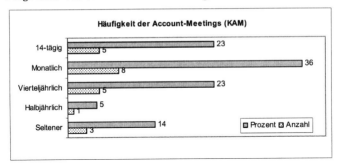

Frage C14: Welche Funktionen nehmen am Account Meeting teil? (in Prozent)

	Immer	Meistens	Häufig	Selten	Gar nicht	Gesamt
Vorgesetzter	23	9	18	32	18	100
Consultants	50	10	20	10	10	100
Marketing	0	0	20	40	40	100
Service	39	17	22	5	17	100
Entwicklung	0	0	11	22	67	100

Frage C15: Teilnahme der Funktionen am Planungsprozess:
Wenn ja: Welchen Nutzen sehen Sie für Ihre Arbeit und Erfolg...?
Wenn nein: würden Sie ... sehen?
    a. durch die Teilnahme der anderen Funktionen?
    b. durch den Austausch von Informationen über Ihren Kunden?

	Frage a und b
1.	Professional Service dabei, um sie beim Kunden zu platzieren; andere Sichtweise der Dinge; sich miteinander reiben hilft, neue und passendere Strategien auszuarbeiten; es gibt Singe, die Techniker z.B. anders sehen
2.	Neue Ideen zu entwickeln; sich den Spiegel vorzuhalten; verschiedene Skill Profile; Ideen
3.	Keine Teilnahme am Planungsprozess
4.	Verschieden Sichtweisen auf den Kunden zu bekommen
5.	Teilnahme ist wichtig für die Kommunikation; aus den einzelnen Bestandteilen muss ein abgestimmtes Vorgehen erfolgen; KAM muss Ressourcen managen; dürfen nicht unkontrolliert operieren
6.	Informationsfluss in alle Richtungen; Informationen werden einem großen Teil zugängig gemacht; evtl. Entsehen neuer Opportunities
7.	Kundenanforderungen können mit den Funktionen abgestimmt werden; Road-Map
8.	Entwicklung und Marketing, wenn diese teilnehmen würden, könnte Produkt auf breitere Basis gestellt werden – Standardisierung
9.	Hoher Nutzen; müssen Mehrwert bringen; situative Teilnahme außerhalb des Core-Teams; Core-Team ist immer im Prozess
10.	Erfolgreicher beim Kunden; seine Probleme sind vielschichtig; komplexe Projekte benötigen breiten Skill KAM muss Koordinationsprozess orchestrieren
11.	Hoher Nutzen; wenn Projekte in großer Gruppe vorgenommen werden, benötige ich unbedingt das Gespräch; auch bei neuen Vorgaben, Änderungen
12.	Raus aus daily business; neue Gedanken, da sehr in Arbeit eingespannt
13.	Vorgesetzter weiß, was ich tue; Einschätzung teilen; Informationsfluss Unternehmen als professionelles verkaufen; andere Funktionen, Projekte einbeziehen KAM hat Feedback-Prozess, Sichtweise der anderen
14.	Nein, keinen Nutzen, wenn ich eine Nutzen sehen würde, wäre ich dabei
15.	Alle Beteiligten sehen Zielsetzung und ihren eigenen Beitrag besser; dadurch eine bessere Ausrichtung und Motivation (auch andere Funktionen); Überblick, wo sein Beitrag liegt
16.	Sieht es nicht als so wichtig an; operative Leute tauschen sich häufig aus
17.	Überblick über Ressourcenplanung; neue Aspekte über Produkte und Dienstleistungen; Informationen aus operativem Geschäft in die Verkaufsberatung einbeziehen können
18.	Planungsprozess findet nicht statt
19.	Informationsgewinnung; Z.B. Service MA sitzt 2 Tage beim Kunden Gesamtüberblick halten
20.	Kundenorientierung; Nutzen für den Darsteller; neue Aspekte, neue Ansätze sehen

21.	Beim Vorgesetzten Vertrauen aufbauen; Kunden sensibilisieren, was passieren kann; SE: Know-how-Träger werden beim Kunden eingesetzt; Marketing: Vertriebsprozess Support; jeder hilft mir lieber, wenn er an dem Prozess teilnimmt
22.	Feld wird erreicht; Kunde wird breit gefächerter durchgegangen

Frage C16: Wie oft finden Account Reviews mit dem Management statt? (N=22)

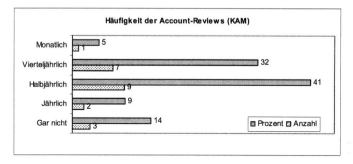

Frage C17: Welche Funktionen nehmen am Account-Review teil?

	Immer	Meistens	Häufig	Selten	Gar nicht	Gesamt
Vorgesetzter	83	0	11	0	6	100
Consultants	28	5	11	28	28	100
Marketing	0	5	17	22	56	100
Service	22	14	14	7	43	100
Entwicklung	0	0	6	6	88	100

In drei Fällen findet überhaupt kein Account Review statt.

Frage C18: Wie lange haben Sie den gleichen Vorgesetzten in Ihrer Aufgabe als Account-Manager?

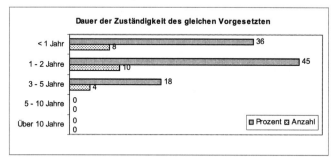

Frage C19: Wie beurteilen Sie die Zusammenarbeit mit anderen Funktionen generell?

	Sehr gut	Gut	Normal	Weniger gut	Ungenügend	Gar nicht	Gesamt
Consultants	48	33	14	5	0	0	100
Marketing	14	43	19	19	5	0	100
Service	32	42	21	0	5	0	100
Entwicklung	10	20	10	20	15	25	100

Frage C20: Wie werden die Aktivitäten der anderen Funktionen bei Ihrem Kunden mit Ihnen abgestimmt? (N=22)

Abstimmung findet statt:

1.	Ja, es ist ein Muss
2.	Ja, keiner geht zum Kunden ohne Information an den KAM
3.	Ja, werden nur über KAM aktiv
4.	Ja, immer abgestimmt, Account Meetings, Conference Calls
5.	Ja, abgestimmtes Vorgehen
6.	Ja, grundsätzlich abgestimmt
7.	Ja, Funktionen stimmen sich untereinander ab
8.	Ja, intensiv abgestimmt, haben täglich Kontakt
9.	Ja, wird intensiv gelebt, meist Kontakte mit und über KAM
10.	Ja, auch e-mails mit schwierigem Inhalt werden vorher mit KAM gereviewt
11.	Ja, Vorbereitung, Nachbereitung, gesamtheitliche Betreuung
12.	Ja, nur in Absprache mit dem KAM
13.	Ja, interne Abstimmung
14.	Ja, andere Funktionen gehen nicht ohne mein Wissen zum Kunden, B/D findet auf jeden Fall statt

Bedingte Abstimmung

15.	Generell gut, allerdings personenbezogen, Mitglied Sales Team funktioniert es nur bedingt
16.	Teilweise, es wird besser, Ergebnisse werden nur mangelhaft weiter verfolgt
17.	Direkte e-mail im Nachgang, vorher nicht so gut
18.	Soll immer abgestimmt, real meistens
19.	In aller Regel abgestimmt, Corporation ändert oft Verhalten, dann direkter Kontakt
20.	Meist enge Abstimmung mit den Beratern, in der Regel auf Zuruf gemacht
21.	Personenabhängig, Chef geht ohne Vorankündigung, ohne briefing

Keine Abstimmung:

22.	nein

Eindeutig Ja: **14 (64%)**
Bedingt: **7 (32%)**
Eindeutig Nein: **1 (4%)**

Frage C21: Wie beurteilen Sie die Zusammenarbeit mit anderen Funktionen im Konfliktfall?

	Sehr gut	Gut	Normal	Weniger gut	Ungenügend	Gar nicht	Gesamt
Consultants	52	48	0	0	0	0	100
Marketing	18	32	14	5	9	23	101
Service	42	42	11	0	5	0	100
Entwicklung	22	28	11	11	11	17	100

Frage C22:   In unserem Unternehmen sind die Funktionen bzw. Business Units sehr stark und verfolgen primär ihre eigenen Ziele. Die Aussage: (N=22)

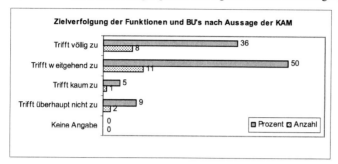

Frage D1:   Haben Sie ein Account Management Tool im Einsatz? (N=22)

Ja: 86%   **Nein: 14%**

Frage D2:   Welches System?
Frage D3:   Wie lange ist diese Tool schon im Einsatz?

Frage D2 Datenbanken im Einsatz	Frage D3 Jahre im Einsatz
SAP	3-5
Siebel	1-2 (2)
Siebel	5-8
Siebel	3-5 (3)
TAS/Siebel	1-2 (1)
TAS/Siebel	3-5 (1)
TAS/Siebel	1-2 (1)
Anderes System	1-2
Anderes System	1-2
Anderes System	5-8 (1)
Anderes System	k.A.
Kein System	entfällt
Kein System	entfällt
Kein System	entfällt

(1) Es wurde abweichend auch die nächste Stufe angegeben
(2) Es wurde auch die Stufe 5-8 angegeben
(3) Es wurde auch die Stufe größer 8 angegeben

Die Angaben über die Einsatzdauer der Systeme hat keine konsistenten Ergebnisse ergeben

Frage D4: Wie viel Zeit benötigen Sie durchschnittlich im Tage für die Dateneingabe? (N=22)

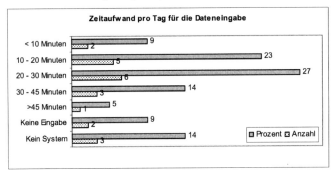

Frage D5: Wer pflegt die Kundendatenbank und nimmt die Eingaben vor?

	Immer	Meistens	Häufig	Selten	Gar nicht	Gesamt
Account-Manager	66	6	11	6	11	100
Vorgesetzter	0	0	7	40	53	100
Consultants	6	0	50	19	25	100
Marketing	0	7	13	33	47	100
Service	0	7	21	43	29	100
Entwicklung	0	0	0	0	100	100

Frage D6: Wer nutzt die Kundendatenbank und wie intensiv? (N=22) Drei Kunden haben keine Datenbank

	Immer	Meistens	Häufig	Selten	Gar nicht	Gesamt
Account-Manager	90	0	5	5	0	100
Vorgesetzter	58	5	26	11	0	100
Consultants	19	12	25	25	19	100
Marketing	26	16	32	5	21	100
Service	29	7	29	0	35	100
Entwicklung	11	0	0	21	68	100

Frage D7:   Wie beurteilen Sie den Pflegeaufwand für sich?

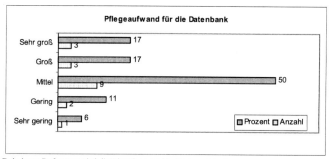

Bei einem Befragten wird die Eingabe vom Vertriebsassistenten vorgenommen
Drei Befragte haben keine Datenbank

Frage D8:   Wie hoch schätzen Sie den Nutzen für Ihre Arbeit und für andere
Funktionen ein?

	Sehr hoch	Hoch	Mittel	Gering	Sehr gering	Gesamt
Account-Manager	22	33	28	17	0	100
Vorgesetzter	37	47	5	11	0	100
Consultants	13	6	56	6	19	100
Marketing	17	39	17	11	17	101
Service	19	44	6	12	19	100
Entwicklung	6	11	11	22	50	100

Frage D9:   Wie werden die Informationen/das Wissen, das beim Kunden generiert
wird, in Ihrem Unternehmen genutzt?
a. vom Vertrieb

Intensiv

Intensive Nutzung
Intensiv
Intensiv
Intensiv
Intensiv
Intensiv
Sehr stark

Bedingt

Aktiv nicht; kleine Meetings, Telefonkonferenzen
In gemeinsamen Meetings werden diese Informationen zur kurzfristigen und strategischen Planung genutzt
Über das Team hinaus kaum; sonst über Sales-Topics, success-stories
Nur KAM
Nur KAM
Im Account Planungstool wird es beschrieben
Man versucht, daraus Lösungen zu kreieren
Wird im CRM-Tool hinterlegt
Aktionen generieren, Opportunities bilden und im CRM eintragen; Account-Pläne und Aktionen
Fließt in Meetings ein; in alle Kontakte; es wird nicht alles dokumentiert
Geben alle Informationen in das System ein
Kontaktmanagement, Opportunity-Management, Forecasting
Austausch für globale Accounts

Gar nicht

Alles nur auf Umsatz ausgerichtet

Intensiv:	7 von 21 (33%)
Bedingt:	13 von 21 (62%)
Gar nicht:	1 von 21 (5%)

b. von anderen Abteilungen

Intensiv

1.	Intensiv für alle Bereiche, Siebel ist auf keinen Fall älter als 3 Tage	
2.	Werden vom Team involviert	

Weniger

3.	Findet wenig statt; wem soll ich etwas geben, wir sind ein weiterer Channel	Wenig
4.	Weniger über das Tagesgeschäft	
5.	Informationen werden nur wenig genutzt	Wenig
6.	Kaum, keine zentrale Datenbank; alles muss auf eigen Initiative weitergeleitet werden	Gar nicht
7.	Nehme Teile und versende sie in die Abteilungen	
8.	Besonders mit der Entwicklung (embedded system)	
9.	Für Marketing Aktionen, Telesales Einladungen; Service und Consulting für die tägliche Arbeit	
10.	Über Account-Plan und zentrale Systeme	
11.	Marketing, Service; Informationen sehr vielfältig	
12.	Auch Entwicklung, Service, Vorgesetzte	
13.	Ziehen Informationen aus der Datenbank; Marketing, Engineering, Vertrieb, Management	
14.	Produktschwerpunkte analysieren; Schlüsse für Marketing	
15.	Auch mit Marketing	
16.	Consulting und Service	
17.	Pre-Sales und Service immer; Marketing weniger	

Gar nicht

18.	Gar nicht	Gar nicht
19.	Gar nicht	Gar nicht
20.	Gar nicht	Gar nicht
21.	Hol-Prinzip; informiert sind die, die in direktem Kontakt mit dem Kunden stehen	Gar nicht

keine Angabe

22.		k. A.

Frage D10: Informationsübertragung: Wie werden die Informationen/Erkenntnisse über Ihren Account von Ihnen/den anderen Funktionen weiter geleitet?

Datenbank

1.	Datenbank: Siebel wird sehr intensiv genutzt; mails finden kaum statt
2.	Datenbank und informeller Austausch
3.	Basis Datenbank; geben alle Informationen in das System ein
4.	Basis-Datenbank: jeder Mitarbeiter hat für seine Zuständigkeit freigeschaltete Informationen; haben Zuständigkeiten-Konzept
5.	Datenbank: auch immer zusätzlich das persönliche Gespräch; Datenbank zeigt 50% der Informationen, das was war; nicht das Zukünftige
6.	Datenbank: CRM-Tool; Problem – wie offen gehe ich mit den Informationen um? eher restriktiv
7.	Datenbank: CRM, zentrale Ablage auf Web-Portal oder e-mail, ebenso telefonisch
8.	Datenbank: Minimal-Dokumentation in Datenbank und Gespräch oder Hol-Prinzip

Nur Team

9.	Im Team; letztendlich Handarbeit
10.	Über das Team hinaus kaum

Verschieden

11.	Mails, Gespräche
12.	Per Web
13.	Nicht aus CRM-System; Briefing-Sheets; Auszüge aus Account-Plan
14.	Direkte Gespräche und/oder schriftliche Mitteilungen
15.	Situativ; schwerpunktmäßig Meetings
16.	Mündlich oder e-mails; wichtig ist das Gespräch, verbessert deutlich die Kommunikation; Täglich Kaffee mit Teilnehmern aus dem Account-Team
17.	Jour fix und informell

Keine Prozesse

18.	Keine Prozesse; e-mail; kein Knowledge-Management
19.	Kein Prozess

Gar nicht

20.	Gar nicht
21.	Gar nicht
22.	Informationen werden nicht abgespeichert, die anderen können nicht darauf zugreifen

Frage D11: Gibt es eine Zielvorgabe mit den anderen Funktionen zusammenzuarbeiten, die Informationen weiterzugeben? Wie sieht diese aus?

Frage D12: Bei Wissenstransfer – Gibt es hierfür formelle Anerkennung/Anreize? Welche?

	Frage 11		Frage 12	Anreize
1.	Muss dafür sorgen, dass Kunden-Informationen aktuell sind	Ja	bis 10% des variablen Einkommens	Ja
2.	Stellenbeschreibung; BSC ist im entstehen; muss mit den anderen Einheiten zusammenarbeiten	Ja	Ja, qualitatives Ziel	Ja
3.	Haben solche Ziele vergeben; ist wiederkehrendes Thema; Datenqualität als Zielvorgabe muss immer wieder aufgefrischt werden	Ja	Am Ziel hängen variable Einkommensteile	Ja
4.	Commitment-Sheet – abteilungsübergreifende Zusammenarbeit; sharing von Informationen; Schwerpunkt in Zielvorgabe; hohe Priorität	Ja	Anreiz zur Durchführung von Wissenstransfer ist ein Teil von mehreren Zielen	(Ja)
5.	Ja - qualitativ	Ja		Keine
6.	Ja – Zielvorgabe im Rahmen der Mitarbeiter-Beurteilung	Ja		Keine
7.	Ist als Ziel definiert	Ja	Keine Auswirkung auf das Gehalt, auch sonst kein geldwerter Vorteil	Keine
8.	Ja – alles muss ins System eingegeben werden	Ja	keine Anreize	Keine
9.	Keine Vorgabe – Informationstransfer sicher zu stellen ist selbstverständlich	Nein		entfällt
10.	Keine Vorgabe – wird vorausgesetzt	Nein		entfällt
11.	Keine Vorgabe	Nein		entfällt
12.	Keine Vorgabe	Nein		entfällt
13.	Keine Vorgabe	Nein		entfällt
14.	Keine Vorgabe	Nein		entfällt
15.	Keine Vorgabe	Nein		entfällt
16.	Keine Vorgabe	Nein		entfällt
17.	Keine Vorgabe	Nein		entfällt
18.	Keine Vorgabe	Nein		entfällt
19.	Keine Vorgabe	Nein		entfällt
20.	Keine Vorgabe - nur Umsatzziel	Nein		entfällt
21.	Keine Vorgabe; Ziel wird nicht gemessen	Nein		entfällt
22.	Keine Vorgabe – kein dediziertes Ziel	Nein		entfällt

Frage D11: Zielvorgabe

Ja: 8 von 22 (36%)
Nein: 14 von 22 (64%)

Frage D12: Anreize (von den 8 mit Zielvorgabe)

Ja: 4 von 8 (50%)
Keine: 4 von 8 (50%)

Frage D13: Sehen Sie Hindernisse bei der Umsetzung des Account Managements? Wenn ja, Kreuzen Sie bitte an! Wie hoch schätzen Sie die Auswirkung ein? (N=22)

%	Hindernisse	Sehr hoch	Hoch	Mittel	Gering	Sehr gering
86	Funktionen zu wenig kundenorientiert	37	21	26	5	11
59	Nichterreichung der Quartalsergebnisse	46	23	23	0	8
55	Zu selten Account Reviews	8	25	25	17	25
55	Zu viele Kunden zu betreuen	33	42	25	0	0
55	Kein Unterschied KAM und Normal-Vertrieb	36	36	9	0	18
50	Funktionen nehmen nicht an Acc. Planung teil	18	36	9	18	18
45	Kein hoher Stellenwert des KAM	20	30	10	10	30
23	Zu wenig auf die Aufgabe vorbereitet	0	20	20	20	40

Frage D14: Wie groß ist die Unterstützung durch das Top-Management?

    a. Bei Kunden-Besuchen

        Sehr hoch und hoch: **13 von 22 (59%)**

        Vorhanden: **4 von 22 (18%)**

        Gering/Schwach: **5 von 22 (23%)**

    b. Durchsetzung des Planungsprozesses im Unternehmen

        Hohe Unterstützung: **11 von 20 (55%)**

        Gute Unterstützung: **5 von 20 (25%)**

        Mangelhafte Unterstützung: **4 von 20 (20%)**

        Nicht relevant: **2**

    c. Bei Konflikten mit anderen Funktionen

        Hoch: **8 von 22 (36%)**

        Mittel: **10 von 22 (46%)**

        Bedingt: **4 von 22 (18%)**

Frage D15: Gibt es größere Projekte, die gemeinsam mit dem Kunden abgewickelt werden? Dauer des Projektes?
Alle Key Account Manager haben größere Projekte, die zwischen 6 Monaten und 3 Jahren laufen.

Frage D16: Welche Rolle haben Sie als Key Account Manager dabei?

    Aktiv: **4 von 22 (18%)**

    Begleitend: **17 von 22 (77%)**

    Abseits: **1 von 22 (5%)**

Frage D17: Organisationsform

    a. Wer ist Ihr direkter Vorgesetzte?

    b. An wen berichtet Ihr Vorgesetzter?

	Direkte Vorgesetzte (1. Berichtsebene)	2. Berichtsebene
1.	District Manager (GY); VP Manufacturing EMEA	Area Manager
2.	District Sales Manager	Vertriebsdirektor (-> GF)
3.	Distrikt Leiter (private banking)	Vertriebsleiter (finance)
4.	Leitung Account Office	Leitung LOB (lines of business)
5.	Leitung LOB (müsste eigentlich an Vertriebsvorstand berichten)	Vertriebsleiter Large Enterprice
6.	Sales Manager	Vertriebsleiter
7.	Vertriebsdirektor	Geschäftsführung
8.	Vertriebsleiter	Geschäftsführung
9.	Vertriebsleiter	Geschäftsführung
10.	Vertriebsleiter	VP Sales
11.	Vertriebsleiter	Sektorleiter
12.	Vertriebsleiter	Sektorleiter
13.	Vertriebsleiter	Geschäftsführung Deutschland
14.	Vertriebsleiter	Geschäftsführung Deutschland
15.	Vertriebsleiter	Vertriebsdirektor
16.	Vertriebsleiter	Vertriebsdirektor (-> GF)
17.	Vice President	Vorstand
18.	Vice President Sales	Vorstand
19.	Vice President Sales Deutschland	Vorsitzender der GF
20.	Vice President Sales Europe	President Company
21.	Vice President Sales Europe	President Company
22.	Vorstand	

Frage D18: Unternehmensvision und Strategie
    a. Wie sieht die Vision Ihres Unternehmens für die nächsten drei Jahre aus?
    Nicht bekannt: **6 von 22 (27%)**
    b. Wann wurde das letzte Mal darüber gesprochen?
    c. Welche Unterlagen haben Sie darüber?

	Frage a	Frage b	Frage c
1.	Transfer vom Produkt zum Solutions-Haus; Verbesserung der Kommunikation von Mensch, Maschine und Prozess	Einmal im Quartal; Company Meetings	Präsentation
2.	Menschen mit den Prozessen und Anwendungen zusammenbringen; elektronisch und sicher	Beim New Hire	Steht im Intranet, Holschuld
3.	Ganzheitliche Betreuung der Kunden; One face to the customer: Wachstum nicht nur im Kernbereich; stärker auf Lösungen konzentrieren	Man spricht wenig darüber; einmal jährlich auf dem Kick-off	Zu Meilensteinen: president letter; CD's werden verteilt; Town talks
4.	Zugriff auf Daten an jedem Ort und zu jeder Zeit zu ermöglichen	regelmäßig in allen Präsentationen	vorhanden
5.	Profitables Wachstum; KAM hat Profit und Loss-Verantwortung	wird gelegentlich diskutiert	vorhanden
6.	Position im Produktbereich ausbauen; mehr als Lösungsanbieter zu etablieren	Von Zeit zu Zeit Workshops; Veranstaltungen 2 bis 3 mal im Jahr	Broschüren; Workshops
7.	Wir möchten Marktführer im embedded Bereich werden;	Wird jedes Quartal überprüft	
8.	Integrierte Innovation! .net Infrastruktur, -Communication office 2003, -Collaboration	in jedem Meeting	viele Infos
9.	Bereitstellung von Informationstechnolog. Plattformen, industrie- und prozessnah, bei gleichzeitiger Kostenreduktion	permanente Themen	Homepage
10.	Informationscompany über Grit-Computing weiter zu erreichen	permanente Themen	Homepage
11.	Plattformstrategie vorantreiben	Täglich Brot	Aus großen Veranstaltungen
12.	Ausweitung des Lösungsportfolios; weg vom Marktführer CRM hin zu anderen Geschäftsfeldern	zu selten; ist auch in Mitarbeiterumfrage kritisiert worden; Ziele sind nicht klar	wenig bis keine
13.	2 wichtige Märkte zu gewinnen	Vierteljährliche Town-hall Meetings	wenig vorhanden
14.	Strategische Ausrichtung als Systemlieferant für alle Service Belange	Vor 4 Monaten	Präsentationen, Meeting-Protokolle
15.	Technologie entwickeln, um dem Kunden Wettbewerbsvorteile zu verschaffen; Technologieführerschaft	Präsent	ja
16.	Technologie; Lösungslieferant; komplettes Produktportfolio, weg vom HW-Lieferant	½ Jahr; Strategie wurde früher besser kommuniziert, nach Abschwung weniger	reichlich

Frage D19: Wie werden Ihre Jahresziele festgehalten? Gibt es Ziele, die sich auf den Wissenstransfer beziehen?
    Jahresvereinbarung   **4 von 22 (18%)[1]**
    Kein Instrument   **18 von 22 (82%)**

    Kein Ziel für Wissenstransfer   **21 von 22 (95%)**
    Ziel für Wissenstransfer   **1 von 22 (5%)**

---

[1] Vier KAM haben nur eine Umsatzvorgabe und keine sonstigen Ziele. Dies erscheint dem Verfasser als Steuerung für Key-Accounts nicht ausreichend. Deshalb wurden diese vier so behandelt, als ob sie keine Jahresvereinbarung im Sinne des Key-Account-Management Modells hätten.

Frage D20:   Werden Sie in die Zielvereinbarung mit einbezogen? Wie läuft der Prozess?

	Einbeziehung	Prozess
1.	Ja	Ziele werden im Gespräch mit dem Manager verankert
2.	Ja	Vorgaben der weichen Ziele werden reviewt; Quantitative Ziele werden von oben vorgegeben
3.	Ja	3 Zielvereinbarungen (Umsatz, Spanne, Teilziel)
4.	Ja	Bottom-up und Top-down Prozess
5.	Ja	
6.	Ja	Interaktiv
7.	Ja	Im Gespräch gemeinsam erstellt
8.	Ja	Bottom-up und Top-down Prozess
9.	Ja	Gemeinsame Abstimmung nach Vorgabe aus Jahresbudget
10.	Ja	Zielvereinbarungsgespräch

Ja   **9 von 22 (41%)**
Nein   **13 von 22 (59%)**[2]

---

[2] Die Einbeziehung entfällt, da kein Instrument für die Erstellung von Jahreszielen im Unternehmen implementiert ist.

Anhang B

Ergebnisse der Interviews mit den Vertriebsleitern

Frage A1:   Wie viele Jahre sind Sie schon in dieser Position in Ihrem Unternehmen? (N=14)

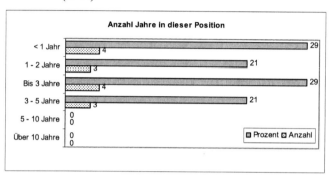

Frage A2:   Wie groß ist Ihre Kontrollspanne? Wie viele Mitarbeiter berichten an Sie? (N=14)

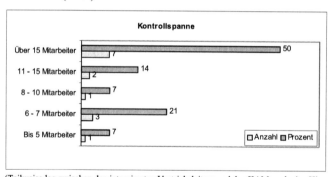

(Teilweise lag zwischen den interviewten Vertriebsleitern und den KAM noch eine Hierarchieebene)

Frage B1: Wie lange bereits ist das Key-Account-Management in Ihrem Unternehmen implementiert? (N=14)

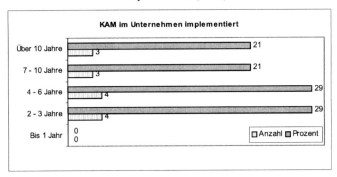

Frage B2: Wie lange sind Ihrer KAM durchschnittlich für die Kunden tätig? (N=14)

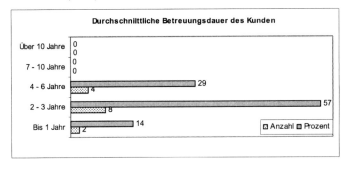

Frage B3: Ist das in den letzten Jahren gleich geblieben oder hat sich etwas
verändert?
a. Länger – kürzer?
b. Bei Veränderung – welche Gründe gibt es?

	Antwort a: Veränderung	Antwort b: Gründe
Länger:		
1.	Bei großen Kunden verlängert, bei kleinen und mittleren verkürzt	Bei kleinen Kunden wegen Kosten und Investment reduziert
2.	Länger geworden	Aufgabenstellung komplexer geworden; Integration der BU
3.	Länger geworden; in erster Linie wegen des Marktes	Wachstumsraten sind niedriger
4.	Verweildauer hat sich erhöht, da Feedback vom Kunden, dass sie KAM zu oft gewechselt	Ansinnen des Kunden
5.	Länger, allerdings auf relativ kurzem Niveau	Push in den Enterprise Markt hin zu Großkunden, müssen Kunden verstehen lernen
6.	Die Bereitschaft zu wechseln ist geringer	Ziel ist KAM so lange wie möglich
Unverändert:		
7.	Keine gravierenden Veränderungen	
8.	Nicht geändert Das Ziel ist, die Verweildauer im Account deutlich zu erhöhen	Unabdingbar für das Beziehungsmanagement und um Vertrauen aufbauen zu können
9.	Nicht geändert	Ziel allerdings – längerfristige Bindung, Kontinuität
10.	Keine Änderung	Kundenkreis sehr beständig; Vertriebsstruktur entsprechend
Kürzer:		
11.	Kürzer geworden	Öfters Umstrukturierung; Personal Auf- und Abbau
12.	Kürzer	Am Anfang Kunden über 5 Jahre betreut, da für Kunden entwickelt; Kunden werden größer, nichts für regional denkende KAM
13.	Durch Merger verkürzt, Vertriebsmannschaft wurde reduziert	Bei den Top-Accounts passiert nicht viel; je weiter runter in der Kundenbeziehung starke Verwerfungen
Ohne KAM:		
14.	Kein KAM mehr	Nicht relevant, springen von Kunde zu Kunde

	Anzahl	Prozent
Länger	6	43
Unverändert	4	29
Kürzer	3	21
Kein KAM mehr	1	7
Gesamt	14	100

	Anzahl	Prozent
Länger	6	46
Unverändert	4	31
Kürzer	3	23
Gesamt	13	100

Frage B4: Wie unterschiedet sich aus Ihrer Sicht der KAM vom Standard-Verkäufer?

	Antwort	Bewertung
1.	KAM arbeitet langfristig, muss auch das Wohl des Kunden im Auge haben; er vertritt seinen Kunden auch in seinem Unternehmen, KAM ist eine andere Persönlichkeit, muss sich auf allen Ebenen in der Kundenhierarchie bewegen können, muss sich auf technischer Ebene als auch im Top-Management zu Hause fühlen; KAM liefert seinem Kunden Mehrwert VK: projektbezogen, Opportunity gesteuert	2, 3, 5, 6, 8
2.	Aufbau einer langfristigen Kundenbeziehung, Beziehungsmanagement; Visionär; strategische Geschäftsbeziehungen; Partnermodell	1, 2, 7
3.	Langfristiger denkend; KAM verkauft Lösungen, weniger Produkte	3, 4
4.	k. A.	
5.	Tiefe Beziehung; strategischer Ansatz; stabile Planbarkeit des Umsatzes	1, 7
6.	KAM vertritt beim Kunden ganzheitlich das Unternehmensinteresse – positioniert auf Managementebene; ist auch über die Strategie des Kunden informiert; traditionell weniger Kunden (1 – 2); kein Massenvertrieb; Level der Manager geht über die Funktionalität weit hinaus	2, 7, 8
7.	Grundsätzlich: KAM längerfristiger Ansatz; bei großen Kunden auch an der Gestaltung des Kunden arbeiten; mit dem Kunden auch in neue Märkte gehen, die nicht unbedingt sofort Geschäft nach sich ziehen; VK kurzfristig – opportunistisch	3, 5
8.	Beziehungsmanagement auf höchster Ebene etablieren und erhalten; lösungsorientiert denken im Sinne des Kunden: VK beißt	1, 2, 4
9.	Wir haben die Bezeichnung KAM für viele VK; alle heißen KAM, um nicht zurückstufen zu müssen	
10.	Von regionaler Struktur zur Branche	
11.	Strategie, plant über einen längeren Zeitraum	3, 7
12.	Sicherer in der Einschätzung des Kunden; erfahrener; guter Beziehungsmanager: mehr „Diven"	1,6
13.	Beziehungsverkäufer; mehr über Vertrauen: VK: mehr über Preis	1
14.	KAM: Consulting Ansatz neben dem Verkäuferischen; muss Politik und Beziehungsmanagement verstehen; Verantwortungsbewusstsein für langfristigen Erfolg	1, 3

Kategorie	genannt
(1) Beziehungsmanagement, Vertrauen	6
(2) In Hierarchie operieren	4
(3) Langfristig	5
(4) Lösungsverkauf	2
(5) Mehrwert liefern, Kundennutzen	2
(6) Persönlichkeit	2
(7) Strategische Geschäftsbeziehung	4
(8) Weniger Kunden	2

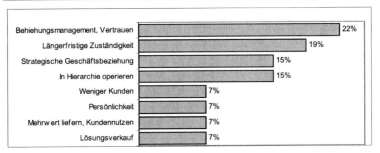

Frage B5: Wie ist der organisatorische Aufbau? Trennung KAM und
Standardvertrieb oder steuern Sie beides? (N=14)

	Antwort	
1.	Steuert beides; ist für Enterprise Produkte zuständig, verantwortet auch Partnervertrieb	beides
2.	Nicht getrennt; verkaufen mehr marktorientiert; mehr Umsatz getrieben; Produktansatz	beides
3.	Beides	beides
4.	Noch nicht getrennt	beides
5.	Beide Elemente in der Verantwortung	beides
6.	Keine Trennung	beides
7.	Beides, Mischform	beides
8.	Nein	beides
9.	KAM und Verkäufer	beides
10.	Hat nur KAM; Mittelstand separater Bereich	getrennt
11.	Getrennt; Standard-Vertrieb anderer Ansatz, anderer Skill	getrennt
12.	KAM und vertriebsunterstützende Rolle ; lösungsorientierte Mitarbeiter, die Szenario verantworten, entspricht Produktvertrieb	getrennt
13.	Nur KAM; sind matrixorientiert, sind sehr hoch aufgehängt	getrennt
14.	Nur KAM	getrennt

Beides: **9 von 14 (64%)**
Getrennt: **5 von 14 (36%)**

Frage B6: Wie oft gehen Sie durchschnittlich pro Monat zum Kunden?

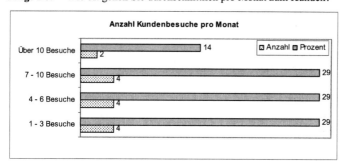

Frage B7: Welche Funktionen nehmen an der Account Planung teil? (in Prozent)

Funktionen	Immer	Meistens	Häufig	Selten	Gar nicht	Gesamt
Vorgesetzter	55	0	15	15	15	100
Consultants	58	8	8	18	8	100
Marketing	8	8	26	8	50	100
Service	15	15	8	15	47	100
Entwicklung	8	0	8	17	67	100

Frage B8: Wie oft finden Account Meetings satt? (N=14)

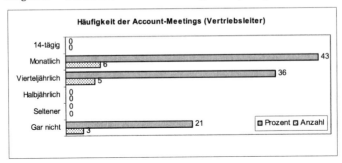

Frage B9: Wie oft nehmen Sie an Account Meetings teil? (N=14)

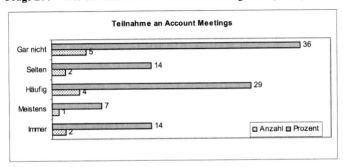

Frage B10: Wie oft führen Sie Account-Reviews durch? (N=14)

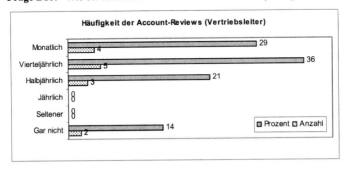

Frage B11.a.: Wie beurteilen Sie den Nutzen des Key-Account-Management für Ihre Vertriebserfolge?

Sehr wichtig:

1.	Überlebenswichtig als Vertriebsleiter
2.	Extrem hoch
3.	Absolutes Muss, ohne KAM kein Erfolg
4.	Immens groß, dies ist die Sicht; Situation mehr durch Tagesgeschäft geprägt
5.	Schlüssel – es geht nicht ohne KAM; Wichtigkeit steig mit der Wertigkeit
6.	Extrem wichtig, um langfristig nach vorne zu planen; gezielte Steuerung

Wichtig:

7.	Wichtig; noch nicht voll implementiert, haben Erfolge
8.	Wichtig für die Kundenbeziehung
9.	Ist essenziell; ist Vertriebsstrategie , Geschäftsmodell und Basis des Handelns
10.	Für Kunden unabdingbar, wenn man bei den Kunden (großes) Geschäft machen will, ist das unabdingbar KAM bedeutet hohen Aufwand, die Kunden erwarten dies trotzdem kommt man nicht aus dem Lieferantenstatus heraus „Trusted advisory": funktioniert, wenn man über einen längen Zeitraum erfolgreich Projekte realisiert hat, reden dann erst mit diesem Lieferanten – vom Produktlieferanten zum trusted partner Kunden nehmen an KAM-Meetings teil KAM muss nach innen aggressiv sein, damit alle in die gleiche Richtung laufen
11.	Orchestrator aller Ressourcen und Koordinator; muss Rolle so einsetzen, dass der Nutzen für den Kunden am größten
12.	Ermöglicht tiefen Einblick in die Kundenstruktur – dauerhafter Erfolg

Zweckmäßig:

13.	Sinnvoll; Planbarkeit, Forecast-Sicherheit

14.	k. A.

Sehr wichtig: 6 von 13 (46%)
Wichtig: 6 von 13 (46%)
Zweckmäßig: 1 von 13 (8%)

Frage B11.b.: Wie beurteilen Sie den Nutzen des Key Account Management für das Unternehmen?

Sehr hoch:

1.	Ist der Schlüssel
2.	Extrem hoch
3.	Ist essenziell, ist Vertriebsstrategie, Geschäftsmodell und Basis des Handelns
4.	Absolutes Muss
5.	Sehr gut, Ergebnis lässt ich am Umsatz ablesen; auch Großprojekte nehmen zu; Forecast-Genauigkeit deutlich verbessert; auf der Basis der Account-Planung lässt sich das Budget besser verteilen
6.	Unabdingbar, wenn man bei den (großen) Unternehmen Geschäft machen will

Hoch:

7.	Wichtig
8.	Umsatzverstetigung, bessere Auslastung der Ressourcen

Sonstige:

9.	Als Dienstleister ohne Produkte muss der KAM den engen Kontakt zum Kunden halten
10.	Blick für das Ganze, sich den Kundenstrukturen anpassen
11.	Muss Erfolg sicher stellen, Revenue
12.	Tracking
13.	nicht voll implementiert
14.	**Informationsgewinnung**

Sehr Hoch: 6 von 14 (43%)
Hoch: 2 von 14 (14%)
Sonstiges: 6 von 14 (43%)

Frage B12: Fließen die Ergebnisse der Key Account Planung in die eigene Unternehmensplanung ein?

1.	Fließt in Planung ein; zusätzliche Head-Counts werden installiert	Ja
2.	Dauernd, ongoing Prozess; monatlicher Statusabgleich	Ja
3.	Lebenswichtig, da mehr als 50% des Umsatzes aus Key-Acounts kommt	Ja
4.	Bottom-up, top-down Prozess; Account-Planung fließt in Branchenplan und hier in den Gesamt-GmbH-Plan ein	Ja
5.	Nur die Zahlen, sonst nichts	bedingt
6.	Vorgaben von USA; nicht auf Accounts abgestimmt; viel zu wenig fließt ein	bedingt
7.	Nimmt Einfluss; im Produktumfeld wird die Planung vom KAM beeinflusst	bedingt
8.	Nicht durchgehend strukturiert, fallweise; ist anonymisiert; room for improvement	bedingt
9.	Nur Zahlen	bedingt
10.	Leider zu wenig	bedingt
11.	Fließt überhaupt nicht ein; Quote für das Jahr kommt aus USA	nein
12.	Noch nicht	nein
13.	Vorgaben (Budget) basiert nicht auf Rückflüssen	nein
14.		nein

Ja:	**4 von 14 (29%)**
Bedingt:	**6 von 14 (42%)**
Nein:	**4 von 14 (29%)**

Frage B13: Wie beurteilen Sie die Unterstützung des Top-Managements für den Account-Planungs-Prozess?

1.	Stark	hoch
2.	Im Focus; Quarterly Business Review; nur für große Accounts	hoch
3.	Wichtig; hohe Einbindung; auf Anforderung; in Europa ein Global-Sponsoring-Program, jedem Kunden ist ein Executive zugeordnet	hoch
4.	Sehr intensiv	hoch
5.	Voll, hohes Commitment, Board sieht sich im Halbjahreszyklus alle großen Key-Accounts an; in der Runde diskutieren, wo kann das Management helfen	hoch
6.	Volle Unterstützung	hoch
7.	Manager ist eine Ressource, die vom VL gesteuert wird	hoch
8.	Neuer Vorstand ja, anderer Vorstand nein	mittel
9.	Wird wichtig gesehen, möchte es haben, nimmt immer wieder Anlauf, die Kontinuität ist nicht abgesichert - bei Short-fall der Zahlen; hängt mit Quartalsdenken zusammen	mittel
10.	Angemessen, Unternehmen ist mit den Kunden gewachsen	mittel
11.	Wenig	mittel
12.	nur bei strategischen Dingen	mittel
13.	Top-Managment ist nicht in den Prozess eingebunden; Zentrale verpflichtet KAM es zu machen	kaum
14.		gar nicht

Hoch	**7 von 14 (50%)**
Mittel	**5 von 14 (36%)**
Kaum	**1 von 14 (7%)**
Gar nicht	**1 von 14 (7%)**

Frage B14: Wie beurteilen Sie es, den KAM für die Informationsgewinnung für das Unternehmen einzusetzen? Schlägt sich das in den Zielen des KAM nieder?

In Goals verankert:

	Informationsgewinnung	Ziele für KAM
1.	Kundendaten pflegen in CRM System, damit Informationen bei einem Wechsel erhalten bleiben	in Goals verankert

Bedingt:

2.	Quantitative und qualitative Ziele, round table Gespräch	bedingt in Goals verankert

Nein:

3.	Ist personenabhängig, haben kein durchgängiges Tool; Funktionen reden nicht miteinander; nicht prozessorientiert; Informationen: haben 3 verschiedene Kundendatenbanken (Marketing, Service, Vertrieb); die passen nicht zusammen; Sachliche Informationen gehören in eine Datenbank; bei emotionalen Dingen geht dies nicht, wenn sie trotzdem eingegeben werden, sind sie bereits veraltet, dies ist kaufmännisch nicht gerechtfertigt. Jeder Mitarbeiter hat zu dem gleichen Sachverhalt differenzierende subjektive Eindrücke. • KAM und Kunde: es sind zwei Menschen, die miteinander sprechen, keine zwei Firmen • Merger: lassen KAM 9 Monate parallel laufen, um zu klären, wer den besten Kontakt hat • Marketing macht Plan, ohne mit KAM zu sprechen; SE's werden ausgebildet, ohne KAM zu den Kundenanforderungen zu hören[1] • KAM: im eigenen Unternehmen erwarten sie vom KAM ein duldsames Schaf, extern muss er vom Pförtner bis zur GF extrovertiert sein	nein
4.	Für Großkunden ist der KAM auch das Fenster zum Markt; müssen wissen, was der Kunde benötigt	nein
5.	Bei Abweichungen – Eskalationswege; dann Bericht – Loss reports haben Einfluss; jedoch nicht der einzelne KAM, es verpufft viel	nein
6.	Wichtig, Informationsgewinnung zu haben; VL arbeitet damit	nein
7.	Ist nicht vorhanden	nein
8.	KAM hat Wissen über den Kunden, haben beim Kunden hohes Ansehen; KAM ist die Informationsdrehscheibe zum Kunden. Wissen muss dokumentiert werden, geht nur bedingt, emotionalen Dingen lassen sich nicht dokumentieren; es muss eine Datenbank und der persönliche Kontakt bestehen. Ziel (Forderung USA): Leute sollen austauschbar sein – das geht nicht	nein
9.	Ist Hauptaufgabe des KAM; muss die Informationen an der richtigen Stelle im Unternehmen platzieren; muss auch den Kunden abblocken	nein
10.	Grundsätzlich wichtig; läuft mehr informell ab; allerdings wichtig für das Unternehmen	nein
11.	KAM ist Vertriebsspeerspitze ; sammelt Informationen	nein
12.	Sales, nicht nur der KAM wird hier eingesetzt	nein
13.	Noch nicht kompetitive Intelligenz gezielt auf Referenzen; sonst Veränderungen im Account	nein

Entfällt:

14.	Kein KAM installiert	entfällt

In Goals verankert: 1 von 13 (8%)
Bedingt 1 von 13 (8%)
Nein: 11 von 13 (85%)

Frage B15: Wie funktioniert generell die Zusammenarbeit mit anderen Funktionen?

Funktionen	Sehr gut	Gut	Normal	Weniger gut	Nicht gut
Consultants	42	33	17	8	0
Marketing	23	31	8	31	8
Service	31	46	0	8	15
Entwicklung	8	25	25	33	8

---

[1] SE = System Engineer.

Frage B16: In unserem Unternehmen sind die Funktionen bzw. Business Units sehr stark und verfolgen primär ihre eigenen Ziele? Diese Aussage trifft: (N=14)

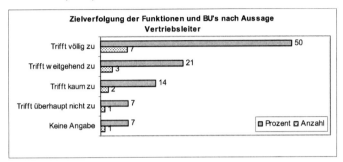

Frage B17: Wie wichtig sehen Sie die Zusammenarbeit mit anderen Funktionen? Was ist der Nutzen daraus?

Sehr wichtig:

1.	Sehr wichtig
2.	Extrem wichtig; KAM ohne dies kann nicht funktionieren; benötigt andere Funktionen
3.	Sehr wichtig; hoher Grad an Team-working; Vertrieb sehr eng mit Marketing verzahnt
4.	Sehr wichtig; Informationsbeschaffung; Verantwortungsgefühl für den Kunden in der Organisation
5.	Sehr wichtig bei Lösungsangeboten; Informationen; Austausche wird gefordert
6.	Sehr wichtig; Informationen von Technikern aus seiner Kundenaktivität von der Basis; führt zu Transparenz
7.	Sehr entscheidend, dass Funktionen verzahnt sind, dass Austausch stattfindet; Umsetzen, was KAM ins Unternehmen trägt
8.	Extrem wichtig, um zusätzliches Geschäftspotenzial zu erschließen
9.	Erfolgskritisch; nur wenn sie zusammenarbeiten gibt es Traktion
10.	Gesamtheitlicher Ansatz, um beim Kunden erfolgreich zu sein; an einem Strang ziehen

Wichtig:

11.	Wichtig; Ideenfindung, Problemlösung schneller; Kompetenzsteigerung

Findet nicht statt:

12.	Findet nicht statt

Sonstige:

13.	Die Stärke unseres Unternehmens war eine intensive Zusammenarbeit, besonders mit F&E, hat nachgelassen
14.	Nutzen für die <u>anderen</u> ist der, dass ich den Funktionen beim Kunden helfe; Forderungen der Funktionen kosten mich Ressourcen; Funktionen nutzen KAM aus, spannen sie für ihre Zwecke ein, finanzieren es aber nicht; Input für Account-Plan kommen zu 95% vom KAM und die anderen kritisieren

Sehr wichtig:	**9 von 14 (64%)**
Wichtig:	**2 von 14 (14%)**
Sehr wichtig und wichtig:	**11 von 14 (79%)**
Findet nicht statt:	**1 von 14 (7%)**
Sonstige:	**2 von 14 (14%)**

Frage C1:   Haben Sie im Vertrieb eine Kundendatenbank? (N=14)

Ja: 79%   **Nein: 21%**

Frage C2:   Wer pflegt die Datenbank und nimmt die Eingaben vor?
                (N=11, 3 Unternehmen haben keine Datenbank)

Funktionen	Immer	Meistens	Häufig	Selten	Gar nicht	Gesamt
Acc. Manager	64	9	18	9	0	100
Vorgesetzte	27	0	9	36	27	99
Consultants	18	0	27	9	45	99
Marketing	11	0	33	22	33	99
Service	18	18	18	27	18	99
Entwicklung	9	0	0	9	82	100

Frage C3:   Wer nutzt die Kundendatenbank und wie intensiv?
                (N=11, 3 Unternehmen haben keine Datenbank)

	Immer	Meistens	Häufig	Selten	Gar nicht	Gesamt
Account-Manager	64	18	18	0	0	100
Consultants	10	10	40	40	0	100
Marketing	36	9	27	18	9	99
Service	20	10	50	10	10	100
Entwicklung	0	0	0	18	82	100

Frage C4:   Wie beurteilen Sie die Aktualität der Datenbank?
                (N=11, 3 Unternehmen haben keine Datenbank)

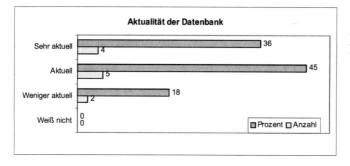

Frage C5: Wie hoch schätzen Sie den Nutzen für den Vertriebsleiter ein?

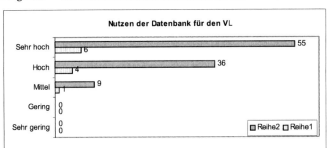

Frage C6: Wie hoch schätzen Sie den Nutzen für die anderen Funktionen ein? (N=11, 3 Unternehmen haben keine Datenbank)

Funktionen	Sehr hoch	Hoch	Mittel	Gering	Sehr gering	Gesamt
Consultants	33	11	22	33	0	99
Marketing	50	20	10	10	10	100
Service	30	50	20	0	0	100
Entwicklung	10	10	10	20	50	100

Frage D1: Sehen Sie Hindernisse bei der Umsetzung des Account Managements? Wenn ja, Kreuzen Sie bitte an! Wie hoch schätzen Sie die Auswirkung ein? (N=14)

%	Hindernisse	Sehr hoch	Hoch	Mittel3	Gering	Sehr gering
86	Funktionen zu wenig kundenorientiert	25	25	42	8	0
79	Zu selten Account Reviews	18	36	18	9	18
79	Funktionen sehen zuerst ihr Interesse	45	36	18	0	0
71	Nichterreichung der Quartalsergebnis	50	10	20	0	20
64	Zu viele Kunden zu betreuen	11	56	11	11	11
64	Funktionen nehmen nicht an Acc. Planung teil	11	11	44	11	22
57	Kein hoher Stellenwert des KAM	25	13	25	13	25
57	Kein Unterschied KAM und Normal-Vertrieb	13	13	13	13	50

Anhang C

Fragen gleichen Inhalts an die Vertriebsleiter und an die Key Account Manager[1]

	Frage	Vertriebs-leiter	KAM
1.	Wie lange sind Ihre KAM durchschnittlich für ihre Kunden tätig?	Seite 1, B2	Seite 2, C2
2.	Wie unterscheidet sich aus Ihrer Sicht der KAM vom Standard-Verkäufer?	Seite 1, B4	Seite 2, B7
3.	Wie oft finden **Account Meetings** statt?	Seite 2, B8	Seite 4, C13
4.	Wie oft nehmen Sie an den **Account Meetings** teil?	Seite 2, B9	Seite 4, C14 erste Zeile
5.	Wie oft führen Sie **Account Reviews** durch?	Seite 2, B10	Seite 4, C16
6.	Wie beurteilen Sie den Nutzen des Key Account Management für: b. für das Unternehmen	Seite 2, B11 b	Seite 3, C7 b
7.	Wie beurteilen Sie die Unterstützung des Top-Managements für den Account Prozess? **nur bedingt vergleichbar!**	Seite 2, B13	Seite 8, D14 b
8.	Wie beurteilen Sie es, den KAM für die Informationsgewinnung für das Unternehmen einzusetzen? Schlägt sich das in den Zielen des KAM nieder?	Seite 3, B14	Seite 7, D11
9.	Wie funktioniert generell die Zusammenarbeit mit anderen Funktionen?	Seite 3, B15	Seite 5, C19
10.	In unserem Unternehmen sind die Funktionen bzw. Business Units sehr stark und verfolgen primär ihre eigenen Ziele.	Seite 3, B16	Seite 6, C22
11.	Haben Sie im Vertrieb eine **Kundendatenbank**?	Seite 4, C1	Seite 6, D1
12.	Wer pflegt die Datenbank und nimmt die Eingaben vor?	Seite 4, C2	Seite 6, D5
13.	Wer nutzt die **Kundendatenbank** und wie intensiv?	Seite 4, C3	Seite 6, D6
14.	Wie hoch schätzen Sie den **Nutzen** für die anderen Funktionen ein?	Seite 4, C6	Seite 7, D8
15.	Sehen Sie Hindernisse bei der Umsetzung des Account Managements? Wenn ja, Kreuzen Sie bitte an! Wie hoch schätzen Sie die Auswirkung ein?	Seite 5, D1	Seite 8, D13

---

[1] Diese Fragen wurden sowohl den Key Account Managern als auch den Vertriebsleitern gestellt, um Übereinstimmungen und Abweichungen feststellen zu können.

Interview	Interview-Nr:	TECHNISCHE UNIVERSITÄT DARMSTADT
Account Manager	Datum:	

Anhang D

Firma: ....

Branche: ....

Interviewpartner

Name: ....

Alter: ....

Telefon ....

Hinweise zur Beantwortung des Fragebogens:

Bitte beantworten Sie die Fragen spontan und ehrlich. Bei jeder Antwort geht es nur um Ihre persönliche Sicht.

Die Beantwortung des Fragebogen dauert ca. 60 Minuten

Im Fragebogen kommen zwei verschiedene Arten von Fragen vor. Offene und geschlossene Fragen.

Offene Fragen: Diese Fragen beantworten Sie bitte mit kurzen Sätzen oder mit Stichwörtern. Sollte der vorgegebene Platz zur Beantwortung der Fragen nicht ausreichen, schreiben Sie bitte unter Nennung der Frageziffer auf der Rückseite weiter.

Geschlossene Fragen: Bitte kreuzen Sie jeweils das Antwortfeld an, das Ihrer Meinung nach am besten zutrifft.

Die Befragung ist **anonym** und wird in der Technischen Universität Darmstadt ausgewertet. Es werden keinerlei Informationen an Ihr Unternehmen weitergeleitet.

Dieses Blatt mit den Angaben zur Person wird vom Fragebogen getrennt. Der Fragebogen wird unter einer Nummer weiter verarbeitet.

Bei Veröffentlichungen der Daten ist die Anonymisierung generell Pflicht.

Für Ihre Mitarbeit besten Dank

Hans-Günter Joost

Interview	Interview-Nr:	TECHNISCHE
Account Manager	Datum:	UNIVERSITÄT DARMSTADT

Fragebogen:

A. Unternehmen:

1. Wie groß ist ca. der Gesamt-Umsatz Ihres Unternehmens im letzten Geschäftsjahr? (in Dollar oder Euro)

   Weltweit ca.   Deutschland ca.

2. Anzahl Mitarbeiter in Deutschland?

200 – 500	500 – 1.000	1.000 – 2.000	2.000 – 5.000	> 5.000
0	0	0	0	0

3. In welchem Land liegt Ihre Unternehmenszentrale?

Deutschland	USA	Anderes Land? Welches?
0	0	

4. Ist Ihr Unternehmen funktional oder nach Produkteinheiten (Product-Units) organisiert?

   Funktional 0   Product-Units 0

5. Besitzt Ihr Unternehmen in Deutschland eine Abteilung für Forschung und Entwicklung?

   Ja 0   Nein 0

6. Haben Sie eine (Stabs-) Abteilung, die für das Account-Management zuständig ist? Eine Abteilung, die Umsetzung des Account-Management organisatorisch begleitet und überwacht.

   Ja 0   Nein 0

B. Account-Manager:

1. Welche Ausbildung haben Sie abgeschlossen? (Mehrfachnennungen)

Lehre Technisch	Lehre Kaufm.	Abitur	Fachhoch-Schule Technisch	Fachhoch-Schule Kaufm.	Universität Technisch	Universität Kaufm.
0	0	0	0	0	0	0

2. Wie viele Jahre sind sie schon insgesamt im Vertrieb tätig?

Bis 1 Jahr	Bis 2 Jahre	Bis 3 Jahre	Bis 5 Jahre	Bis 10 Jahre	Über 10 Jahre.
0	0	0	0	0	0

3. Wie viele Jahre insgesamt sind sie schon als Account-Manager tätig? (In diesem oder einem anderen Unternehmen)

Bis 1 Jahr	Bis 2 Jahre	Bis 3 Jahre	Bis 5 Jahre	Bis 10 Jahre	Über 10 Jahre.
0	0	0	0	0	0

Interview Account Manager	Interview-Nr: Datum:	TECHNISCHE UNIVERSITÄT DARMSTADT

---

4. Haben Sie schon in anderen Funktionen/Abteilungen gearbeitet?

               Ja 0   Nein 0   dann weiter mit 5

Bei Ja, in welchen und wie lange? (auch Mehrfachnennungen)	Dauer Jahre
• Consultants/Berater	0
• Projektmanager	0
• Marketing	0
• Service	0
• Planung	0
• Entwicklung	0
• Andere	0

5. Trainingsmaßnahmen des Unternehmens für die Aufgabe eines Account-Manager?	
a. An welchen Trainings haben Sie in den letzten 24 Monaten teilgenommen? Anzahl Tage?	
b. Waren spezielle Trainings für KAM dabei? Wenn ja, welche?	

6. Wie würden Sie die **Bedeutung** und das **Ansehen** des Account-Managers in Ihrem Unternehmen einstufen?

	Sehr hoch	Hoch	Normal
	0	0	0

7. Wie würden Sie sich im Vergleich zu den Standard-Verkäufern positionieren? Gibt es Unterschiede in der Behandlung?	

C. Account-Management:

1. Wie viele **Kunden** betreuen Sie?

	nur einen Kunden	2 – 3 Kunden	4 – 6 Kunden	mehr als 6 Kunden
	0	0	0	0

2. Wie lange sind sie schon für Ihren Kunden zuständig
Bei der Betreuung **mehrerer** Kunden: durchschnittlich zuständig?

	Bis 1 Jahr	1 bis 2 Jahre	3 bis 5 Jahre	5 bis 10 Jahre	Über 10 Jahre.
	0	0	0	0	0

Interview	Interview-Nr:	TECHNISCHE UNIVERSITÄT DARMSTADT
Account Manager	Datum:	

3. Betreuen Sie den/die **Kunden** alleine oder besteht eine Team aus mehreren Personen?

	Alleine	Team, Anzahl MA im Team			
		2 -3	4 - 6	6 - 10	>10
	0	0	0	0	0

4. Haben Sie die disziplinarische Verantwortung für das Team, sind Sie weisungsbefugt?

Ja 0   Nein 0

5. Erstellen Sie einen **Account-Plan**?

Ja 0   Nein 0   dann weiter mit 19

6. Wie oft wird der **Account-Plan** innerhalb des Planungszeitraumes überarbeitet?

Planungszeitraum? .....Jahr(e)

	Monatlich	Vierteljährl.	Halbjährl.	Gar nicht
	0	0	0	0

7. Unterstützt Sie der Account-Planungs-Prozess bei Ihrer Arbeit als KAM? **a.** Welchen Nutzen sehen Sie für Ihre Tätigkeit? Für die Erreichung Ihrer Ziele?	
b. Welchen Nutzen sehen Sie für das Unternehmen? Wird Wissenstransfer genannt? Strategische Ausrichtung	
8. Werden die Ergebnisse des Account-Planungs-Prozesses im Unternehmen zur Verfügung gestellt? Wenn ja, wie?	• Verteilung des Account-Plans • Eingabe in Kundendatenbank • Verbreitung über eine Wissensdatenbank • andere Vorgehensweise

9. Hat Ihr **Kunde** an der **Account-Planung** teilgenommen?

Ja 0   Nein 0   dann weiter mit 12

10. Wenn ja, wie häufig

	Vierteljährl.	Halbjährl.	Jährlich	Seltener
	0	0	0	0

11. Einbeziehung des Kunden **a.** Welchen Nutzen haben Sie durch die Teilnahme des Kunden?	
b. Sieht Ihr Kunde einen Nutzen für sich? Welchen?	

Interview	Interview-Nr:	TECHNISCHE
Account Manager	Datum:	UNIVERSITÄT DARMSTADT

12. Sprechen Sie mit Ihrem Kunden über seine strategische Ausrichtung?

a. Wie werden diese Informationen in Ihrem Unternehmen weitergeleitet?

---

b. Glauben Sie, dass die strategische Ausrichtung des Kunden Einfluss auf die strategische Ausrichtung des Unternehmens hat?

---

13. Wie oft finden **Account Meetings** statt?

14-tägig	Monatlich	Vierteljährl.	Halbjährl.	Seltener
0	0	0	0	0

14. Welche Funktionen nehmen am **Account-Meeting** teil?

	Immer (4)	Meistens (3)	Häufig (2)	Selten (1)	Gar nicht (0)
• Vorgesetzter	0	0	0	0	0
• Consultants/Berater	0	0	0	0	0
• Marketing	0	0	0	0	0
• Service	0	0	0	0	0
• Planung	0	0	0	0	0
• Entwicklung	0	0	0	0	0

15. Teilnahme der Funktionen im Planungsprozess: Wenn ja: Welchen Nutzen sehen Sie für Ihre Arbeit und Erfolg ... ?

Wenn nein: würden Sie ... sehen?

a. ...durch die Teilnahme der anderen Funktionen?

z.B. Produktanforderungen

---

b. ...durch das Austauschen von Informationen über Ihren Kunden?

16. Wie oft finden **Account Reviews** mit dem Management statt?

Monatlich	Vierteljährl.	Halbjährl.	Jährlich	Seltener
0	0	0	0	0

Interview Account Manager	Interview-Nr: Datum:	TECHNISCHE UNIVERSITÄT DARMSTADT

17. Welche Funktionen nehmen am **Account-Review** teil?

	Immer (4)	Meistens (3)	Häufig (2)	Selten (1)	Gar nicht (0)
• Vorgesetzter	0	0	0	0	0
• Consultants	0	0	0	0	0
• Marketing	0	0	0	0	0
• Service	0	0	0	0	0
• Planung	0	0	0	0	0
• Entwicklung	0	0	0	0	0

18. Wie lange haben Sie den gleichen Vorgesetzten in Ihrer Aufgabe als Account-Manager?

< 1 Jahr	1 bis 2 Jahre	3 bis 5 Jahre	5 bis 10 Jahre	Über 10 Jahre.
0	0	0	0	0

Zusammenarbeit mit anderen Funktionen

19. Wie beurteilen Sie die Zusammenarbeit mit anderen Funktionen generell?

	Sehr gut (4)	Gut (3)	Normal (2)	Weniger gut (1)	Unge- nügend (0)
• Consultants/Berater	0	0	0	0	0
• Marketing	0	0	0	0	0
• Service	0	0	0	0	0
• Planung	0	0	0	0	0
• Entwicklung	0	0	0	0	0

20. Wie werden die Aktivitäten der anderen Funktionen bei Ihrem Kunden mit Ihnen abgestimmt? Briefing/Debriefing?

21. Wie beurteilen Sie die Zusammenarbeit mit anderen Funktionen im Konfliktfall? z.B. bei Qualitätsmängel, Reklamationen, Terminprobleme etc.?

	Sehr gut (4)	Gut (3)	Zufrieden -stellend (2)	Weniger gut (1)	Unge- nügend (0)
• Consultants/Berater	0	0	0	0	0
• Marketing	0	0	0	0	0
• Service	0	0	0	0	0
• Planung	0	0	0	0	0
• Entwicklung	0	0	0	0	0

Interview	Interview-Nr:	TECHNISCHE UNIVERSITÄT DARMSTADT
Account Manager	Datum:	

22. In unserem Unternehmen sind die Funktionen bzw. Business Units sehr stark und verfolgen primär ihre eigenen Ziele.

›Die Aussage:	Trifft völlig zu	Trifft weit- gehend zu	Trifft kaum zu	Trifft überh. nicht zu	keine Angabe
	(4)	(3)	(2)	(1)	(0)
	0	0	0	0	0

D. Sonstiges

Account-Management-Tool - Kundendatenbank

1. Haben Sie ein Account Management Tool im Einsatz?

Ja 0   Nein 0   dann weiter mit 9

2. Welches System?

ACT	Holden	Miller/Heim.	SAP	Siebel	TAS	Ein anderes?
0	0	0	0	0	0	Welches?

3. Wie lange ist dieses Tool schon im Einsatz?

Anzahl Jahre?	1 bis 2	3 bis 5	5 bis 8	> 8
	0	0	0	0

4. Wie viel Zeit benötigen Sie durchschnittlich im Tage für die Dateneingabe und Pflege?

Minuten pro Tag?	< 10	10 bis 20	20 bis 30	30 bis 45	> 45
	0	0	0	0	0

5. Wer pflegt die Kundendatenbank und nimmt die Eingaben vor?

	Immer (4)	Meistens (3)	Häufig (2)	Selten (1)	Gar nicht (0)
• Account-Manager	0	0	0	0	0
• Vorgesetzter	0	0	0	0	0
• Consultants	0	0	0	0	0
• Marketing	0	0	0	0	0
• Service	0	0	0	0	0
• Planung	0	0	0	0	0
• Entwicklung	0	0	0	0	0

6. Wer nutzt die Kundendaten und wie intensiv?

	Immer (4)	Meistens (3)	Häufig (2)	Selten (1)	Gar nicht (0)
• Account-Manager	0	0	0	0	0
• Vorgesetzter	0	0	0	0	0
• Consultants	0	0	0	0	0
• Marketing	0	0	0	0	0
• Service	0	0	0	0	0
• Planung	0	0	0	0	0
• Entwicklung	0	0	0	0	0

| Interview | Interview-Nr: | TECHNISCHE |
| Account Manager | Datum: | UNIVERSITÄT DARMSTADT |

---

7. Wie beurteilen Sie den Pflegeaufwand für sich?

	Sehr groß	Groß	Mittel	Gering	Sehr gering
	(4)	(3)	(2)	(1)	(0)
	0	0	0	0	0

8. Wie hoch schätzen Sie den Nutzen für Ihre Arbeit und für andere Funktionen ein?

	Sehr hoch	Hoch	Mittel	Gering	Sehr gering
	(4)	(3)	(2)	(1)	(0)
• Account-Manager	0	0	0	0	0
• Vorgesetzter	0	0	0	0	0
• Consultants	0	0	0	0	0
• Marketing	0	0	0	0	0
• Service	0	0	0	0	0
• Planung	0	0	0	0	0
• Entwicklung	0	0	0	0	0

9. Wie werden die Informationen/das Wissen, das beim Kunden generiert wird, in Ihrem Unternehmen genutzt?

a. vom Vertrieb

b. von anderen Abteilungen

10. Informationsübertragung

Wie werden die Informationen/ Erkenntnisse über Ihren Account von Ihnen/den anderen Funktionen weitergeleitet?

Wissenstransfer

11. Gibt es eine Zielvorgabe (z.B. im Account-Plan, Scorecard) mit den anderen Funktionen zusammenzuarbeiten, die Informationen weiterzugeben.

Wie sieht diese aus?

12. Bei Wissenstransfer

Gibt es hierfür formelle Anerkennung/Anreize? Welche?

Interview	Interview-Nr:	
Account Manager	Datum:	

13. Sehen Sie Hindernisse bei der Umsetzung des Account Managements? Wenn ja,
Kreuzen Sie bitte an!
Wie hoch schätzen Sie die Auswirkung ein?

		Sehr hoch	Hoch	Mittel	Gering	Sehr gering
		(4)	(3)	(2)	(1)	(0)
o	Management führt die Account Reviews nur selten durch	(4)	(3)	(2)	(1)	(0)
o	Ich betreue zu viele Kunden	(4)	(3)	(2)	(1)	(0)
o	Nicht erreichen des Quartalsergebnisses	(4)	(3)	(2)	(1)	(0)
o	Die anderen Funktionen sind zu wenig kundenorientiert	(4)	(3)	(2)	(1)	(0)
o	Die Funktionen nehmen kaum oder gar nicht an der Account-Planung teil	(4)	(3)	(2)	(1)	(0)
o	Ich bin zu wenig auf meine Aufgabe vorbereitet worden	(4)	(3)	(2)	(1)	(0)
o	Das KAM hat keinen hohen Stellenwert beim Top-Management	(4)	(3)	(2)	(1)	(0)
o	Das KAM unterscheidet sich eigentlich nicht vom normalen Vertrieb	(4)	(3)	(2)	(1)	(0)
o	Sonstige, und zwar	(4)	(3)	(2)	(1)	(0)

Management

14. Wie groß ist die Unterstützung durch das Top-Management?	
a. Beim Kunden – Besuche	
b. Durchsetzung des Planungsprozesses im Unternehmen	
c. Bei Konflikten mit anderen Funktionen	

Projektorientierte Zusammenarbeit

15. Gibt es größere Projekte, die gemeinsam mit dem Kunden abgewickelt werden? Dauer des Projekts?	

Interview Account Manager	Interview-Nr: Datum:	TECHNISCHE UNIVERSITÄT DARMSTADT

16. Welche Rolle haben Sie als KAM dabei?	

Organisation

17. Organisationsform a. Wer ist Ihr direkter Vorgesetzte?	
b. Managementstruktur: An wen berichtet Ihr Vorgesetzter?	

Vision/Ziele

18. Unternehmensvision und Strategie a. Wie sieht die Vision Ihres Unternehmens für die nächsten drei Jahre aus?	
b. Wann wurde das letzte Mal darüber gesprochen?	
c. Welche Unterlagen haben Sie darüber?	
19. Wie werden Ihre Jahresziele festgehalten? (z.B. Score Card) Gibt es Ziele, die sich auf den Wissenstransfer beziehen?	
20. Werden Sie in die Zielvereinbarung mit einbezogen? Wie läuft der Prozess?	

Interview:	Interview-Nr:	**TECHNISCHE**
Vertriebsleiter	Datum:	**UNIVERSITÄT DARMSTADT**

Anhang E

Firma:	....
Branche:	....
Interviewpartner	
Name:	....
Alter:	....
Telefon	....

Hinweise zur Beantwortung des Fragebogens:

Bitte beantworten Sie die Fragen spontan und ehrlich. Bei jeder Antwort geht es nur um Ihre persönliche Sicht.

Die Beantwortung des Fragebogens dauert ca. 60 Minuten

Im Fragebogen kommen zwei verschiedene Arten von Fragen vor. Offene und geschlossene Fragen.

Offene Fragen: Diese Fragen beantworten Sie bitte mit kurzen Sätzen oder mit Stichwörtern. Sollte der vorgegebene Platz zur Beantwortung der Fragen nicht ausreichen, schreiben Sie bitte unter Nennung der Frageziffer auf der Rückseite weiter.

Geschlossene Fragen: Bitte kreuzen Sie jeweils das Antwortfeld an, das Ihrer Meinung nach am besten zutrifft.

Die Befragung ist **anonym** und wird in der Technischen Universität Darmstadt ausgewertet. Es werden keinerlei Informationen an Ihr Unternehmen weitergeleitet.

Dieses Blatt mit den Angaben zur Person wird vom Fragebogen getrennt. Der Fragebogen wird unter einer Nummer weiter verarbeitet.

Bei Veröffentlichungen ist die Anonymisierung der Daten Pflicht.

Für Ihre Mitarbeit besten Dank

Hans-Günter Joost

Interview:	Interview-Nr:	TECHNISCHE
		UNIVERSITÄT
Vertriebsleiter	Datum:	DARMSTADT

Fragebogen:

A. Vertriebsleiter

| 1. Wie viele Jahre sind sie schon in dieser Position in Ihrem Unternehmen tätig? |

	Bis 1 Jahr	Bis 2 Jahre	Bis 3 Jahre	Bis 5 Jahre	Bis 10 Jahre	Über 10 Jahre
	0	0	0	0	0	0

| 2. Wie groß ist Ihre Kontrollspanne? Wie viele Mitarbeiter berichten an Sie? |

	< 5	5 bis 7	8 bis 10	10 bis 15	Über 15
	0	0	0	0	0

B. Account-Management:

| 1. Wie lange bereits ist das Key-Account-Management in Ihrem Unternehmen implementiert? |

	Bis 1 Jahr	2 bis 3 Jahre	4 bis 6 Jahre	6 bis 10 Jahre	Über 10 Jahre
	0	0	0	0	0

| 2. Wie lange sind Ihre Key-Account-Manager durchschnittlich für die Kunden tätig? |

	Bis 1 Jahr	2 bis 3 Jahre	4 bis 6 Jahre	6 bis 10 Jahre	Über 10 Jahre
	0	0	0	0	0

3. Ist das in den letzten Jahren gleich geblieben oder hat sich etwas verändert?	
a. Länger – kürzer?	
b. Bei Veränderung - welche Gründe gibt es dafür?	

4. Wie unterscheidet sich aus Ihrer Sicht der KAM vom Standard-Verkäufer	

5. Wie ist der organisatorische Aufbau? Trennung KAM und Standardvertrieb oder steuern Sie beides?	

| 6. Wie oft gehen Sie durchschnittlich pro Monat zum Kunden? |

	1 bis 3	4 bis 6	6 bis 10	Über 10
	0	0	0	0

Interview: Vertriebsleiter	Interview-Nr: Datum:	**TECHNISCHE UNIVERSITÄT DARMSTADT**

Account-Planung

7. Welche Funktionen nehmen an der **Account-Planung** teil?

	Immer	Meistens	Häufig	Selten	Gar nicht
• Vorgesetzter (Vertriebsleiter)	0	0	0	0	0
• Consultants	0	0	0	0	0
• Marketing	0	0	0	0	0
• Service	0	0	0	0	0
• Planung	0	0	0	0	0
• Entwicklung	0	0	0	0	0

Account-Management-Prozess

8. Wie oft finden **Account Meetings** statt?

	14-tägig	Monatlich	Vierteljährl.	Halbjährl.	Seltener
	0	0	0	0	0

9. Wie oft nehmen Sie an den **Account Meetings** teil?

	Immer	Meistens	Häufig	Selten	Gar nicht
	0	0	0	0	0

10. Wie oft führen Sie **Account Reviews** durch?

	Monatlich	Vierteljährl.	Halbjährl.	Jährlich	Seltener
	0	0	0	0	0

11. Wie beurteilen Sie den Nutzen des Key-Account-Management für: a. Ihre Vertriebserfolge	
b. für das Unternehmen	

12. Fließen die Ergebnisse der Key-Account-Planung in die eigene Unternehmensplanung ein?	

13. Wie beurteilen Sie die Unterstützung des Top-Managements für den Account-Prozess?	

Interview: Vertriebsleiter	Interview-Nr: Datum:	TECHNISCHE UNIVERSITÄT DARMSTADT

14. Wie beurteilen Sie es, den KAM für die Informationsgewinnung für das Unternehmen einzusetzen? Schlägt sich das in den Zielen des KAM nieder?	

Zusammenarbeit mit anderen Funktionen

15. Wie funktioniert generell die Zusammenarbeit mit anderen Funktionen?

	Sehr gut	Gut	Normal	Weniger gut	Nicht gut
• Consultants/Berater	0	0	0	0	0
• Marketing	0	0	0	0	0
• Service	0	0	0	0	0
• Planung	0	0	0	0	0
• Entwicklung	0	0	0	0	0

16. In unserem Unternehmen sind die Funktionen bzw. Business Units sehr stark und verfolgen primär ihre eigenen Ziele.

Die Aussage:	Trifft völlig zu	Trifft weit- gehend zu	Trifft kaum zu	Trifft überh. nicht zu
	0	0	0	0

17. Wie wichtig sehen Sie die Zusammenarbeit mit anderen Funktionen? Was ist der Nutzen daraus?	

Interview: Vertriebsleiter	Interview-Nr: Datum:	TECHNISCHE UNIVERSITÄT DARMSTADT

C. Sonstiges

Kundendatenbank

1. Haben Sie im Vertrieb eine **Kundendatenbank**?

   Ja 0   Nein 0

2. Wer pflegt die Datenbank und nimmt die Eingaben vor?

	Immer	Meistens	Häufig	Selten	Gar nicht
• Account-Manager	0	0	0	0	0
• Vorgesetzter	0	0	0	0	0
• Consultants	0	0	0	0	0
• Marketing	0	0	0	0	0
• Service	0	0	0	0	0
• Planung	0	0	0	0	0
• Entwicklung	0	0	0	0	0

3. Wer nutzt die **Kundendatenbank** und wie intensiv?

	Immer	Meistens	Häufig	Selten	Gar nicht
• Account-Manager	0	0	0	0	0
• Consultants	0	0	0	0	0
• Marketing	0	0	0	0	0
• Service	0	0	0	0	0
• Planung	0	0	0	0	0
• Entwicklung	0	0	0	0	0

4. Wie beurteilen Sie die **Aktualität** der Datenbank?

	Sehr aktuell	Aktuell	Weniger aktuell	Weiß nicht
	0	0	0	0

5. Wie hoch schätzen Sie den **Nutzen** für den Vertriebsleiter ein?

	Sehr hoch	Hoch	Mittel	Gering	Sehr gering
	0	0	0	0	0

6. Wie hoch schätzen Sie den **Nutzen** für die anderen Funktionen ein?

	Sehr hoch	Hoch	Mittel	Gering	Sehr gering
• Vorgesetzter	0	0	0	0	0
• Consultants	0	0	0	0	0
• Marketing	0	0	0	0	0
• Service	0	0	0	0	0
• Planung	0	0	0	0	0
• Entwicklung	0	0	0	0	0

Interview:	Interview-Nr:	TECHNISCHE UNIVERSITÄT DARMSTADT
Vertriebsleiter	Datum:	

D. Umsetzung

1. Sehen Sie Hindernisse bei der Umsetzung des Account Managements? Wenn ja, Kreuzen Sie bitte an!
   Wie hoch schätzen Sie die Auswirkung ein?

	Sehr hoch (4)	Hoch (3)	Mittel (2)	Gering (1)	Sehr gering (0)
o Account Reviews werden aus Zeitmangel nur selten durchgeführt	(4)	(3)	(2)	(1)	(0)
o Der KAM betreut zu viele Kunden	(4)	(3)	(2)	(1)	(0)
o Nicht erreichen des Quartalsergebnisses	(4)	(3)	(2)	(1)	(0)
o Die anderen Funktionen sind zu wenig kundenorientiert	(4)	(3)	(2)	(1)	(0)
o Die Funktionen nehmen kaum oder gar nicht an der Account-Planung teil	(4)	(3)	(2)	(1)	(0)
o Die anderen Funktionen sehen zuerst ihr Interesse, dann kommt erst der Kunde	(4)	(3)	(2)	(1)	(0)
o Das KAM hat keinen hohen Stellenwert bei der GF	(4)	(3)	(2)	(1)	(0)
o Das KAM unterscheidet sich eigentlich nicht vom normalen Vertrieb	(4)	(3)	(2)	(1)	(0)
o Sonstige, und zwar	(4)	(3)	(2)	(1)	(0)

Curriculum Vitae

Person

Hans-Günter Joost
Geboren am 18. April 1942 in Wiesbaden
Verheiratet, 3 Töchter

Beruf

05/97 – heute	Selbstständiger Unternehmensberater
05/95 – 04/97	Alcatel SEL AG, Stuttgart Leiter Vertrieb Deutschland für Kommunikationsanlagen
04/94 – 04/95	Selbstständiger Unternehmensberater
11/85 – 03/94	Digital Equipment Deutschland GmbH Verschiede Führungspositionen im Vertrieb Geschäftsbereichsleiter, Leitender Angestellter, Prokura
06/82 – 10/85	Datapoint Deutschland GmbH (Übernahme von Inforex) Leiter Region Süd für beide Organisationen
11/81 – 05/82	INFOREX Deutschland GmbH Leiter Region Süd
10/70 – 10/81	IBM Deutschland GmbH Systemberater, Vertriebsbeauftragter, Neukundenmarketing
10/69 – 09/70	Standard Elektrik Lorenz AG (SEL), Frankfurt Assistent der Geschäftsleitung für Marketing und Vertrieb

Ausbildung

2003 – 2008	Technische Universität Darmstadt Promotion über „Key Account Management zwischen Implementation und Illusion, Wissenstransfer in Unternehmen und Umwelt"
1962 – 1969	Studium an der Technischen Hochschule Darmstadt Abschluss Diplom Wirtschaftsingenieur
1962	Leibnizschule Wiesbaden, Abitur